선비문화를 찾아서
[명가와 고택]

추천사

김 병 일

前 기획예산처 장관

도산서원 선비문화수련원장

안동역에서 철도 따라 동북으로 가면 왼편에 임청각(臨淸閣)이 나온다. 임시정부 초대국무령 석주 이상룡(石州 李相龍, 1858-1932) 선생의 생가로, 1519년 지은 600년 된 건물이다.(중략) 아쉽게도 임청각은 일본이 부설한 철길 옆에서 오늘도 진동과 소음, 매연에 시달리고 있다. 일본은 왜 굳이 여기에 철로를 부설했을까. (중략)

석주 선생은 한일 강제 합병 이듬해인 1911년 식솔들과 안동의 유생을 모아 서간도로 건너가 항일 무장투쟁의 선봉이 된다. 임청각을 비롯해 주변 전답을 모두 팔아 군자금으로 쓴 것은 유명한 일화다. 부인 김우락 선생의 큰오빠, 그러니까 석주 선생의 큰처남 백하 김대락(白下 金大洛, 당시 65세의 고령)은 안동 내앞마을 출신으로 석주보다 한 달 먼저 일가 150여 명을 이끌고 만주로 건너가 독립운동에 일생을 바쳤다. (중략)

당시 선비양반은 오늘날의 졸부들과는 격이 달라도 크게 달랐던 것이니 일제에는 눈엣가시였을 것이다. 그러니 일제가 석주가문의 맥을 끊기 위해 굳이 철도를 놓았던 것이다. (중략) 국제관계도 국내관계도 어렵고 사회 갈등도 심해져만 가는 오늘, 노블레스 오블리주를 실천한 선열들에게 부끄럽다.

-〈국난 극복의 선봉 안동 임청각〉의 일부-

이처럼 가슴 찡한 이야기가 스물 한 꼭지나 담긴 이 책《선비문화를 찾아서 명가와 고택》은 젊은 시절 언론인으로 명성을 떨친 경기대 김구철 교수께서 저술한 책이다. 지난 3년간 김교수께서는 훌륭하게 살다간 사람들의 얼이 스며있는 옛집을 일일이 찾아다니며 예리한 안목과 뜨거운 가슴으로 엮어낸 것이다. 이 책 구석구석에서 그의 밝은 안목과 격정의 숨결이 느껴진다.

저자는 '한국정신문화의 수도'로 특허 등록된 안동이 고향이다. 외가도 안동이다. 어릴 적부터 보고 익힌 명가와 고택에 깃들어 있는 사람답게 살아가며 내품는 향기를 지금도 결코 잊지 못하고 있다. 어버이에 효도하고 형제간에 우애가 넘치고 이웃을 배려, 존중하며 나라와 백성을 위해서 헌신하고 때로는 목숨까지 던졌던 바로 그 향기 말이다. 저자는 이런 사람다운 향기가 되살아나야 서로를 배려하며 존중할 수 있게 되어 사람들을 행복하게 살 수 있게 되고 또 공동체에 헌신과 기여를 하게 되어 사회 통합과 나라발전도 앞당겨진다고 굳게 믿고 있다. 그래서 이 향기를 더 많은 사람들에게 퍼트리려고 이 책을 내려고 한다면서 필자에게 추천의 글을 요청하였다. 저자의 고향인 안동에서 13년째 퇴계 선생과 선현들의 선비정신에 빠져 이것을 세상에 알리려고 있는 필자는 여러 모로 부족함을 알면서도 저자가 가고자 하는 길이 선비답게 살아가려는 길이란 생각에 우러나는 동지 의식으로 추천사를 수락하게 되었다.

우리 세대는 불과 반세기만에 가장 가난한 나라를 세계사에 유례가 없는 경제 강국으로 일으켜 세웠다. 얼마나 자랑스러운 일인가. 그렇다면 우리만의 성공비결이 있을텐데 그것이 무엇일까. 경제 발전의 주요 요소인 자원도 자본도 없었다. 이 점에서 그 당시 우리처럼 가난했던 아프리카 여러 나라보다 더 형편없었다. 그러나 우리에게는 이들에게 없었던 딱 한 가지가 있었다. 올바른 정신을 가진 사람이 많이 있었다. 근면성실하고 부모 형제와 화목하고 이웃과 더불어 지내는 그런 사람들 말이다. 이것이 바로 우리의 자랑스러운 정신 유산인 선비정신이다. 이런 정신을 가진 선비가 5백년 장수 국가 조선을 이끌었다. 몇 사람 빼고는 국왕은 무능하고 우둔했다. 과거시험이라는 공채를 통해 유능한 독서계급인 선비들이 국왕을 보좌해 끌고 나갔던 것이다. 이런 전통이 지금까지 이어져 공직과 기업체에서 공채로 우수 인력을 충원하고 있는데 이것이 유례없는 기적의 큰 요인이 아닐 수 없다.

한편 이처럼 큰 성취를 이룬 우리는 언제부터인가 삶의 품격을 높이는 문제에 골몰하며 '인문학'에 대한 관심이 부쩍 높아졌다. 물질적 풍요와 개인의 자유가 결코 행복한 삶을 보장해주지 못하는 오늘의 세태를 반영한 현상이다. 그렇다면 행복한 삶을 이끄는 동력인 '인문학'이 일반인에게 스며들게 하는 방법은 무엇일까. 무엇보다 쉽게 다가갈 수 있어야 한다. 이 점에서 안동 임청각처럼 선비정신의 구체적 사례가 남아 숨 쉬고 있는 명가와 고택에 눈을 돌려야 한다. 이곳이야말로 전통시대 인문정신의 근간인 사람다움의 길을 앞장서 실천한 대표적 현장이기 때문이다. 명가와 고택에 조심스레 다가가면 아직도 가슴 울컥한 사람내음이 짙게 느껴진다.

그런데 이와 같은 미담이 녹아있는 소중한 현장이 지금까지 그다지 주목을 받지 못하고 있다. 왜 그럴까. 지난 백여 년 동안 일제 식민통치와 서양의 물질 중시 풍조에 떠밀려 전통을 대표하는 명가와 고택이 줄곧 쇠락 일변도의 길을 걸은 것이 가장 큰 원인이다. 그 결과 이곳은 퇴락의 상징이 되었고 요즘들어 겨우 고택체험이라는 이름 아래 명백을 유지해오던 차였다. 명가와 고택은 잠시 얼핏 둘러보거나 숙식이나 하고 떠나는 공간으로 치부해서는 별 가치가 없다.

그 공간에 대대로 살아오면서 사람다움을 앞장서 실천했던 이들의 정신을 되살려내어 오늘날 보다 많은 사람들이 본받는 데 있다. 그래서 국민 모두가 자랑스런 역사의식을 갖고 우리 고유의 정신문화에 자부심을 갖도록 해야한다. 이것이 21세기 치열한 국제 경쟁에서 국격을 높이고 '코리아 프리미엄'을 인정받는 길로 이어진다. 또 이미 세계의 젊은이들로부터 호응을 받고 있는 한류를 한 단계 격상시키는데 이보다 더 매력적인 고급 콘텐츠가 어디 있겠는가.

저자 김구철 교수는 바로 이러한 사명의식을 품고 이 책을 펴내기로 결심하였다고 한다. 더 늦기 전에 어려서부터 보고 익힌 사람다움의 현장을 세상에 펼쳐야 한다는 의무감을 느낀 지는 꽤 오래되었다고 한다. 그런데 실제로 행동에 옮긴 것은 몇 해 전 아버지께서 세상을 떠나신 뒤부터였다고 한다. 아버지께서 염원하시던 그 일들이 자신의 일이 되었다고 한다. 이 세상에서 가장 아름답게 이어가는 아버지와 아들의 끈적한 정신 공동체를 보는 듯하다. 부럽기도 하고 부끄럽기도 하다.

자신과 가족, 주위 사람들의 인격 수양과 인성교육의 도장으로서 그리고 국격을 높이는 고급 정신문화의 본향으로서 명가와 고택보다 더 적합한 곳이 있을까. 사람내음이 녹아있는 그 현장들을 이 책을 손에 들고 찾아가는 사람이 많아지길 진심으로 바라마지 않는다.

고택과 명가? 명가와 고택!

최근 우리 사회에서 우리 것에 대한 관심이 높아지고, 그와 함께 고택에 관한 관심도 높아지고 있다. 고택은 고택 그 자체로 의미있고 소중한 문화재다. 우리는 고택을 잘 보존하고 장점을 살려나가야 한다. 사랑하고 아껴서 후손에게 전할 의무가 있다. 그러나 우리 것에 대한 관심과 애정이 고택에서 멈춰서는 안된다. 맞배지붕, 팔작지붕 같은 건축학적 지식도 소중하다. 그러나 그 이상으로 중요한 것이 있다. 고택에 담긴 선비 문화, 선비 정신이다. 고택이 하드웨어라면 하드웨어 지식에 머물지 말고, 거기 담긴 소프트웨어에 관심을 가져야 할 때다.

고택에는 양반, 그들만을 위한 불천위(不遷位)와 봉제사 접빈객(奉祭祀 接賓客)만 있는 것이 아니다. 빈한(貧寒)한 민촌 사람들이 자존심 상하지 않고 쌀을 퍼가도록 한 타인능해(他人能解) 목독이 있고, 부러워하지 않게 저녁 밥짓는 연기가 담 넘어가지 않도록 굴뚝을 낮게 둔 구례 운조루 당주들의 배려가 서려 있다. 추수하면서 이삭을 줍지 않고, 흉년 들면 땅을 사지 않는 경주 최씨의 마음씀이 깃들어 있다. 이삭을 일부러 대로변에 흘어둔 논산 명재 후손도 있었다. 관물은 나무 작대기 하나도 소홀히 하지 말라는 봉화 계서당의 교훈도 들려준다. 영의정을 지내고도 집 한 칸 없어 제자들이 돈을 모아 스승의 유족에게 바친 하회 충효당(忠孝堂)도 있다.

당대 명문장, 당대 명필들이 글을 지어 바치고 글씨를 써서 그런 집을 빛나게 했다. 요즘으로 치면 인기 작가가 지어 보낸 찬사, 화가가 공짜로 그려준 그림, 대중 스타의 다녀간 사인을 벽에 거는 식이다. 예산 평원정에 정조가 보냈다는 '문수' 편액 글씨가 그것이며, 사액서원에 걸린 왕들의 편액이 그것이다. 그런 식으로 고택은 스토리가 더해지고 더 귀해진다. 한옥 특히 사랑채는 서양의 성과 비교하면 너무나 개방적이라 비밀이 없다. 행랑채의 아랫것과 사랑채, 안채 윗분의 생활 공간이 그대로 겹치고, 서로는 서로에게 열려 있다. 아랫것들이 낱낱이 지켜보는 가운데 상전들도 저절로 삼가고 삼가야 하지 않았을까?

절대 왕권에 도전하는 일은 상상하기도 어려웠던 봉건 사회에서도 고려와 조선의 양반과 선비들은 감연히 왕에게 직간(直諫)하고, 왕의 정책에 반대하곤 했다. 국왕의 집무실 앞에 무리 지어 엎드려 집단 항명하는 복합상소(伏閤上疏) 전통도 있었다. 현종 숙종 때 소론의 영수 명재 윤증은 사직 상소만 70번을 올렸고, 영조 때 승지 윤광의는 후궁 책봉 교지에 옥새를 찍기를 거부해 파직당했다. 그게 조선의 저력이었다. 2차 대전 후 독립한 후진국 가운데 유일하게 OECD에 가입한 모범 국가, IMF 외환위기를 최단 시일 내 극복한 모범 국가의 저력은 바로 이런 소프트웨어에 있는 것 아닐까?

하드웨어에 숨은 소프트웨어를 찾아라

고궁의 전각에는 모두 나름의 의미가 있다. 근정전(勤政殿) 정사에 힘쓴다, 숭정전(崇政殿) 정사를 높이 받든다, 교태전(交泰殿) 건(乾, 하늘)과 곤(坤, 땅)이 만난다, 자경전(慈慶殿) 자애롭고 경사스럽다. 근정전과 숭정전은 국왕의 집무실이고 교태전은 중궁(中宮, 왕비)의 거처며 자경전은 대비(大妃, 국왕의 모후)의 거처다. 황희 정승이 은퇴해 노닐던 파주 반구정 외삼문(外三門)의 편액은 청정문(淸政門), 청백리를 상징한다. 한자만 알면 그

뜻만 알면 그 전각에는 누가 살며 무슨 일을 하는지 바로 알 수 있다.

사람은 아는 만큼 보고, 아는 만큼 더 보려 한다. 알면 더 알고 싶고, 보면 더 보고 싶은 게 인지상정이다. 삼척 죽서루에 오르면 사방 처마와 누각 천정은 왕의 친필 휘호를 비롯해 시인 묵객의 묵적(墨跡)으로 가득하다. 대부분 그냥 지나치지만, 혹간 누구 글인지 무슨 뜻인지 궁금해 하는 사람들이 있고, 조금 알게 되면 더 궁금해진다. 왜 그때 임금이 보냈을까? 무슨 일로 관찰사가 다녀갔을까? 이런 것이 우리가 더욱 소중히 생각해야 할 소프트웨어일 것이고, 이런 것이 요즘 유행하는 스토리텔링 아닐까?

그러나 아쉽게도, 애석하게도, 안내서는 인터넷 가이드는 현판 글씨가 누구 것인지는 알려줘도, 당호의 뜻이 무엇인지 그 전거가 무엇인지 알려주는 경우는 많지 않다. 궁궐을 소개하는 영어판 다큐멘터리를 봐도, 전각의 한자음만 영어로 표기할 뿐 그 의미는 전달하려 들지 않는다. 말로만 스토리텔링이지 스토리에는 전혀 관심없는 문외한의 문화재 소개다.

고택도 마찬가지다. 경주 양동만 해도 관가정(觀稼亭), 향단(香壇), 서백당(書百堂), 안동 하회는 충효당(忠孝堂), 양진당(養眞堂) 식으로 집집이 이름이 붙어있다. 회덕 동춘당(同春堂), 예산 평원정(平遠亭), 강릉 선교장의 열화당(說話堂), 장흥 존재(存齋)고택은 바로 의미가 짐작된다. 안동 임청각(臨淸閣), 구례 운조루(雲鳥樓)는 도연명의 시 귀거래사(歸去來辭)에 유래했으니 인간과 자연의 교감을 말하는 것이다. 예천 초간정(草澗亭), 파주 자운(紫雲)서원에는 우주와 하늘을 의미하는 깊이가 있다. 파주 반구정(伴鷗亭)에서는 갈매기 벗해 세월을 보내는 노정승의 여유가 그려진다. 담양 소쇄원(瀟灑園)에 이르면 이름의 의미와 연원에 더해 의성어로서 쇄락(灑落)한 느낌을 받게 되니, 당호만 봐도 집주인이 가장 중시하는 가치가 무엇인지 알 수 있다.

고택에서 콘텐츠를 발굴하라!

콘텐츠를 찾아 나서라

전남 강진의 야산을 조금 걸어 올라가면 신선이 이렇게 살았을까 싶은 아담한 초당이 나온다. 산 중턱에 작은 연못이 있어 고기가 노닌다. 19세기 벽두, 서울에서 당대 재사(才士)로 문명(文名)을 날리던 외손이 이웃 강진에 귀양 왔다는 소식을 들은 해남 윤씨 문중은 화들짝 놀랐을 것이다. 그러나 아무리 귀한 외손이라도 나라에 큰 죄를 짓고 온 이상 드러내놓고 정을 표시하기도 조심스럽다. 처음에는 외가 사람과 중인 계급의 제자밖에 거둘 수 없어 젊은 준재(俊才)의 귀양살이는 곤궁하기 그지없었을 것이다.

외손의 곤고(困苦)로운 일상에 마음 아파하던 외가 어른들은 여러 해가 지나서야 정자 하나를 헐어 초당을 짓고, 바로 옆에 서재까지 따로 내준다. 그게 다산초당(茶山草堂)이다. 외가인 해남 윤씨 문중의 지극 정성이 아니었던들 여유당 전서 500권이 가능했을까? 천재는 카톨릭 신앙을 품고도 비슷한 연배의 백련사 선승을 만나 대화하며 외로움을 달랬다. 알고 보니 선승은 이미 10여 년 전 이웃 장흥 출신의 포의지사와 고담준론을 펼치며 궁벽한 빈촌에서 세상을 구할 웅지를 논했으니, 실로 세상은 좁다. 가슴이 아리다. 전국의 고택, 정자, 서원마다 비슷한 이야기가 우리의 관심을 기다리고 있을 것이다.

하드웨어에서 소프트웨어를 찾아내고 의미를 찾아 되새기고 교훈을 얻어 널리 알리는 것은 우리의 의무다. 하드웨어는 하드웨어대로 탐구하고, 이제는 소프트웨어를 찾아 나설 때다. 조금은 늦었다. 한국이 20세기 모범국가로서의 발돋움하는데 밑거름이 된 양반 문화, 선비 정신을 우리부터 잘 알고 간직해야 한다. 선인의 이야기만 있는 게 아니다. 생생하게 21세기를 살아가는 사람의 이야기도 있다. 우리 다함께 명가의 가풍, 명가의 빛나는 전통, 명가의 아름다운 이야기를 찾아나서는 여행을 함께 시작하자.

창업과 개혁의 산실

황희 정승 갈매기와 놀다

파주 반구정

반구정 경역 전경

고려말 전라도 남원, 부잣집에 명당을 잡아주기로 했다가 사기꾼으로 몰려 죽도록 맞고 있던 스님을 전 재산을 기울여 구해준 의인이 있었다. 스님은 부잣집에 주려던 명당 자리를 은인에게 알려주면서, 남원을 떠나야 후손이 발복(發福)할 것이라 한다. 그래서인가 장수 황씨 집안은 수도 개경 일대로 옮겨 살았고, 후손들도 후에 경상도 문경으로 세거지를 옮겼다. 이 스님이 조선의 수도 한양을 고른 무학대사의 스승 나옹선사였고, 명당을 얻은 은인은 익성공 황희 정승(호가 방촌이니 앞으로 방촌 선생이라 칭하겠다)의 아버지 강릉부사 황군서, 그 명당에 묻힌 이는 방촌 선생의 조부 황균비였다.

풍수에서는 방촌 선생의 18년 영의정과 후대의 영의정 황수신 등 황씨 가문의 현달(顯達)은 조부 황균비의 묘소 덕분이라고 풀이한다. 황균비 묘소는 남원에서 순창으로 넘어가는 24번 국도를 따라 비홍재를 넘어 오른쪽, 남원시 대강면 풍산리 산촌 마을 명당에 자리잡고 있다. 풍수들은 홍곡단풍혈(鴻鵠搏風穴), 큰 기러기와 고니가 바람을 타고 나르는 혈자리라 풀이한다. 비홍(飛鴻), '날아오르는 기러기'라는 고개 이름이 풍수들의 해설을 뒷받침한다.

풍수들의 해설을 조금 더 인용하면, 혈 좌우에 아름답고 귀한 봉우리가 많고, 산 아래 적석강(섬진강의 옛 이름)이 흐르고 저 멀리 뾰족한 봉우리 재상필(宰相筆) 앞에 10개 가까운 안산(案山)과 조산(朝山)이 겹겹이 둘러 묘에 절하는 형국이니, 열두 대문을 열어 만인(萬人)을 맞아들일 것이다… 안산과 조산은 혈 앞에서 불어오는 바람을 막아(藏風) 혈의 생기를 보존하는 산인데, 안산은 가깝게 정면으로 마주보는 산이며, 조산은 안산 뒤 멀리 크고 높은 산이다. 요컨대 5백년에 한번 나올까 말까 한 큰 인물이 나올 명당이라는데, 필자의 생각은 다르다. 복이 있어야 명당을 얻지만, 명당에서 발복하는 것은 후손의 적선이다. 장수 황씨의 경우, 곤경을 처한 자를 돕는 황군서의 의협심, 그리고 가문의 DNA인 의협심이 후손에게 전해져 보상받은 것은 아닐까?

방촌 선생의 집안은 방촌이 6조 판서를 두루 거쳐 18년 영의정을 지내고, 아들 황수신(黃守身)은 영의정, 황치신(黃致身)은 판서를 지냈으니 대단한 가문이다. 말 나온 김에 아들 형제분을 조금 더 자세히 알아보자. 황수신은 영의정이면 더 말할 게 없겠지만, 명나라 사신 경력이 더해진다. 오늘날에도 외국대사는 대단한 인물이지만, 교통과 통신이 발달하지 못한 옛날에는 훨씬 더했다. 고대 중국 전통에 따르면 나라의 큰 벼슬은 상(相) 행(行) 장(將) 세 자리이다. 상 또는 승(丞)은 승상 또는 재상이니 국정을 총괄하는 최고의 자리다. 장은 장군이니 군사 책임자다.

행(行)은 별로 알려지지 않았는데, 행 바깥으로 다니는 사람이니 외무장관으로 외국에 파견되는 사절이다. 왕을 대리해 협상하고 중요한 결정을 해야 하니 대개는 왕의 동생이나 왕의 적장자(嫡長子), 아니면 재상에 버금가는 중신이면서 현명한 인물이라야 행이 될 수 있었다. 작은 나라에 갈 때야 결정할 일이 많지 않지만, 큰 나라 대국(大國) 또는 상국(上國)에 가면 갑작스런 불편한 이야기가 나올 수 있어 더욱 중요했다. 그러니 조선에서 사대(事大)하는 종주국(宗主國) 명나라에 보내는 사신은 국왕이 특별히 신임하는 자가 아닐 수 없었다. 황수신은 그 명나라 사신을 1457년, 1462년 두 차례나 다녀왔다.

경모당(景慕堂)

반구정

반구정의 임진강 쪽 바로 아래는 낭떠러지다.

황치신도 판서 경력 외에 독특한 일화가 전해진다. 국조인물고에 실린, 조선 초 대유학자인 점필재 김종직이 쓴 황치신 비문(碑文)에 전해지는 일화다. 오늘날에도 아기 이름을 국가원수가 지어줬다거나 아기의 세례에 거물급 인사가 대부 대모가 되어 줬다면 대단한 영광일 것이다. 그러니 왕조 시대, 아기 이름을 국왕이 지어줬다면 믿을 수 있겠나? 이 작명의 영광을 두 번이나 누린 인물이 있으니 황치신이다. 원래 태종 이방원이 방촌 선생을 각별히 총애해 1397년 낳은 아들에게 이름을 내리니 동(董)이었다. 중국 전한 시대 한무제 때의 거유 동중서는 유교를 중국의 국교로 만든 인물인데, 그 동중서의 재림이라고 '동'이라는 이름을 내렸다. 그리고 7년 뒤 다시 황치신을 친견한 이방원은 '치신'이라는 이름을 내렸으니 실로 어마어마한 영광을 입었다. 치신은 수신의 10년 형으로, 동생보다 17년이나 더 살았으니 실로 아버지 방촌 선생에 이어 대이은 수산복해(壽山福海)다.

소신파 황희 정승

방촌 선생은 크게 두 차례 국왕을 거슬러 핍박을 받았다. 첫 번째 거부는 고려가 망하자 고려에 대한 충성을 지키겠다며 조선조에 출사하지 않은 일이다. 당시 고려의 유신 70여 명은 두 왕조를 섬기지 않겠노라며 개성 근처 광덕산 서쪽 골짜기 두문동에 들어가 박혔다. 오늘날 경기도 개풍군 광덕면 일대인데, 두문불출(杜門不出)이란 말의 유래다. 그러나 조선 태종 이방원이 새로 건국한 왕조가 제대로 자리잡을 수 있도록 도와달라고 워낙 간곡하게 설득하자 그들의 마음도 조금은 누그러졌다. 결과 젊고 똑똑한 황희가 그들의 대표로 조선 왕조에 출사해 조선의 기반을 닦는데 참여하게 된다. 야사에서는 이렇게 돼 있지만 정사에는 그런 기록이 없고, 단지 태조 이성계가 두문동 선비들에게 후대하겠다고 귀부를 적극 권유했고, 1394년 방촌 선생이 조정에 출사했다고만 나와 있다.

방촌이 조선 조정에 출사해 봉사한 지 22년이란 긴 시간이 흐른 1416년, 큰 사건이 터졌다. 태종 이방원은 세자 양녕대군 이제(李褆)를 빗나간 행동[失行]을 이유로 폐하고 충녕대군 이도(李祹)를 세우고자 했다. 이미 방촌이 형조, 병조, 예조, 이조 판서를 두루 지내고 호조 판서로 일할 때였다. 방촌은 이제를 변호하다가 파직됐다가 이조판서로 복직하고 2년 후 이제의 폐위에 반대하다가 다시 파직됐다. 황희의 두 번째 거부다. 태종은 총애하던 황희를 내치는데 그게 상상을 뛰어넘었다. 현임 이조판서를 폐서인하고 경기도 파주 교하로, 다시 전라도 남원으로 귀양 보낸다. 쉰 여섯의 황희는 4년을 근신하다가, 세종이 즉위한 후 다시 불려 올라왔다. 마침내 황희는 6조 판서(문자 그대로 6조 판서를 모두 지냈다)와 좌·우의정을 두루 거쳐, 영의정으로 조선 왕조의 기틀을 다졌다. 87살에 파주 반구정(伴鷗亭)에 은퇴하니 영의정만 18년, 복귀한 지 27년만이었다. 그리고 은퇴한 지 3년 만인 90살에 세상을 떠났다.

"오제신후사, 지수일염자(吾齊身後事, 只守一廉字)" 몸은 죽어도 청렴 하나는 꼭 지킨다. 노정객이 갈매기[白鷗] 벗하며[伴] 지낸 곳 방촌기념관에서 눈에 띄는 글귀다. 그러나 오늘의 한국 사회가 황희에게서 청백리만 배우려 한다면 그만큼 큰 오류는 없을 것이다. 황희 정승에게서 21세기 한국 사회가 배울 것이 너무나 많으나, 소와 농부, 공작새, 옳다 옳다, 황희 정승에 관해 전승되는 많은 설화들은 워낙 많이 알려져 따로 소개하지 않겠다.

방촌 영당

황희 정승의 영정을 모신 곳이다.

반구정과 분단의 비극

반구정은 한국전쟁 때 파괴된 것을 1967년 후손들이 복원했다. 임진강을 내려다보는 운치 있는 곳이지만 북한 땅과 마주보는 곳이라 바로 아래 철책이 있고 경계초소가 있어 군사적 긴장감을 준다. 일몰 이후에는 아예 민간인 출입이 금지돼 있다. 입구에서 입장권을 끊고 왼쪽에 한옥 한 채를 보면서 걸어들어가면, 오른쪽 건너편에 방촌기념관이 서있고 왼쪽에 정문이 나온다. 신삼문(神三門)이다. 걸린 편액은 청정문(淸政門), 맑은 정치를 이루는 문이라는 뜻인데, 원래는 궁궐문에나 붙이는 편액(扁額)일 것이다. 숭정(崇政), 근정(勤政)처럼 '정사 政'은 궁궐 그것도 임금의 정전이나 그 정문에 쓰는 글자다. 다른 사람이나 가문이 문에 이런 편액을 달았으면 역모로 몰려 멸문지화를 당했을 것이나, 워낙 18년 정승을 지낸 분이니 이런 표현을 쓸 수도 있었겠다. 문 셋 가운데 가운데는 신문(神門)이라 춘추 제향이나 삭망(朔望) 때 헌관이 쓰는 문이다. 양쪽 문은 사람들이 드나드는 인문(人門)인데, 동문(대체로 오른쪽 문)으로 들어가 서문(대체로 왼쪽 문)으로 나오는 것이 관행이다. 청정문(淸政門)으로 들어서면 왼쪽에 건물들이 보인다. 주택처럼 보이는 맨 왼쪽집이 사직재(司直齋), 다음이 황맹헌 부조묘, 황희 정승 영당, 분리된 공간에 경모당 이런 순서다.

반구정을 들르는 사람들에게 꼭 하고 싶은 말이 있다. '물질' 즉 하드웨어로서 반구정은 20세기 중반에 복원됐으니 엄밀한 의미의 문화재가 아니다. 그럼에도

청정문(淸政門)
황희 정승이 청백리였음을 강조하는 문이름이다.

오늘날 우리가 반구정을 찾는 것은 황희 정승의 뜻과 정신, 즉 소프트웨어를 오늘날에 되새기기 위함이다. 그렇다면, 얼른 눈에 띄는 정자와 누각만 찾을 일이 아니고 동시대인이나 후세가 황희 정승을 어떻게 느꼈는지 차분하게 살필 필요가 있다. 여기 걸린 많은 기문도 시간 갖고 읽어야 진정한 반구정 탐방이라는 것이다.

동상 양편에는 황희 정승의 친필[진적(眞迹)]을 옮겨온 시 한 수씩이 적혀 있다. 초서라 읽기 곤란하겠지만, 그 위에 해서와 한글 번역이 있으니 꼭 읽어보고 황희 정승의 마음자세를 느껴보기 바란다. 특히 필자는 오른쪽 시보다는 왼편 아래 '관풍루(觀風樓)' 시가 더욱 마음에 든다. 강원도관찰사 시절 지은, 가뭄 심하고 몹시 더운 날, 관아에서 일하니, 관아가 오히려 시원하다는 모범관리다운 시다.

관풍루(觀風樓)

동헌 높으니 능히 더위 물리고

처마 넓으니 바람이 일기 쉬우며

늙은 나무는 마당에 그늘 드리우며

먼산 봉우리는 하늘을 푸르게 쓸어내는 듯하네

軒高能却暑 詹豁易爲風(헌고능각서 첨활이위풍)

老樹陰垂地 遙岑翠掃空(노수음수지 요잠취소공)

永樂 癸卯 監司 黃喜

세종 5년(1423) 감사 황희

미수 허목(許穆)은 황희 정승을 추모하면서도, 풍류를 아는 묵객답게 자연도 언급했다. 허목은 조선 후기의 시인이요 명필로, 중국 문인도 미수체 전서를 배웠다는 말이 있다. 안동 하회의 류성룡 종택, 삼척 죽서루에도 글씨가 걸려 있다.

"상공은 나아가 조정에 임하여서는… 온 사방이 걱정이 없고 백성들이 생업에 안락하게 되었으며, 물러나 강호에 은퇴하여서는 자유롭기가 마치 갈매기나 해오라기와 같이 세상을 잊고 영귀(榮貴)를 뜬구름처럼 여겼으니…"

정자는 꽤 높은 임진강변 낭떠러지 위에 세워져 있다. 지도로 보면, 임진강변에 불룩하니 솟아난 자리 우뚝한 언덕이다. 임진강이 내려다 보이고, 멀리 강 너머에 북한 땅이 보인다. 강쪽과 강 안쪽이 모두 경사 급한 언덕배기인데, 강쪽은 특히 더 그렇다. 아마 600년 전 노정객은 매일 본인이 한 움큼 모이 쥐고 정자에 올라 갈매기를 불렀을 것이다. 시종에게는 한 버지기 넉넉하게 모이를 들고 갈매기 놀라지 않게 거리 두고 따라오게 했을 것이다. 황희 정승 떠나신 지 벌써 600여 년, 할아버지 친구가 떠나버린 것을 아는지, 강물 위 너른 하늘에는 갈매기 한 마리 눈에 띄지 않고, 살벌한 철조망만이 조국 분단의 현실을 일깨워 준다. 먹이 주는 이는 없고, 감시 초소와 철조망만 있으니 갈매기가 찾을 리 없다. 아마 황희 정승이 무인이었으면 반구정 자리에 감시 초소를 세우고 봉수대를 앉혔을지도 모른다.

동상 왼편 아래 붙은 황희 정승의 진적(眞迹)

가뭄 심해 몹시 몹시 더운 날 관아에서 일하니,
오히려 시원하다는 강원도관찰사 시절의 시 관풍루(觀風樓)다.

최윤덕은 4군, 김종서는 6진을 개척하고, 정초는 『농사직설』을 편찬하고 허조(許稠)는 이조판서로 인사를 잘 하고, 장영실은 물시계 자격루(自擊漏)와 천체 관측기구 혼천의(渾天儀)를 만든 식으로 사람마다 구체적인 업적이 있다. 그런 점에서는 방촌 선생은 구체적으로 무엇을 했는지 불분명하다. 그러나 최윤덕, 김종서, 정초의 기용, 허조의 발탁, 장영실의 발굴은 모두 방촌 선생의 몫이다. 세종대왕 31년의 치세 동안 중요한 고비마다 앞서가는 임금과 반대하는 신하들 사이에서 탁월한 중재 역할을 했다. 정신적 멘토라고 할 수도 있다. 방촌 선생은 청백리 명재상으로 알려졌지만, 사상가로서는 별로 알려져 있지 않다. 그러나 조선초 체제 정비와 국정 안정을 위해 노력했기에 알려지지 않았을 뿐 위대한 사상가기도 했다.

미수 허목의 반구정기(伴鷗亭記)

우선 인본 사상이다. 오늘날 민주사회에서도 정파마다 조직마다 성골 진골 따지고, 공채와 특채 따진다. 그러니 대부분의 한국의 조직은 순혈주의를 내세워 폐쇄적이고 발전이 없다. 북한의 '백두혈통' 운운은 더 말할 필요조차 없다. 몰지각한 일부 기업주는 임직원을 함부로 대하다 여론의 뭇매를 맞고, 금수저 흙수저 이야기가 일상화됐다. 그런데 엄격한 신분 사회인 조선 초, 방촌은 노비에게 과거에 응시할 기회를 마련해주고, 서얼 차대를 완화하는 등 만민 평등 정책을 폈다.

둘째, 통합의 정치다. 작금의 한국정치를 보면 편가르기에 권력 다툼에만 혈안이 돼 있다. 창끝같은 말과 칼끝같은 행동으로 상대를 해치기에 여념이 없다. 정치의 목적이며 수단인 통합은 완전 실종이다. 방촌은 통합의 정치 사상가며 실천가다. 방촌은 조선조에 반대했고 후에 충녕대군 이도의 세자 책봉에도 강경하게 반대했다. 태종 이방원과 세종 이도는 그를 중용했으니 그 자체가 통합의 정치다. 중용된 방촌은 조정을 원만하게 이끌어 세종조 조선의 번영에 큰 몫을 해냈다. 정도가 아니면 권력과 부귀 영화를 버리며 반대한 방촌도 대단하지만, 자신을 두 차례나 반대한 방촌을 중용해 쓴 세종 이도도 대단하다.

법의 지배와 실사구시의 정치

셋째, 법의 지배다. 전제정치와 민주정치의 가장 큰 차이가 법의 지배다. "법자만세공공지기 불가일시지술경개지야(法者萬世公共之器 不可一時之術輕改之也)" 방촌의 말이다. 법은 만대 이어져야 할 공공의 그릇이니 가벼이 고쳐서는 안 된다는 것

반구정에서 내려다 보이는 임진강
황희 정승 떠나신 지 벌써 500여 년, 친구가 떠난지 아는지 너른 강물에 갈매기 한 마리 눈에 띄지 않는데,
살벌한 철조망이 조국 분단의 현실을 일깨워 준다.

이다. 방촌은 조선왕조의 기본법인 경제육전(經濟六典)을 시대에 맞게 수정 보완하면서도 국정의 안정과 예측 가능성을 고수했다. 모범적 민주주의 국가라는 미국에서조차 트럼프 대통령의 자의적 국정 운영이 자주 여론의 비판을 받는다. 한국도 자주 법을 제정하고 고치고 법에 예외를 두니 법이 누더기라고 해도 과언은 아니다. 방촌 선생은 봉건 사회에 벌써 왕권의 전횡을 경계하면서, 법의 지배를 중시하는 정치를 폈다. 옥사(獄事)를 의정(議定)할 적에는 관용(寬容)으로써 주견(主見)을 삼아서 일찍이 사람들에게 이르기를, "차라리 형벌을 경(輕)하게 하여 실수할지언정 억울한 형벌을 할 수는 없다."하였다.

넷째, 실사구시의 정치다. 2020년 21대 국회의원 총선거를 앞두고, 20대 국회에 대해 최악의 국회라는 평가가 내려졌다. 일하지 않는다는 의미일 것이다. 오늘날 우리는 '악마는 디테일에 있다'면서 사소한 것에 목숨을 걸면서 정작 알맹이는 놓친다. 조선 후기 남인의 영수로 학자요 명필인 미수 허목(眉叟 許穆, 1595~1682)은 방촌이 '당사무대체 불문세정(當事務大體 不問細政)' '큰 일에 힘쓰고 자잘한 것은 따지지 않았다'고 평했다. 방촌은 유학자로 경세치용(經世致用), 큰 일에 힘쓰되 실물 정치도 빈틈이 없었다. 북방 야인과 왜(倭)에 대한 방비, 4군 6진 개척같은 외교안보는 물론이고 농법 개량과 양잠 장려, 강원도민 구휼(救恤) 등 민생을 위한 실물 경제 정책까지 챙겼다. 모든 정책의 바탕에는 방촌 표 배려와 신중함이 깔려 있었다.

불천위와 종가, 제대로 알자

반구정 경내에 특기할 것은 월헌(月軒)선생 부조묘다. 월헌 선생은 방촌의 현손으로 중종 반정에 참여하고 관찰사를 지낸 황맹헌이다. 부조묘(不祧廟)는 불천위 신주를 모신 사당을 말한다. 다시 의문이 생길 것이다. 불천위가 무엇인가? 원래 유교 전통에서는 4대 봉사라 해서 주손(冑孫)의 4대조 즉 고조부까지 제사를 모

월헌선생 부조묘
고손(高孫)인 월헌 황맹헌뿐만 아니라, 황희 정승은 생전에 자신을 믿고 권력을 남용하는 아들 형제와 사위 때문에
자주 탄핵을 받았고, 마음 고생이 많았다.

시고, 그 윗대의 신위는 사당에서 꺼내 땅에 묻고 더 이상 제사를 모시지 않는다.
그러나 나라에 큰 공이 있는 인물은 조정의 논의를 거쳐 4대 이후에도 사당에 모
시고 기제사를 지내게 되는데 이를, 신주를 옮기지 않는다 하여 '불천위(不遷位)'라
한다. 불천위 제사를 모실 때부터 하나의 가문으로 인정받게 되며, 그 주손을 종
손이라 하고 주손의 부인을 종부, 주손의 딸을 종녀라 부른다. 현대에 와서 3대
종손이라고 자신을 소개하는 자들이 보이는데, '우리 집안은 순엉터리'라고 광고
하는 꼴이다.

조선 아니 현대에 이르기까지 한국 최고의 러브 스토리인 춘향전의 무대 전북 남원 광한루가 청백리 황희 정승과 무슨 관련이 있을까 싶다. 그러나 원래 방촌의 선대가 전북 남원에 살았고, 조부 황균비의 묘소가 남원에 있고, 본인이 남원에 귀양가 5년이나 살았다. 방촌은 남원에서 6대조 황감평의 서실(書室)이 있던 옛터에 '광통루(廣通樓)'를 짓고 자연과 책을 벗하며 자신을 그렇게 총애하던 태종이 다시 자신을 불러줄 날을 기다렸다고 삼남 수신은 「누정기(樓亭記)」에 썼다.

15세기 초 남원부사 민여공이 한 번 중수한 광통루는, 충청 전라 경상도의 삼도 순찰사였던 정인지가 누각에 올라 '광한청허지부(廣寒淸虛之府)'라 칭하면서 새로운 이름과 운명을 얻는다. 청허(淸虛)란 달 속의 선녀가 사는 월궁의 이름인 광한전(廣寒殿)의 '광한청허루(廣寒淸虛樓)'에서 따온 것이니, 정인지가 최선임 집현전 학사 출신다운 문재(文才)를 발휘한 셈이다. 지금도 광한루원의 정문 현판에는 '청허부(淸虛府)'라 쓰여 있다. 후임 부사 장의국(張義國)이 요천강(蓼川江) 물을 끌어 은하수를 상징하는 연못을 만들고 봉래(蓬萊), 방장(方丈), 영주(瀛洲)의 삼신산과 홍예(虹霓/虹蜺 무지개) 4개로 구성된 오작교를 축조해 월궁의 모습을 제대로 갖추었다. 정인지가 상상력을 발휘해 기획했다면 장의국은 실행한 셈이다.

어떤 기록에는 봉래섬에 녹죽, 방장산에는 백일홍, 영주산에는 연정 즉 오늘의 영주각을 세우는데 당시 전라감사 정철이 개입했다는 이야기가 나온다. 정유재란 때 소실된 것을 17세기 초 복원해 이후 보수, 증축을 거듭했고, 일제강점기 때에는 누각 마루는 재판소로, 아래는 구치소로 사용되는 수난도 겪었다. 해방 후 1963년 광한루는 보물 281호로 지정되고, 2019년 건립 600주년을 맞았다. 이 광한루가 이몽룡과 성춘향의 로맨스의 무대로 사용된 것은 경상도 출신 암행

남원 광한루
황희 정승이 귀양가 마음을 다스리며 독서하던 자리가 정인지, 정철, 성이성을 거치며
우리 민족 최고의 로맨스 무대로 거듭났다.

어사 성이성의 소설 '성춘향전'이었다.

심산 김창숙 선생의 반구정기

　독립운동가 심산 김창숙 선생은 독립운동을 하다 왜경의 고문을 받고 평생 앉은뱅이가 되었으며, 건강이 매우 좋지 않았다. 그럼에도 방촌의 유적을 중수하는 기문을 요청받고 필생의 공력을 들여 기문을 짓고 직접 썼다. '익성공은 진실로 이조 명재상이라 나라의 으뜸이시니… 정자의 유무가 무슨 차이가 있고, 기념문의 유무가 후세에 전하는데 또 무슨 차이가 있으랴(李韓明相國之首也 是亭之興廢何與於相公也 是記文有無又何與於傳後也)' 필자가 반구정을 소개하든 않든 알 사람은 알 것이다. 그러나 오늘의 한국 현실이 너무 답답해, 편히 쉬셔야 할 6백 년 전 어른을 다시 생각해 본다. 한문도 명문장이지만, 번역문 역시 고졸(古拙)한 명문이다. 심산의 글을 찬찬히 읽고 있노라면, 육당 최남선의 '기미독립선언문'과 위당 정인보 선생의 '순국선열추념문'을 외던 고등학교 시절로 돌아간 느낌이다. 아래에 번역문 전문을 옮겨두니, 독자들도 한번 고졸한 국한 혼용문의 매력을 느껴보기 바란다.

　　　　파주에서 서쪽으로 약 시오리 가량 되는 임진강상 사목리에 한 정자(亭子)가 있으니 이것이 고 방촌 선생 익성공(厖村先生 翼成公)께서 퇴휴(退休)하시던 곳이다. 그때와 지금이 오백여 년이 되었으되, 강산(江山) 사람이 상금(尙今)도 세종성세 현 상국 황씨(世宗聖世 賢 相國 黃氏)의 유허(遺墟)라고 지점(指點)하야 경모(敬慕)함을 마지 아니하니 그 고풍일운(高風逸韻)을 사람들이 가히 보리로다. 이 정자가 헐리고 짓기를 여러 번 하

앙지대(仰止臺)
멈춰서서 우러러 보는 자리.

여 대유(大儒) 허목(許穆)의 기(記)와 문호(文豪) 윤희구(尹喜求)의 기(記)가 있
었으나 모두 보존(保存)치 못하고 근자(近者)에 와서 상공(相公)의 가손제
자(佳孫諸子)가 선휘(先徽)의 알회(戞晦)함을 개연(慨然)하와 구지(舊址)를 개
척(開拓)하여 정자(亭子)를 재건(再建)하고 본인(本人)에게 기문을 청(請)하
거늘 본인(本人)이 탄식(歎息)하고 답(答)하여 가로되 익성(翼成)은 진실(眞

實)로 이조명상(李朝名相)의 수반(首班)이시라 한국사기(韓國史記)에 불후(不朽)할 것이어늘 이 정자(亭子)의 흥폐(興廢)가 어찌 상공(相公)에게 관계되어 이 기문의 유무(有無)가 전후(傳後)에 상관되리오. 본인은 들으니 상공(相公)은 본래(本來) 광하천만간(廣廈千萬間)으로 천하(天下)를 대비(大庇)할 우량(宇量)이 있어서 희로(喜怒)를 얼굴에 표함이 없었고 소절(小節)에 규규(規規)치 아니한 고로 당시 사람들이 흔히 상공(相公)을 몽롱(朦朧)하고 무능(無能)하다 기롱(譏弄)하면 상공(相公)이 또한 자거(自居)하고 사양치 아니하더니 어느 덧 태정즉 상공(台鼎卽相公)이 되어 명주(明主)의 알음을 만나 제례작악(制禮作樂)을 하고 대사(大事)에 임(臨)하고 대의(大疑)를 결함에 성색(聲色)을 불동(不動)하여 능히 국가(國家)를 태산반석(泰山盤石)같이 안전(安全)함에 두니 이제야 사람들이 비로소 상공(相公)의 우량(宇量)이 탁연(卓然)히 가히 밀지 못할자 이와 같음이 있음을 탄복(歎服)하였다. 바야흐로 상공(相公)이 노퇴(老退)하여 야인어부(野人漁父)와 더불어 구로(鷗鷺)를 길들이고 상양자적(徜徉自適)하실 적에 사람들은 이분이 고매(高邁)하신고, 흘금(迄今)토록 국인(國人)이 인의(仁義)를 담론(談論)하고 효제(孝悌)를 책망(責望)하여 예이금독(裔夷禽犢)이 되지 않음은 모두 상공(相公)의 유술(儒術)을 숭상(崇尙)하고 불씨(佛氏)를 배척(排斥)하고 명교(名敎)를 돈행(敦行)함에 있으니 이 또한 놀랍지 않은가. 차(嗟) 흡타, 오당소자(吾黨小子)는 우리 방촌 선생(厖村先生)의 위적(偉績)을 구하고저 하거든 청컨대 한번 반구정(伴鷗亭)에 등림(登臨)하여 물어볼지어다. 이에 기(記)함.

　　　　　　정유년 처서에 즈음하여 의성(義城) 김창숙(金昌淑) 씀.

율곡 이이의 개혁정책

파주 자운서원

선생의 묘우(廟宇) 문성사를 좌우에서 지키는 느티나무는
2012년 조사에서 수령이 400년을 훌쩍 넘긴 것으로 측정됐다.

2019년 초여름, 필자가 경기도 파주 자운서원을 신문에 게재할 무렵, 안동 도산서원을 포함한 한국의 대표 서원 9곳이 유네스코 세계유산에 등재됐다. 어릴 적 국사 시간에 배운 서원은 오늘날까지 매우 부정적인 이미지로, '개혁 대상'으로 '혁파 대상'으로 기억된다. 그 서원이 유네스코 세계유산으로 등재되다니. 우리의 역사 인식이 잘못되었음을 우리의 역사 교육이 잘못되었음을 다시 한번 절감하는 순간이다. 우리는 우리 역사를 너무 비판적으로만 배우고 부정적으로만 기억하고 있다. 우리 역사의 자랑스런 순간은 기껏해야 고구려가 수·당과의 항쟁에서 이긴 짧은 몇 순간뿐인 것으로.

사실 우리 역사는 참으로 자랑스러운 역사다. 국왕, 특히 조선 국왕이 멍청해서 그렇지 신료들은 유능했고 우수했다. 봉건 시대에 이미 문민 우위의 전통이 확립돼 있었고, 무능하고 무지한 왕을 견제하기 위한 장치도 많았다. 어느 시대, 어느 왕조를 막론하고, 동서 고금의 훈척(勳戚, 공신과 왕실 친인척)은 권세를 믿고 부패와 불법이 잦고, 행정 관리에 어둡다. 그러니 역대 왕은 훈척을 국정에서 배제하고, 깨끗하고 실력있는 테크노크라트를 중용하고자 한다. 그게 왕조가 장수하는 비결이다. 조선 전기 때도 그랬다. 특히 반정 공신에 휘둘린 중종, 명종, 인종은 더 그렇게 하고 싶었다. 물론 심약한 그들의 역량으론 권간과 후궁의 농간을 극복해낼 수 없지만.

사림(士林)은 체계적 독서를 통해 실력을 기른 테크노크라트였지만, 명분에 집착한 나머지 모략을 모르고 권모술수가 부족해 4대 사화(士禍)를 잇따라 당하며 패퇴했다. 김종직, 조광조의 사사는 전형적인 실패 사례였다. 실망한 사림은 벼슬을 포기하고 산림에 은거했다. 소쇄원을 지은 양산보가 그 경우였다. 판판이 깨지고 다치던 사림이 권모를 배우고 조직을 강화해 정치 세력으로서 체계화할 수 있는 근거를 마련한 것은 서원이었다. 결국 사림이 서원을 기반으로 조선의 정치 권력을 잡고 정치 사회를 개혁하니, 서원의 기여는 재평가돼야 마땅하다. 서원을 조선 땅에 도입한 것은 고려말 문성공(文成公) 안향(安珦)이요, 서원의 존재를 알린 것은 조선초 문민공(文敏公) 주세붕(周世鵬)이었지만, 서원을 전국으로 확대하고 사액서원으로 조정의 공인을 받아낸 것은 퇴계(退溪) 이황(李滉) 선생이었다. 서원은 지역 사회가 설립한 사립학교로, 제사와 강학, 풍속 순화와 정치적 여론 형성도 맡았다.

자운서원은 조선 광해군 때 지역 유림이 율곡 이이 선생의 학문과 덕행을 추앙하기 위해 파주 자운산 기슭에 창건했고, 효종이 '자운' 현판을 하사하면서 사액서원(賜額書院)이 되었다. 사액서원은 직역하자면 임금이 편액(額)을 써서 하사(賜)한 서원이라는 건데, 임금이 선비들 격려하려고 교육기관에 편액을 보내는 마당에 딸랑 현판만 내려보낼 수는 없는 법이다. 그래서 당시에는 무척이나 귀한 책과 경판을 여러 권 보내고, 공부하는데 필요한 지필묵도 함께 내려 보냈다. 때로는 서원에 제향된 유학자의 제사에 쓰라고 술이나 음식도 내려보내니, 재정적 지원도 재정적 지원이려니와 임금이 직접 챙기는 교육기관이라는 상징성이 컸다. 당연히 지방 관아도 무시할 수 없을 뿐만 아니라 수령 방백들이 운영을 지원하게 된다. 비유하자면 국왕이 설립자금을 대고 운영을 지원한 옥스퍼드, 케임브리지, 런던대 등 유서깊은 유럽 대학의 킹스칼리지(King's College) 격이다.

선생을 모신 사당 문성사(文成祠).

숙종 때부터는 선생의 수제자 사계(沙溪) 김장생과 남계(南溪) 박세채를 종향(從享)으로 모신다.
율곡 선생과 김장생과 아들 김집, 박세채는 모두 동국 18현으로 성균관 문묘(文廟)에 배향돼 있다.
동국 18현은 문묘에 배향된 설총, 최치원, 안향 등 우리나라 유학의 태두 18명을 말한다.

자운(紫雲), 붉은 노을, 아마 석양이 무척이나 아름다울 것이다. 애석하게도 일정이 급한 탓에 아침 일찍 방문해 그 날 석양을 즐길 여유까지는 없었지만, 자운서원 넓은 안뜰에는 잔디가 깔려 있고 나무 그늘과 연못이 있어 넉넉하고 아름다웠다. 선현의 유적에 대한 거리감을 없애는 데는 아주 좋으니, 자녀와 함께 나들이할 장소로 전혀 손색이 없다. 맹모삼천지교(孟母三遷之敎)라 했다. 어릴 때부터 자연스럽게 선현을 가까이 하면 자라서 운 좋으면 대성인이 될 것이고, 운이 나빠도 큰 죄인은 안 될 것이다.

서원 역사를 알리는 묘정비(廟庭碑).
비문은 노론의 영수 송시열(宋時烈)이 짓고 예서체의 글씨는 당대 명필 김수증(金壽增),
비명(碑銘)은 당대 권신(權臣) 김수항(金壽恒)이 썼다.

서원은 전학후묘(前學後廟)라 해서, 앞에 강학 기능을 담당하는 강당과 동서 양
재(兩齋, 기숙사)를 두고, 뒤에 묘향(廟享, 제사)을 위한 사당을 두어 선현을 모셨다. 서원
입구에는 율곡의 학덕을 기리고, 자운서원이 건립된 내력을 적은 묘정비(廟庭碑)가
우뚝하다. 2단 받침돌의 아랫단은 두꺼운 돌 4장을 짜맞춰 지대석(地臺石)을 만들
고, 윗단은 사각의 비좌(碑座)에 연꽃무늬(覆蓮紋)와 구름무늬(怪雲紋)를 호화롭게 새겼
다. 묘정비 비문은 당대 노론의 영수 송시열이 짓고 예서체 글씨는 당대 명필인
곡운 김수증(谷雲 金壽增), 비명(또는 篆額)은 영의정을 지낸 김수항(金壽恒)이 썼다. 수증
과 수항은 형제로 시조 '가노라 삼각산아 다시 보자 한강수야…'로 잘 알려진 병
자호란 때 척화파 김상헌(金尙憲)의 손자다. 수항은 형 수흥(金壽興)과 영의정, 우의정
을 주고 받을 정도로 노론 정권에서 중요한 인물이며, 안동 김씨의 전성기를 예
고하게 된다. 수항의 아들 6형제도 장남 창집(昌集)이 영의정에 오르는 등 모두 뛰
어난 인물로 세간에서는 안동 김씨 육창(六昌)이라 불렀다 한다.

한두 아름은 족히 될 늙은 느티나무 두 그루가 지키는 사당 문성사(文成祠)는 팔
작지붕의 6칸 건물이다. 율곡을 주향(主享)으로, 숙종 이후 수제자 사계(沙溪) 김장
생과 남계(南溪) 박세채를 종향(從享)으로 모셨다. 유네스코 세계문화유산 9대 서원
가운데 하나인 충남 논산의 돈암서원(遯巖書院)이 주향으로 모시는 김장생이 종향
일 정도니 율곡의 위상을 알 만하다. 평소에는 위패를 감실(龕室, 보관함) 안에 모셔
두었다가 제향을 올릴 때만 꺼낸다. 율곡 선생과 김장생과 김집 부자, 박세채는
모두 성균관 문묘(文廟)에 배향된, 동국 18현으로 추앙받는 거유다.

도산서원

필암서원

서원 배치도
서원은 전학후묘(前學後廟)라 하여, 앞에는 강학 공간 뒤는 묘향 공간을 배치한다.

사당이나 문묘 부근을 방문하면 망료위(望燎位), 관세대(盥洗臺), 정료대(庭燎臺) 등 평소 쉽게 접할 수 없는 어려운 한자를 만나게 된다. 망료위는 제향(祭享)을 지낸 뒤 축문(祝文)을 불사르는 곳이다. 보통 사당 뒤에 두며, 망예위(望瘞位)라고도 한다. '료(燎)'는 '태운다'는 뜻이며 '예(瘞)'는 묻는다는 뜻. 관세대는 참배객이 손을 씻기 위한 물을 담아두는 곳이며, 정료대는 밤에 서원 경내를 밝히는 조명시설이다. '관솔'이라 해서 송진이 말라붙어 불꽃이 크게 나는 소나무 가지를 썼다.

제향(祭享)을 지낸 뒤 축문(祝文)을 불사르는 망료위(望燎位)와
참배객이 손을 씻기 위한 물을 담아두는 관세대(盥洗臺)가 사당 앞과 뒤에 배치돼 있다.

율곡 선생은 외가인 강릉 오죽헌에서 태어나 파주 율곡리에서 성장했다. 대제학, 대사헌, 호조·병조·이조판서를 지내며, 십만 양병설, 대동법 실시, 사창 설치 등을 제창한 정치·경제·사회 전반의 개혁가였다. 임금과 국가 경영과 치세의 도리를 주고받은 「동호문답(東湖問答)」, 임금에게 올린 만 글자의 상소문 「만언봉사(萬言封事)」, 성리학의 요체를 정리한 「성학집요(聖學輯要)」, 학문에 입문하는 미래 세대를 위한 「격몽요결(擊蒙要訣)」 등의 저서를 썼다. 「시폐론(時弊論)」, 「시무론(時務論)」 등 현실과 타이밍[時]을 강조한 저서가 많다. 퇴계 이황 선생과 함께 조선을 대표하는 성리학자로, 퇴계가 영남 사림의 대표며 주리론(主理論)을 주장한 데 반해, 기호학파의 대표로 주기론(主氣論)을 주장했다. 퇴계는 지방 사림의 교육과 민중 교화에 더 관심이 많았고, 율곡은 현실 정치와 행정에 깊숙이 관여한 차이가 학설에도 반영된 것은 아닌가 생각된다.

잔디밭을 가로질러 서원 반대편 기념관, 선생이 십만양병설을 주장하며 선조에게 올린 글, '시무육조(時務六條)'를 만난다. 나라에 가장 시급한 여섯 가지를 뽑아 올린 것인데, 첫째가 '임현능(任賢能)', '(문벌 신분에 얽매지 말고) 어질고 일 잘하는 사람을 쓰라'는 것이다. '인사가 만사'라던 YS의 말이 떠오른다. 양군민(養軍民), 족재용(足財用), 고번병(固藩屏), 비전마(備戰馬), 명교화(明敎化)까지 6가지다. 군사와 백성을 기르라, 재정을 넉넉히 하라, 변경 방어를 견실히 하라, 전투용 말을 준비하라, 교화를 밝히라. 하나라도 제대로 했으면 조선이 임진, 병자 양란에 그토록 어려운 처지에 빠졌을까? 2020년 9월 초가을 정국에 한때 화제가 된 '시무7조'가 바로 율곡의 '시무6조'를 패러디한 작품이다.

선생이 태어난 강릉 오죽헌

율곡 스스로 어린이의 명교화를 위해 공부하는 자세를 정리한 것이 격몽요결
(擊蒙要訣)인데, 나도 글쓰는 사람인지라 격몽요결 지신장(持身章)의 첫 구절을 되뇌
어 본다. '족용중(足容重) 수용공(手容恭)' 발은 무겁게, 손은 공손하게. 이른바 구용
(九容)인데, 목용단(目容端) 구용지(口容止) 성용정(聲容靜) 두용직(頭容直) 기용숙(氣容肅) 입
용덕(立容德) 색용장(色容莊)까지다. 눈동자를 안정시키고, 입을 함부로 놀리지 말며,
목소리는 나직하게, 머리는 바르게, 숨은 고르게, 덕 있게 서고, 낯빛은 온화하
게. 역시 수양이 깊지 않으면 쉽지 않은 주문들이다. 원래 『예기』에 있던 말을 율

곡선생이 옮긴 것인데, '족용중 수용공'은 퇴계 선생을 기린 안동 도산서원, 사계 김장생을 기린 논산 돈암서원 주련에도 쓰여있는 단골 글귀들이다. 그만큼 중요하지만 잘 못 지킨다는 의미기도 하다.

『예기』에 말하기를 군자의 평소 태도는 한가하고 여유가 있어 보이지만, 일단 존경하는 사람 앞에 나아가면, 공경하고 두려워서 엄숙해지고 공손해진다… 예기 〈옥조(玉藻)〉편의 말인데, 『소학』도 이를 인용하고 있다.

> 禮記曰 君子之容 舒遲 見所尊者 齊遬
> 足容重 手容恭 目容端 口容止 聲容靜 頭容直 氣容肅 立容德 色容莊.
> 예기왈 군자지용 서지 견소존자 재속
> 족용중 수용공 목용단 구용지 성용정 두용직 기용숙 입용덕 색용장.

『논어』에는 이런 대목도 있다 한다.

> "만일 빠른 바람과 빠른 우레와 심한 비가 있으면 반드시 낯빛을 고치고,
> 비록 밤이라도 반드시 일어나 옷을 입고 갓을 쓰고 앉아 있어라."
> 記曰 若有疾風迅雷甚雨 則必變 雖夜必興 衣服冠而坐.
> 기왈 약유질풍신뢰심우 즉필변 수야필흥 의복관이좌.

옛사람들은 벼락과 천둥이 치고 폭우가 쏟아지면 하늘이 성낸 것이니 근신하라는 신호로 받아들였다. 그러니 밤중이라도 옷을 입고 일어나 있으라는 것, 현대 사회에도 여전히 유효한, 재난 상황에서의 행동 수칙 첫 번째가 아닐까? 놀라운 고전의 교훈이다.

화석정
선생이 5살 때 지은 시가 편액에 걸려 있다.

가정 경제를 일군 현실주의자
천출도 친구로 대한 평등주의자

　정운찬 전 총리는 율곡기념관에서 '학자필성심향도
불이세속잡사 난기지연후 위학유기지(學者必誠心向道 不以世
俗雜事 亂其志然後 爲學有基址)'를 소리내 읽었다 한다. '배우는
자는 반드시 진실된 마음으로 도를 향하고, 세속 잡사로
뜻을 어지럽히지 않은 연후에야 학문의 기초가 선다', 한
국을 대표하는 경제학자에 서울대 총장 출신다운 선택
이라 할까? 기념관에서는 선생의 묵적(墨跡)과 행적을 요
약 정리한 동영상도 상영한다.

　한음과 오봉으로 유명한 이항복의 「백사집(白沙集)」에
는 율곡이 은퇴 후 처가인 황해도 해주에서 대장간을 차

려 호미와 괭이를 만들어 팔았다 한다. 먼저 죽은 맏형 가족을 데려오고, 자리 잡힌 후에는 동생 가족, 가까운 친척 등 모두 100여 명의 대가족을 이끌었다 한다. 실사구시를 중시하는 율곡의 면모를 보여주는 대목이다. 율곡 선생이 천민 출신이라도 학문과 덕행이 뛰어나면 주저 없이 교류했던 사실도 별로 알려져 있지 않다. 기호학파 예론(禮論)을 이끈 구봉(龜峯) 송익필(宋翼弼)이 바로 그 천민 출신 친구였다. 선생은 후에 서출에게도 재산을 고르게 나눠주었다 한다. 선생은 만민 평등을 말로만 아니라, '실천하는' 정치인이요 학자였던 것이다. 그 송익필이 후에 정여립 모반 사건을 조작해 영남과 호남 선비 1,500명이 죽어나가게 만든 것은, 천하의 율곡조차 사람보는 눈에는 한계가 있었음을 부여주는 대목이다. 천 길 물속은 알아도 한 길 사람속은 모른다, 딱 그 말이 맞다.

기념관과 자운서원을 양쪽에 두고 산자락에 가족묘가 있다. 어머니 신사임당(申師任堂)과 아버지 이원수(李元秀) 공의 합장묘를 비롯해, 형 이선, 여류 화가로 이름

선생의 묘소
부모 묘소보다 선생 묘소가 더 윗자리에 있고 봉분도 더 크고 석물도 더 화려해 이채롭다.

을 떨친 누나 매창과 조대남 부부, 맏아들 이경림, 큰손자 이제 부부 등 모두 14기가 정답다. 선생 묘소가 부모 묘소보다 더 크고 더 위에 있어 이채롭고, 누나 부부와 아들 조영, 시아버지 조건 부부 묘소가 여기 함께 있는 것이 또 이채롭다. 묘역이 그리 멀지도 않고 길이 험하지도 않으니 가벼운 산책 겸한 참배를 권한다.

/ 임진강 화석정 이야기
/ 임진왜란과 10만 양병설

이중환은 택리지에서 "임진나루 강기슭 남쪽은 천연의 성 모양이다… 참으로 가히 지킬만한 땅이며, 성을 두기 딱 좋은 곳이다. 이제까지 성을 쌓지 않았으니 얼마나 한스러운 일인가?"고 탄식했다. (臨津渡… 江岸南麓 如天作城形…. 眞可守之地 而不得不置城處也 然至今不築城 切可恨也) 바로 그 자리 화석정(花石亭), 지을 당시 주변에 기이하고 진귀한 화초와 소나무, 괴석이 많았다 한다. 화석(花石)은, 낙양성 밖 30리에 있던 중국 당나라 재상 이덕유의 별장 평천장(平泉莊) 기문(記文)에서 따왔다고 한다.

율곡 사후 8년 뒤 임진년, 왜군이 부산포에 상륙한 지 20일만에 한양 도성으로 짓쳐들어오자, 선조가 비 내리는 야간에 몽진(蒙塵)을 떠나게 됐다. 야사에서는 율곡이 전란을 예견하고 화석정 기둥에 기름을 칠해 뒀음을 누군가가 떠올리고 화석정에 불을 붙였고, 그 불빛으로 선조 일행이 임진강을 건너 피난을 갈 수 있었다 전한다. 그러나 실록에는 그런 기록이 없으며, 현실적으로도 화석정은 높은 지대에 있고 산길이 험해 비오는 밤에 올라가기는 버겁다. 선조를 수행했던 서애 유성룡도 징비록(懲毖錄)에서, 화석정이 아니라 '왜구가 목재를 쓸 수 없도록 임진강 나루청 건물을 태웠다'고 기록했다. 자운서원 내 율곡기념관 한켠에도 작은 글씨로 화석정을 태운 것은 아니라고 제대로 안내하고 있다.

임진강을 내려다보는 화석정 느티나무
이중환의 말대로 화석정 자리는 성을 쌓아 방어하기 좋은 자리다.

만석꾼의 명문

남양주 연안 이씨 동관댁

남양주 연안 이씨 동관댁.
지붕의 기와로부터 기둥, 주춧돌,
기단과 계단에 이르기까지
아직도 윤기가 흐르는 사랑채.

남양주 진접 제일의 명당
남양주 연안 이씨 동관댁

경기도 남양주 진접읍 내곡리는 '한밭들'과 '유연이들' 두 너른 들이 왕숙천을 사이에 두고 펼쳐진 자리, 천견산(天見山 : 393m, 천겸산이라 된 지도도 있다) 줄기 남쪽 끝자락의 마을이다. 인터넷 포털 〈다음〉 검색창에 '한밭들'을 치면 진접을 비롯해 경기도 양평, 이천, 여주, 충청도 제천, 경상도 문경, 상주, 달성(화원, 옥포 2곳), 고령, 합천(가회, 초계, 관평 3곳), 밀양, 고성, 함안, 전라도 남원, 영광, 함평 등 전국에 모두 20군데가 넘는 '한밭들'이 나온다. '한밭들', 직역하면 '너른 밭들'쯤의 뜻인데, 고유명사라 보기 어려울 정도로 많다. 들이 조금 넓어 보이면 '한밭들'이라 이름 붙인 때문일 것이다. 그에 반해 '유연이들'은 전국에 단 한 군데 진접의 '유연이들'뿐이다.

연안 이씨 동관댁은 진접 내곡리에서 가장 큰 내동마을 맨 안쪽, 태묘산(372m, 지도에는 한자와 우리말의 병기인 태뫼산이라 돼 있다.) 기슭에 자리잡았다. 비탈진 산기슭에 용케 좌우로 길게 반듯한 터를 골랐다. 동쪽과 북쪽 담밖에 고목이 여럿 둘렀지만 집 안은 큰 나무 단 한 그루가 없다. 수로도 없고 냇물도 집안으로 흐르지 않는다. 전저후고(前低後高) 지형에 동남향이라 일조량도 넉넉하고 배수도 잘 될 것이다. 태묘산 기슭에 바짝 붙어 바람이 드세지 않고(藏風) 멀리 왕숙천이 왼쪽에서 흘러오는(得水) 길지에서 대대로 복록을 누려왔다고 한다.

안채 정면
중앙에 2칸 크기의 대청마루가 있고, 안방 왼쪽에 건넌방이 있고 오른쪽 안방에서 달아낸 날개채 끝에
부엌이 있다. 날개채가 온돌골방과 뒷방을 안마당으로부터 분리한다.

노거수 앞 표지판을 지나 가파른 언덕길을 한참 올라야 서남향 대문채에 닿는다. 여경구의 장인인 이덕승의 8대조가 약 250년 전에 지었는데, 대문채, 사랑채, 두 곳간채, 안채, 사당만 남아 있다. 전란이 끝이 없었던 서울 부근임을 감안하면 18세기 초의 건축 기법과 형상을 용케 잘 간직하고 있다. 외양간과 행랑방이 좌우에 붙은 대문채 중앙, 서남향의 솟을대문을 들어서면 너른 마당이 나온다. 대문 정면에 버티고 선 곳간채가 사랑 손님의 시선으로부터 안채 공간을 보호하고, 마당 왼쪽 산기슭에 바짝 붙어 사랑채가 동남향으로 서 있다.

사랑채를 받치는 기단과 주추, 산석(山石) 그대로의 자연석도 아니지만 깔끔하게 다듬지도 않았다. 누군가는 무사석(武士石)이란 표현을 썼는데, 큰 돌을 알맞게 깎고 쌓은 품새가 중후하고 활달하다. 무슨 물건이든 다듬고 때리면 내상을 입어 강도가 떨어진다. 단단한 돌도 마찬가지라, 모양을 만든다고 다듬고 때릴 때마다 충격을 받고 누적된 충격 때문에 강도나 내구성이 크게 떨어진다고 한다. 기둥을 고정시켜 단단히 얹을 수 있는 한, 주춧돌도 덜 다듬는 것이 원래의 강도를 유지할 수 있을 것이다. 자연미를 살리는 우리 건축 방식이 과학적으로도 잇점이 있다. 사랑채는 당호나 현판은 없어도 5단 돌계단 위에 늠름한데, 큰사랑, 마루, 작은사랑이 차례로 들어서고 뒤쪽에 쪽마루와 벽장을 둘렀다. 사랑채 툇마루에 앉으니 시야가 탁트여 너른 들판 사이 왕숙천이 보이고, 멀리 조산(朝山) 천마산이 달려가는 것이 보인다. 명당이다!

사랑채 뒤 경사지를 깎아 사당을 들였다. 터가 좁아서인지, 일반적인 예와는 달리 따로 담이나 문을 두지 않아 매우 개방적인 사당이 되었다. 대개 제대로 된 민간 건물은 도리를 5개 받치고 내부에 높이 고주(高柱)를 세우니 1고주 5량이 보통이다. 사랑채와 안채 모두 1고주 5량 구조, 곳간채는 고주 없는 3량가다. 사당을 옆에서 보면 이른바 1고주 4량의 독특한 구조가 지붕 바로 아래 드러난다. 1고주 4량 구조는 건물의 종심에 비해 긴 전퇴가 붙고, 종도리 즉 가장 높은 도리는 뒤로 치우친 것이 보통이다. 사찰이나 향교의 동서 양재나 부속시설에서 많이 볼 수 있다. 사당은 퇴가 붙은 것은 같으나, 독특하게도 종도리가 가운데. 측면 벽은 아래는 돌, 위는 기와를 무늬 모양으로 박고 붉은 빛 도는 회를 발라 예쁘게 꾸몄다.

동관댁 사당
사당은 담이 없이 개방적이고, 측면 꽃담으로 엄숙한 공간을 장식했다.
사당 측면 박공 바로 아래를 보면 사당의 특이한 가구 구조 1고주 4량이 잘 드러난다.

한옥 건축에서는 무거운 기와 지붕의 하중을 분산시켜 받치는 문제가 가장 어렵다. 고급 건물은 무거운 기와를 세 겹 두고 수키와를 덮으니, 하중을 나누기 위한 고민이 더 커진다. 도리, 보, 기둥이 큰 하중을 받치는 삼대 가구(架構)로, 이 셋만 알면 한옥의 큰 골조를 그릴 수 있다. 기둥은 누구나 잘 알지만 전통 건축을 살필 때 도리와 보가 첫 번째 부딪히는 문제다. 둘 다 지붕의 하중을 받아 기둥으로 전달하는 수평 구조물인데, 도리는 건물의 좌우로 가로지른 구조물이며, 보는 건물의 전후로 배치된 구조물이다.

그런데 기둥과 도리는 건물 외벽에서도 눈에 보이지만 보는 건물 밖에서는 전모를 파악하기 어렵다. 그래서 좀 아는 사람들은 한옥의 천정을 한참씩 올려다본다. 거기에 비밀이 있다. 큰 하중을 나누는 다양한 부재들이 천정에 있다. 공포, 대공, 익공, 보아지, 장여, 주두, 첨차, 쇠서 등등 모양도 기능도 비슷해 보이지만 다 제각각이고 이름도 달라 공부가 좀 필요하다.

각설하고, 정면 곳간채의 중문을 들어선다. 'ㄱ'자형 안채는 서쪽부터 건넌방, 두 칸 넓이의 대청, 안방, 골방, 뒷방, 광으로 이어진다. 중부 지방의 안채는 안노인이 기거하는 안방을 대청의 서편에 두는 것이 보통인데, 이 집은 사랑채가 서쪽이라 안방이 동편이다. 안방에서 동남으로 날개채를 내고 부엌을 들였다. 골방과 뒷방 앞에 쪽마루가 붙어 안방으로 다니기 편하다. 아마 이 뒷방에 몸종이나 침모, 찬모들이 기거했을 것이다. 건넌방, 대청, 안방의 본채에서 이어진 부엌날개채, 맞은 편의 'ㄴ'자 곳간채가 전체적으로 튼 'ㅁ' 자 공간을 이룬다. 곳곳에 흩어

안채 날개채 안쪽에 들인 온돌골방과 뒷방, 그리고 부엌 뒷문 앞에 놓인 우물
위 사진에서 부엌 바로 앞에는 여인네들이 편하게 물을 길어 부엌을 드나들 수 있도록 기단이 없다.

진 광과 외양간으로 넉넉한 살림을 짐작할 수 있고, 뒤틀린 판 하나 없는 대청 우물마루로 보아 고택이 사람이 기거하지 않는데도 잘 관리됐음을 알 수 있다.

물 곧 재물을 나누는 배려의 정신
급제 250명의 높은 문명(文名)

요즘에는 수도꼭지만 틀면 깨끗한 수돗물이 콸콸 나오고, 그것도 불안하다고 가정에서는 정수기를 달거나 배달하는 생수를 사서 먹는다. 그러나 필자가 어린 시절만 해도, 식수 공급은 어마어마한 큰일이었다. 부엌문 바로 앞에 식수를 무제한 얻을 수 있는 우물을 파는 것은 어지간한 집에서는 꿈도 꾸지 못할 일이었다. 방학 때 할아버지 할머니 계신 고향에 가면, 큰어머니(伯母)와 막내고모, 사촌 누이들은 실개울을 한참 거슬러 올라가 마을 어귀 공동 우물에서 먹을 물을 길어 동이에 담아 머리에 이어오곤 했다. 무거운 물동이를 이고 시골길을 걷는 것

대충 다듬어 기둥을 앉힌 주추
집안 디딜방아의 돌확만 남았다.

동관댁 담 아래 동네 우물
수원이 동일하니 동관댁이 우물을 많이 퍼내면 동네 우물은 마르게 된다.
동네 우물이 마르지 않도록 동관댁은 물을 아껴 썼고 이런 배려의 정신이,
250명 급제의 영광과 만석의 부를 오래 누린 비결이었을 것이다.

은, 여름이면 땀이 비오듯 흘러내리고 추운 겨울철에는 머리가 빠개질 듯 힘들었다.

이 집은 부엌 앞 마당, 담장과 회화나무 고목을 사이에 두고 안에 우물, 밖에 샘이 있다. 고택은 사람이 기거하지 않지만 우물과 샘에서는 여전히 맛좋은 물이 솟아난다. 6km 떨어진 진산(鎭山) 천겸산은 정상에 샘이 있고 원래 '샘재'라 불렸다 한다. '샘재'의 이두식 표기인 천현(泉峴)이 천견(天見)을 거쳐, 천겸이 되지 않았나 추정한다고 한다. 높은 산에서 내려와 물맛이 아주 좋으니 지나는 길 있으면 들러서 목을 꼭 축일 것을 권한다. 원래 풍수에서 물은 재물을 뜻하니, 후덕한 대갓집에서도 먹는 물만큼은 나누는 일이 흔치 않았다. 대갓집일수록 먹을 물이 많이 필요하니 물 인심이 넉넉하기 쉽지 않았다는 것이다. 그런데 이 집은 담장 바로 바깥에 샘을 파고 아랫것들과 동네 주민들이 좋은 물을 먹도록 배려한 것이다. 작은 일 같지만 조선조 상류층의 배려의 정신이었다.

집주인인 연안 이씨는 여러 문파가 있는데, 인구에 비해 문파가 많다는 것은 그만큼 입신양명한 사람이 많다는 뜻이다. 실제로 조선조 문과 급제자만 250명이라 하니, 인구 비례로 보면 정말 대단한 숫자다. 그 가운데 중시조 저헌(樗軒) 이석형(李石亨)은 특별히 이채로운 인물이다. 이석형은 조선 세종조, 1443년 집현전에 처음 몸담은 이후, 세조가 집현전을 폐지할 때까지 만 13년 동안 집현전에서만 일한 문인이었다. 왕명으로 발탁돼 『대학(大學)』에 사례와 주석을 덧붙인 《대학연의집략(大學衍義輯略)》, 《치평요람》, 《역대병요》, 《고려사》, 《세종실록》, 《문종실록》등을 편찬했다.

이석형이 세종조 생원, 진사과, 그리고 정시문과(식년시)에 연달아 장원(壯元) 급

안채 문간채를 겸하는 곳간채와 사랑채 사이
축대의 차이, 지붕 높이의 차이 등 건축에서 고려해야 할 많은 요소들을 빈틈없이 잘 정리했다.

동관댁 사랑채
자연석을 적당히 다듬어 기단을 쌓고, 5단 돌계단을 두 개나 놓은 당당한 건물이다.
가지런한 지붕 서까래와 깔끔한 사분합문, 잘 지은 한옥은 이렇게 모든 게 아름답다.

제하여 한 방목에 이름이 세 번 기록된(같은 해 급제) 조선조 최초의 삼장원(三壯元)이
탄생했다. 전례없는 경사에 세종이 친히 축하연을 베풀고, 중전 소헌왕후 심씨
(昭憲王后 沈氏)가 어의(御衣) 한 벌을 손수 지어 내렸으며, 궁녀들은 '삼장원사(三壯元
詞)'를 합창하고 술을 권했다. 입장할 때에도 재미난 일화가 전해 내려온다. 생원
급제자는 왼쪽 좁은 문(峽門), 진사 급제자는 오른쪽 좁은 문으로 들어가는 것이
관례였는데, 진사와 생원들이, 양과 장원한 이석형을 서로 자기편 앞에 세우려

고 말다툼하며 일정이 늦어졌다. 이를 전해들은 세종이 무척 기뻐하면서, 이석형에게 임금만 드나드는 중앙 큰 문을 열어주라고 했다는 것이다. 가문의 큰 영광이었다. 동관댁을 경영한 이들의 이야기가 별로 없는 아쉬움에 연안 이씨를 대표하는 인물 이석형을 떠올려 봤다.

사랑채 전퇴
수직적으로는 나란한 기둥, 수평적으로는 위의 보와 아래 마루,
그리고 사선으로는 서까래까지 모든 구조재가 잘 정리돼 균제미를 보여준다.

좌절한 천재의 개혁

남양주 다산기념관

9대 문과 급제에 옥당(玉堂),
그러나 소외된 소수파 남인

경기도 남양주 다산유적지로 들어가는 길, 두물머리 큰물이 차창가로 찰랑대듯 가깝게 보이는 모퉁이를 몇 번이고 돌았다. 지난 며칠간은 집중 호우까지 내렸으니, 가는 길이 다산의 생애만큼 아슬아슬하다. 그나마 다행은, 어제는 바깥 활동을 최소화했는데도 세 켤레나 양말을 갈아신을 정도로 빗줄기가 거셌는데 오늘은 신기하게도 비가 긋고 움직일 만하다. 다산의 보살핌인가?

나주 정씨는 전라도 나주에서 시작해 고려 때 황해도 배천, 조선조에는 경기도 용인 일원을 세거지로 번성했다. 다산이 자랑하듯 12대조 정자급(丁子伋) 이래 9대 문과 급제에 9대 홍문관 관료를 배출한 문장가 집안이었다. 오죽하면 정조가 홍문관 즉 옥당은 '정씨가 독차지한다(丁家之世傳物)'고 찬탄했을까. '옥당'은 홍문관(弘文館)의 별칭인데 옥당 벼슬(修撰·校理·應敎·提學)은 선비로서 가장 바람직하고 영예로운 자리였다. 정자급의 아들 수강(壽岡), 손자 옥형(玉亨), 증손 응두(應斗), 고손 윤희(胤禧)·윤복(胤福)이 모두 문장가였고 훌륭한 관료였다.

수강은 강원관찰사·대사간·대사헌·병조참판 등을 지내고 한문소설《포절군절(抱節君節)》을 지었으며, 옥형은 도승지·대사간·대사헌, 충청·전라관찰사를 거쳐 공·형·병조 판서로 일했다. 응두는 식년 문과에 장원급제한 뒤 경상·함경·평안관찰사를 거쳐 대사간·대사헌·병조판서까지 올랐다. 윤희는 생원·진사, 알성문과, 문과중시 등을 잇달아 장원하고 강원관찰사를 했다. 순탄하던 가문에 마가 낀 것은 다산의 8대조 윤복 대였다.

여유당 행랑채 앞에 넉넉한 그늘을 드리우는 노거수.

대사성·도승지·병조판서 등으로 승승장구하던 윤복이 서인인 구봉(龜峯) 송익필(宋翼弼)이 조작해낸 정여립 모반 사건 당시 탄핵받고 파직된 것이다. 조작된 모반사건, 기축옥사(己丑獄事)로 영호남 선비 1500명이 죽고 그 스무 배나 되는 인물이 활동 무대를 잃었고, 많은 영호남 명문이 중앙 진출을 차단당했다. 스스로 포기한 인물도 많았다. 윤복은 임진왜란을 맞아 병조참판으로 재기했고, 아들 호선(好善)은 강원관찰사를 거쳐 정묘호란 때 군사를 거느리고 죽령을 지켰지만 거기까지였다. 정씨는 대대로, 급제해도 크게 쓰이지 못했다.

두물머리에서 싹튼 실학사상

나주 정씨가 남양주 마재마을에 터잡은 것은 다산의 5대조 정시윤(丁時潤) 때부터였다. 시윤은 아버지 언벽(丁彦璧)을 여섯에 잃고 모친까지 자결해 극히 불우한 소년 시절을 보냈다. 굳은 의지로 공부해 문과에 급제해 출사해 병조참의까지 오르지만, 갑술환국으로 삭탈관직됐다. 아무리 큰 뜻을 품고 큰 재주가 있은들 무엇할까? 크게 쓰이지 못하니. 결국 벼슬에 뜻을 잃고 마재마을에 은거하게 된다. 시윤은 한강 상류 반고(盤皐)에 정자를 짓고 당호를 임청(臨淸)이라 내걸었다.

登東皐以舒嘯 臨淸流而賦詩 (등동고이서소 임청류이부시)

동쪽 언덕에 올라 길게 휘파람 불고
맑은 물에 이르러 시를 읊는다

다산 묘소에서 내려다 본 여유당 전경

　도연명이 정쟁을 피해 낙향하면서 읊은 귀거래사에서 따온 구절이다. 안동 '임청각'과 꼭같다. 흉중에 큰 뜻을 품고서도 세파를 피해 정변을 피해 언덕에서 휘파람이나 불고 물가에서 시나 읊는 영웅의 심사가 얼마나 괴로웠을까? 이후 다산의 아버지 정재원(丁載遠)이 음서로 진주목사까지 오르지만, 고조부 정도태(丁道泰)

증조부 정항신(丁恒慎) 조부 정지해(丁志諧)는 모두 포의지사로 세상에 숨어지냈다. 연전에 중국 대사관을 방문한 필자의 지인이 노영민 당시 대사로부터 시 한 수를 받고 기분좋아 하던 기억이 난다. 상촌 신흠(象村 申欽)의 절개를 상징하는 시였다.

桐千年老 恒藏曲 梅一生寒 不梅香 (동천년로항장곡 매일생한 불매향)
月到千虧 餘本質 柳經百別 又新枝 (월도천려 여본질 유경백별우신지)

오동나무는 천년 늙어도 노래를 간직하고
매화는 일생 추워도 향기를 팔지 않네
달은 천번 기울어도 본질이 남아 있고
버드나무 가지는 백번 갈라져도 새 가지를 낸다.

권력의 단물을 누릴대로 누리는 인물이 과연 이런 시를 읊을 자격이나 있나 하면서도 한편 아예 도외시하는 것보다는 낫겠지 하고 쓴웃음 지은 기억이 있었다. 나는 훨씬 간결한 문구를 책상 옆에 두고 있다. 세상이 어려우면 홀로 내 몸을 닦고, 뜻이 통하면 천하를 경영한다.

窮則獨善其身 通則兼善天下 (궁즉 독선기신 통즉 겸선천하)

(孟子 盡心章)

다산의 묘소
서울 청담동 도산공원에 모신 안창호 선생의 묘소보다 더 작고 검소하다. '명당
찾지 말고 뒷산에 묻으라'던 다산의 실질적이며 소박한 마음씨를 짐작케 한다.
묘소에 참배한 뒤 뒤돌아서면, 발 아래에 여유당이 바로 보인다.

여유당
탄압받는 남인 가문 출신이라 다산의 조상들은 물론 다산 본인도
'신중과 경계'를 좌우명으로 살았다. '여유당'이라는 당호 자체가
'신중하다, 경계하다'라는 뜻을 담고 있다.

당시 경기도 양주 마재마을 부근, 물길 따라 10리 거리는 당쟁을 피해온 집안들의 세거지였다. 농지가 부족해 식량 생산은 넉넉지 않은 대신 한강 뱃길을 이용한 상품 물화의 집산지라는 장점이 있었다. 한양으로 올라가는 강원도, 경기도 외곽의 땔감과 과일·야채, 남해안에서 낙동강 타고 올라와 충주에서 다시 한강 타고 내려온 물산들이 여기서 점검받게 마련. 마재 부근은 항상 사람들로 북적였고 일찌감치 시장이 형성되었다. 정씨 가문도 식량 작물보다 원예 과실 작물로 생계를 유지했다. 총명한 다산은 어린 나이에도 오가는 배와 물산, 몰리는 사람을 넘겨봤을 리 없다. 돈으로 바로 바꿀 수 있는 환금성 특용 작물의 재배방법을 익히고, 상업적 가치를 일찍부터 인식했을 것이다.

다산이 다른 실학자들과 차별화되는 것은, 우선 500권에 이르는 저작물의 방대한 양이다. 사상 체계도 훨씬 거대하지만, 당시 조선의 현실 세계를 구체적으로 다룬다. 또 정치 행정 형옥만이 아니라 농업과 상공업, 광업 등 다양한 경제, 기술 분야를 다룬다. 어릴 때 보고 느낀 것이 다산의 실학사상에도 녹아들었을 것이다. 일전에 식사를 같이 한 김병일 전 기획예산처 장관은 '본 게 다르다'는 표현을 썼다. 동석한 언론인들이 '보고 들은 거'라 말하자 '들은 거는 중요하지 않고, 어릴 때부터 본 게 다르다'고 굳이 '본 것'을 강조했다. 그렇다. 다산은 어릴 때부터 '현실 생활'을 보고 자랐고, 거대한 실학 사상의 토대는 어린 시절 배양되었을 것이다.

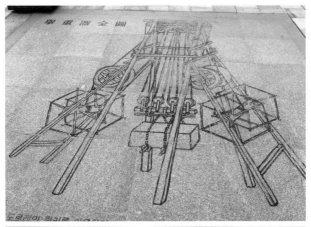

다산의 거중기 설계도와 그 설계도에 따라 복원한 거중기
다산은 책에서 본대로, 도르래를 이용해 무거운 물건을 들 수 있는
거중기(擧重機, 기중기)를 설계해 제작하고, 화성 축성에 활용했다.

만일 강진 18년이 아니었다면?

18년 유배 생활은 다산과 가족에게는 참으로 불행한 세월이었다. 그러나 한국 실학의 관점에서는 참으로 소중한 세월이었다. 역사에 '만일'은 없지만, 다산의 강진 18년은 너무나 많은 '만일'을 생각하게 만든다. 만일 다산이 18년 유배 생활을 하지 않았다면? 만일 다산이 중앙 정치무대에서 권력투쟁에 심신을 소모해야 했다면? 한명회나 김안로, 김자점처럼 모략과 권모에 천재를 바쳐야 했다면? 흉중에 큰 뜻을 품고도 일상적 행정 관리에 시간과 노력을 쏟아야 했다면? 만일 유배지가 외가인 해남 윤씨의 세거지 바로 옆이 아니었다면? 해남 윤씨가 땅과 노비와 귀한 서책을 넉넉히 갖춘 명문 거족이 아니었다면? 만일 어릴 때 마재에서 보고 느낀 것들이 없었다면?

다산 선생의 사당 문도사(文度祠)

좌절한 천재의 개혁 남양주 다산기념관

다산은 날카로운 비판의식으로 당시 사회가 직면한 모순과 문제점을 찾고 해결 방안을 모색했다. 문제의 원인을 규명하려 애썼고, 구체적이고 실천적인 사회 개혁 방안을 마련하려 노력했다. 개혁안의 실현에는 정의롭고 창의적인 신하의 보필과 성군(聖君)의 존재가 필요하다고 생각했을 것이다. 정조의 치세기, 젊은 다산은 한때 관직에 몸담고 직접 개혁을 실천할 기회가 있었다. 그러나 생애 대부분을 귀양살이로 보내며 실천과 유리된 채, 사회 피폐상만 더 적나라하게 관찰하게 된다. 전략은 누구나 제시할 수 있다. 중요한 것은 실행 계획 action plan이며 실천 의지다. 다산을 비롯한 실학자들의 문제, 그들을 포용하지 못한 조선 사회의 문제는 바로 여기에 있었다. 그의 개혁 방안도 당시 신분 사회의 한계를 완전히 벗지 못했고, 구체적인 실천 계획이 뒷받침되지 않은 것이었다. 결국 모든 구상이 도상 계획으로 끝날 수밖에 없었던 것이 다산의 한이요, 조선의 국운이었다. 그것이 조선의 운명을 결정지었다.

다산이 유배지에서 가르치고 학문적 성취에 도움을 받은 제자 가운데는 다양한 분야, 중인 계급의 제자가 여럿 포함돼 있다. 정학연(丁學淵)·정학유(丁學游)·황상(黃裳)·이청(李 田+青) 등 '다산학단(茶山學團)'이 그들이다. 만일 다산이 차별적인 시각으로 그들을 가르치기를 거부하고 그들의 도움을 받지 않으려 했다면 그 방대한 저작이 가능했을까?《여유당전서가》추상적 일반론이 아니라 다방면에 걸쳐 깊이 있고 풍성할 수 있었을까? 서술과 방책이 평면적이지 않고 입체적일 수 있었을까? 그토록 구체적·현실적일 수 있었을까?

여유당 행랑채와 노거수

다산이 강진 귀양살이 초기에 의탁했던 동문밖 주막집 노파와의 대화가 오늘날까지 전해진다. 동문밖 밥 사먹던 집, 이른바 동문매반가(東門賣飯家)인데, 다산은 뒷방에 사의재(四宜齋)라는 간판을 걸고 서당을 열었다. 사의재란 '마땅히 네 가지를 하는 집'이란 뜻이다. 맑은 생각, 엄숙한 표정, 과묵한 말씨, 신중한 행동, 네가지다. 주막집 노파는 한양에서 오신, 자타가 공인하는 젊은 석학에게 물어볼 것이 많았던 모양이다. 노파가 말을 붙인다.

"영감 나으리, 이 늙은 것이 궁금한 것이 있는데 여쭈어도 좋을깝쇼?"

귀찮지만 노파에게 잘 보여야 밥상에 생선 대가리 하나라도 더 오를 것이니 다산이 거절하지 못하고 노파의 질문을 받는다.

"무엇인가?"

"예 나으리, 아버지 은혜가 중합니까? 어머니 은혜가 중합니까?"

다산이 답한다, 유교의 정통 이론에 따라.

"부모 은혜를 비교하기 어렵지만 굳이 비교하면 '아버지 날 낳고 어머니 날 기르시니' 아버지 은혜가 더 중하다."

해석하자면, 남자는 하늘이요 여자는 땅이며, 남자는 귀하고 여자는 천하다.

노파가 반론을 제기한다, 책상물림이 아닌 일자무식의 경험에서 우러난.

"아무리 씨가 좋아도, 아무리 순풍순우(順風順雨)하더라도, 땅이 이를 받쳐 주지 못하면 씨가 무슨 소용 있겠습니까?"

조선 500년 최고의 천재 다산의 말문이 막힌다. 이 일화는 신약성경 마태복음 13장에 나오는 '씨뿌리는 사람의 비유'를 연상시킨다. 씨를 길가에 뿌렸더니 움

강진 읍내 주막집의 서당과 다산초당
강진에 귀양 온 다산은 처음 몇 년은 읍내 주막집 뒷방에 서당을 열고 초동을 가르쳐 생활을 꾸렸다.
7년이 지난 1808년부터 다산은 외가 해남 윤씨가 지어준 다산초당에서 지역 청년의 도움을 받아
조선 500년 최대의 저작, 여유당전서를 집필한다.

틀 여유도 없이 새가 씨를 쪼아 먹고, 돌무더기에 뿌리니 씨는 그대로 말라 죽고, 가시덤불밭에 뿌리니 싹은 올랐으나 그 싹이 가시에 막혀 더 자라지 못했다. 그러나 좋은 땅에 씨를 뿌리니 수십 배의 소출을 올렸다는 비유 말이다. 사실 다산이 귀양살게 된 자체가 기독교 신앙 때문이었는데, 이 대화를 계기로 다산의 세계관이 확실히 바뀐 것은 아닌지?

외로운 귀양길의 다산
혜장스님과 존재 위백규

閒裏纔看物物忙 就中無計駐年光 (한리재간물물망 취중무계주연광)
半生狼狽荊蓁路 七尺支離矢石場 (반생낭패형진로 칠척지리시석장)
萬動不如還一靜 衆香爭似守孤芳 (만동불여환일정 중향쟁사수고방)
陶山退水知何處 緬邈高風起慕長 (도산퇴수지하처 면막고풍기모장)

돌이켜보니 이 일 저 일 분주해서
흘러가는 세월 잡아 두질 못하여,
반평생을 가시밭길에서 낭패하고
일곱 자 몸이 전쟁터에서 갈팡질팡.
만 번 움직임이 한 번 조용함만 못한 법
뭇꽃 향기가 어찌 홀로 맑은 향만 하랴.
도산이며 퇴수는 어디쯤일까
높디높은 풍모를 길이 흠모하노라.

讀退陶遺書(독퇴도유서)

다산이 34살 때 금정찰방으로 좌천됐을 때 퇴계 선생의 학덕을 기리며 읊은 시다. 다산은 이때부터 스스로 퇴계 이황, 성호 이익의 학맥을 이은 대학자로 자처했다. 남쪽 해안 외딴 유배지 강진에서 다산은 외로웠고, 비록 귀양온 몸일지라도 자부심이 하늘을 찔렀다. 낮은 신분의 젊은이들을 가르치고 그들로부터 현실을 듣고 글로 옮길지언정 그들과 형이상학적 철학과 경세를 논할 수는 없었다. 아무리 해남 윤씨 외가가 근처에 있다 해도 강진과 해남은 만만한 거리가 아니었고, 귀양사는 몸으로 함부로 움직일 수도 없었다. 카톨릭 신앙을 공부한 다산의 유일한 말벗은 만덕산(萬德山) 백련사(白蓮寺) 혜장(惠藏) 스님이었다. 칠언율시「춘일유백련사(春日遊白蓮寺)」에서 다산은 '荒村無友覺僧賢(황촌무우각승현) 외딴 마을에 벗이 없으니 중 좋은 줄 깨달았네'라 읊었다.

이 대목에서 우리는 전라도 해안 지역의 향토 실학자를 떠올리지 않을 수 없다. 동으로 강진과 이웃한 전남 장흥 관산면 방촌 마을의 존재(存齋) 위백규(魏伯珪)다. 다산이 강진에 유배된 것은 1801년이고, 위백규는 3년 전인 1798년 죽었으니, 위백규와 다산은 전혀 교류가 있을 수 없다. 그런데 위백규는 장흥 다산에서 다산정사(茶山精舍)를 내서 후학을 가르쳤고, 다산은 강진에 다산초당(茶山草堂)을 열어 후학을 가르쳤다. 다산이 처음 연 서당은 다산초당이 아니라 '사의재'였다는데 주목하기 바란다.

다음 위백규의 정현신보(政絃新譜)는 다산의 흠흠신서(欽欽新書), 목민심서(牧民心書)와, 위백규가 정조에게 바친 만언봉사(萬言封事)는 다산의 경세유표(經世遺表)와 논리의 전개 과정이나 내용, 결론이 너무나 비슷하다. 위백규도 만덕사를 소재로 시한 수 지었고, 백련사 혜장 스님과 꽤 오랜 기간 교류했다. 그러니 혜장 스님을 매개체로 위백규와 다산이 간접적으로 지적 대화를 주고 받았을 개연성이 매우 높다고 생각하는 것은 요즘 시쳇말로 '합리적 의심'이다. 다산의 그 많은 저작이나 글 가운데 위백규에 대한 언급이 단 한 마디 없어 더 흥미롭다. 필자가 한학에 조예가 깊지 않고 독서량이 부족한 탓에 위백규의 저작과 다산의 저작을 통독하고 비교할 기회가 없었으니 여기서 더 이상의 추론은 삼가기로 한다. 다만 위백규의 시 한 수 읊고 넘어가자.

> 만덕사 (萬德寺)
> 山茶花落綠莎綢 懶步金沙選勝遊 (산다화락녹사추 뇌보금사선승유)
> 一曲漁歌江日晚 忽然人上洞庭樓 (일곡어가강일만 홀연인상동정루)
>
> 동백꽃 떨어져 푸른 잔디를 덮자
> 금모래 위 게으른 걸음으로 명승지 찾네
> 한 곡조 뱃노래에 강에 해가 저무니,
> 사람들 홀연히 동정루(洞庭樓)에 오르네

다산의 전성 시대
남양주와 강진 사이, 화성

우리는 담을 높이 쌓기만 하면 '성(城)'이라 생각한다. 한양 도성이 바로 그런 '성'이다. 그러나 방어를 위한 진짜 성은 복잡한 장치와 보조 시설물이 필요하다. 중세 이후 유럽과 중국, 일본의 성은 대부분 옹성(甕城), 해자(垓子)와 돈대(墩臺), 치성(雉城), 여장(女墻)과 총안(銃眼), 현안(懸眼)을 갖추었다. 백제, 고구려, 당나라와 맞싸운 신라는 아예 통째로 들어올릴 수 있는 현문(懸門)을 달아 침공군의 접근을 원천

강진 만덕산 백련사와 만경루 우물마루
외딴 바닷가에 유배당해 외로웠던 다산은 이웃 백련사에서 마음이 통하고
자신의 철학과 경세관을 이해하는 스님을 만나, 지적 대화의 갈증을 풀었다.

봉쇄했다. 그러나 조선조의 성은 산성을 제외하면 대부분 기본 기능에서 낙제였다. 게다가 중국 역대 왕조는 번국(蕃國) 조선의 궁궐 건축과 축성, 왕릉 조성까지 까다롭게 간섭했다. 조선 천지에 제대로 갖춘 성은 남아나기 어려웠으니, 실학자 박제가(朴齊家)는 『북학의(北學議)』에서 신랄하게 비판했다. "성이라는 게 적을 막아 지키기 위한 것인가? 적을 만나면 버리고 달아나려는 것인가? 나는 알 수 없다. 우리나라 안에는 성이라 할 것이 하나도 없다.(所謂城郭者 將以守禦歟 抑遇敵則棄而去也 果爾 吾不知己 否則國無一城焉)"

수원 화성은 달랐다. 실학자들의 축성론을 반영하고, 전통 방식에 중국과 서양 기술을 적용했다. 왜란과 호란을 거친 전투 경험과 영·정조 연간 되살아난 경제력과 기술력이 뒷받침됐다. 인구나 경제 규모, 전략적 가치에 비해 규모는 작지만, 구조물을 과학적으로 배치하면서 우아하고 장엄한 면모를 갖추었다. 옹성, 공심돈, 봉돈, 치성을 쌓고 포루(砲樓, 鋪樓)를 놓았으며, 여장을 얹고 현안과 총안을 뚫었으며 안벽도 정비했다. 석재와 벽돌을 병용하고 용재를 규격화했으며, 거중기와 녹로 등 기계장치를 적극 활용했다. 화성 축성에 결정적인 인물은 축성 책임자인 좌의정 채제공, 현장소장인 조심태보다, 정조와 다산이었다.

대부분의 사람은 다산의 흔적을 전남 강진과 남양주 마재에서 찾는다. 그러나 다산을 가장 잘 볼 수 있는 곳은 의외로 수원 화성이다. 정조는 다산이 흉중에 품은 원대한 포부의 일단을 인정하고 마음껏 풀어놓으라 격려했고, 다산은 자신의 지적 역량을 마음껏 발휘했다. 요컨대 수원 화성은 조선의 드문 명군이 총괄 기획하고 조선 500년 최고 천재가 실행 계획을 세운 합작품이다. 결과 수원 화성은 오늘날 유네스코 세계문화유산이 되었다.

견고하고 아름다운 화성에 옥의 티가 있었다. 설계자 다산의 한탄 한 자락. 후

화성 화서문과 옹성
옹기처럼 둥글게 성문루를 감싼 것이 옹성이다.

아름다운 화성 방화수류정

에 금정 찰방, 오늘날로 치면 역장 쯤인 한직으로 좌천된 다산이 임지로 가면서 화성 옹성 문 위에 구멍 다섯 개가 가로로 뚫린 것을 발견했다.

"오성지(五星池)는 적이 성문을 불태우려 할 때 물을 부어 막는 것이니, 구멍을 세로로 곧게 뚫어 성문 바로 위에 놓아야 쓰임새가 있다. 감독자가 도본만 보고 구멍을 가로로 뚫었으니, 이른바 '그림만 보고 천리마를 찾는 격'이구나.(五星池者, 將以灌水 禦賊之焚門也. 直穿其穴, 正當門扇之上, 然後方可有用. 董役者, 只見圖本, 橫穿其穴, 此所謂按圖索驥者也.)" 이 언급은 역설적으로 수원 화성이 다산의 작품임을 강력하게 입증하는 일화다.

여유당, 조심스레 살고 잠자다
다산의 운명, 조선의 국운은?

다산 유적지는 그가 노년을 보낸 집과 세상을 떠난 이후 쉬고 있는 묘소, 그리고 기념관까지 한곳에 있어 20세기 세계 모든 나라가 행정의 모토로 삼는 단일 창구 'One Window Policy' 시스템을 가장 잘 구현한다. 대부분 사람들은 기념

화성 포루
포루의 최초 구상은 류성룡의 징비록에 보인다.

화성 서북공심돈
중앙이 비어있는 돈대라 해서 공심돈이다.

화성의 치성
체성 밖에 별도의 성을 쌓아 성벽을 기어오르는 적을 저격한다.

관과 여유당만 들르지만, 조금 불편하더라도 묘소를 들러 참배할 것을 권한다. 음택과 양택이 이어진 특이한 배치는 굳이 명당을 찾지 말라는 다산의 소박한 생각 때문이다.

20세기 들어 복원한 생가 당호는 여유당(與猶堂)이다. 노자의 『도덕경』에 나오는 '신중하라, 겨울에 얼어붙은 시냇물 건너듯. 경계하라 사방 이웃을 두려워하듯.'(與兮若冬涉川 猶兮若畏四隣)이 원전이라 소개돼 있다. 그러나 『도덕경』의 원문은 '여혜(與兮)'가 아니라 '예언(豫焉)'이다. 어느 쪽이 되었건 매사 조심 조심해야 했던 다산의 처지가 안타깝기만 하다. 그리고도 18년 유배당했으니 차라리 대범하게 크게 걸음했다면 어땠을까? 이하는 노자 『도덕경』 15장 원문과 번역이다. 여유당이라 아호를 정한 다산의 심사를 짐작하기에 좋을 듯하여 여기 옮겨보았다.

古之善爲士者 (고지선위사자)

微妙玄通 深不可識 (미묘현통 심불가식)

夫唯不可識 故强爲之容 (부유불가식 고강위지용)

豫焉若冬涉川 猶兮若外四隣 (예언약동섭천 유혜약외사린)

儼兮其若客 渙兮若氷之將釋 (엄혜기약객 환혜약빙지장석)

敦兮其若樸 曠兮其若谷 混兮其若濁 (돈혜기약박 광혜기약곡 혼혜기약탁)

孰能濁以靜 之徐淸 (숙능탁이정 지서청)

孰能安以久 動之徐生 (숙능안이구 동지서생)

保此道者不欲盈 (보차도자불욕영)

夫唯不盈 故能蔽不新成 (부유불영 고능폐불신성)

옛날 일에 밝은 사람은

미묘하고 현통하여 깊음을 헤아릴 수 없다

오직 헤아릴수 없으니 억지로 그 모습을 그릴 뿐!

주춤 주춤 겨울에 강 건너는 듯 마치 사방을 두려워하는것 같고

진중하기 손님 같고 느슨하기 녹는 얼음 같으며,

질박하기 통나무 같고 텅 비기를 계곡 같고

혼탁하기를 흐린 물과 같다

누가 흐리면서 고요함으로 서서히 맑고

누가 가만히 있으며 동함으로 서서히 살리는가

도를 지키는 자는 채우려 하지 않는다

오로지 채우지 않기에

만물을 덮을 수 있고, 새로 온전하게 하지 않는다.

할 말 하는 명문
여주 창녕 조씨 3대 판서댁

옆에서 본 창녕 조씨 3대 판서댁 사랑채
길게 깎은 사각주초, 똑바로 선 사각기둥,
가지런한 서까래가 주인의 추상같은 기상을 말해준다.

첫인상은 강하지 않았다. 일반 주택 사이 조금 높이 자리한 낡은 고택. 안이 들여다보이는 철망담에 관리인이 상주하니, 여주시로서는 나름 신경 써서 관리하는 셈이다. 조선 말 명성황후의 고향이요, 세종대왕 영릉이 있는 경기도 여주. 인터넷에서 찾은 고택의 공식 명칭은 '여주 보통리 고택' 또는 '여주 김영구 고택', 밋밋하기 그지없고 아무 감동도 없다. '조선말 고종 때 이조판서를 지낸 조석우의 집'이라는 간략한 설명이 붙어있고, 김영구가 어떤 인물인지는 알 길이 없다. 그래서 처음에는 찾아가보고 싶지도 않았다. 그게 우리가 우리 선조들의 삶의 자취를 보고 관리하는 수준이요 방식이다.

그러나 조금만 들여다 보면 이야깃거리가 넘치는, 어마어마한 집이다. 거슬러 올라가면, 중간 중간 과거를 하지 않은 한둘 선조가 끼여 있긴 하지만, 그게 무슨 큰 흠이랴? 직계 할아버지 가운데 10대 진사, 생원을 내고, 대과 장원급제도 2명이나 배출해 낸 명문인데. 어떤 집안은 부사, 현령도 귀한 판에 이 집안은 직계로만 따져도 관찰사, 참판이 지천이다. 특히 할아버지 조윤대(曺允大), 아버지 조봉진(曺鳳振), 아들 문정공(文靖公) 조석우(曺錫雨) 동생 조석여(曺錫輿) 3대 내리 대과 급제에 당대 명필로, 관찰사에 판서를 두루 지냈다. 오히려 관직 경력이나 당시 붕당 정치에서의 위상으로 보면 할아버지 아버지가 배분이 더 높았는데 이상하게도 조석우 당자만 문정공 시호를 받았다. 이쯤 되면 할아버지, 아버지 모두 시호를 받을 만도 한데, 왜 그랬을까? 영남학파의 거두 남명 조식(南冥 曺植) 선생이 창녕 조씨의 가문의 중시조고 보니 일단 가문 때문에 집권 세력의 공격을 받을 수밖에 없었다. 게다가 할아버지 조윤대는 당시 박해받는 소수파 소론(少論)의 영수였으니. 그러나 당쟁에서 자유로운 21세기의 우리는 이 집을 최소한 '여주 3대 판서댁' 정도로는 불러야지 않겠나?

3대 판서댁 누마루
일반 대청과는 달리 삼면이 자연에 노출돼 기거하는 이에게는
자연과 적극적으로 동화될 수 있게 한다.
주변 건물이나 방보다 한 단 정도 높이는 게 보통이라,
한옥에는 입체적 느낌을 부여하는 특유한 공간.
여유있는 사대부 집의 얼굴이라 할 수 있겠다.

	과거(대과)	최고 벼슬	시호	
조문수 (曹文秀)	19살 진사 34살 대과급제	호조판서 강원관찰사		
조한영 (曹漢英)	19살 생원 29살 대과(장원)	경기관찰사 개성유수 예조참판	문충 (文忠)	김장생의 문인 심양 압송
조헌주 (曹憲周)	음보	금구현령		
조하망 (曹夏望)	29살 진사(장원) 54살 대과(장원)	대사간 강릉부사		
조명준 (曹命峻)	음보	해주판관 좌찬성(증)		막내삼촌 조하정 (曹夏挺)에 입양
조윤대 (曹允大)	32살 대과 급제	형·이·병조판서		
조봉진 (曹鳳珍)	24살 진사(장원) 28살 대과급제	전라도관찰사 한성판윤 형·공·이조판서		동지사
조석우 (曹錫雨)	25살 대과급제	경상도관찰사 이조판서	문정 (文靖)	
조석여 (曹錫輿)	35살 대과급제	황해도관찰사 이조판서		

/ 멀리 한강을 내려다 보는 명당
/ 덕인(德仁)의 공간, 풍요로운 자연

'멀리 한강이 내려다 보이는 터전에 자리잡은 고대광실(高臺廣室)', 아마 원래는 그렇게 보였을지도 모른다. 본디 대문 달린 바깥사랑채와 행랑채가 있었으나 지금은 모두 없어지고, 사랑채와 작은사랑채, 안채와 곳간채만 남아 'ㅁ'자를 이룬다. 남아 있는 43칸만으로도 규모는 작지 않다. 가렴주구(苛斂誅求)가 판치던 조선 말임을 감안

송덕비
울산시 울주의 반구대에 경상도관찰사 시절 선정을 펼친
조석우를 기리는 문구가 새겨졌다. 흔한 송덕비가 아니라
이채롭다

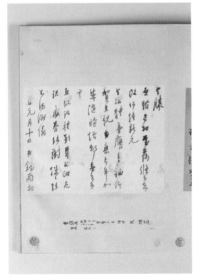

간찰

하면 3대 판서댁 규모로는 소박하다고 해야겠다. 집주인 조석우가 경상도관찰사로 선정을 베풀었다는 송덕비가 경북 청도군에 남았고, 울산시 울주군 대곡리에는 마애송덕비(摩崖頌德碑)가 반구대 큰바위에 새겨졌다. 사실 조선 후대로 넘어가면 주민들이 자발적으로 송덕비를 세우는 것이 아니라, 지방관원들이 이임을 앞두고 지역유지들로부터 미리 돈을 뜯어내 자신의 송덕비를 세우고 돈을 남기는 것이 일상화돼 있었다. 그래서 대구든 나주든 공주든 옛 관아터마다 조선 후기로 가면 송덕비가 넘쳐나는 것이 그 때문이다. 그런 마당에 나주 관아터에 서있는 학봉 김성일의 송덕비를 학봉 집안이 몰랐다는 사실은 이채롭기

사정전 글씨
조석우는 당대 명필로 소문나 경복궁을 중수할 때
사정전 현판에 글씨를 남겼다

만 하다. 본인이 세운 게 아니라 학봉이 떠난 뒤 고을 사람들이 자발적으로 세웠다
는 확실한 정황이겠다.

창녕 조씨가 여주 대신면 보통리에 자리잡게 된 것은 조선 선조 때 하산군(夏山
君) 조경인(曺景仁) 때부터로 알려져 있다. 본격적으로 정착한 것은 그 손자 문충공
(文忠公) 조한영(曺漢英)이 여주 대신면 일대에 묘소를 쓰면서부터라 한다. 경기관찰
사, 개성유수를 지낸 인물로 조석우에게는 6대조가 된다. 3대 판서댁은, 100미터
도 안 되는 얕은 왕만산을 진산으로 등지고 멀리 한강 양주나루터를 바라보는 전
형적인 배산임수의 좌향이다. 산남수북 왈양(山南水北曰陽)이라 했으니, 산의 남쪽에
물의 북쪽에 자리한, 양기 가득한 길지렸다. 사랑채를 맨 앞으로, 대청 두 칸에 앞
퇴를 두고 사분합 문짝을 달아 여닫게 했다. 대청 동편으로 사랑방 두 칸, 다음 마
루 한 칸에 앞퇴가 이어진다. 대청 서편에 다시 방 두 칸, 그 앞에 내루(內樓, 다락) 한
칸, 사랑방 앞에는 한 단 높은 누마루가 시설돼 있다. 큰 사랑과 작은 사랑은 방과
마루를 곁들여 놓음으로써 겨울과 여름, 사철 쉽게 이용할 수 있게 했다.

누마루는 제대로 지은 한옥의 자존심이라 할 수 있는 공간이다. 일반 대청과
달리 건물의 삼면이 자연에 노출되고, 조경하기에 따라서는 정원 안에 있는 착각
을 불러일으킬 정도로 정원 깊숙이 건물을 들일 수 있다. 기거하는 이에게 자연
과 적극적으로 동화될 수 있게 하고, 자연과 인간이 하나로 소통하는 공간이다.
주변 건물이나 방보다 한 단 정도 높이는 게 보통이라, 한옥에 입체적 느낌을 부
여하는 특유한 공간이다. 대갓집이 멋과 풍류, 여유를 과시하는, 사대부 집의 얼
굴이라 할 수 있겠다. 특히 여름에는 습기를 피하고 자연 풍광과 풍류를 즐기는
고급 공간이다. 대청의 분합(分閤)은 키가 크니 여름에 시원하게 개방할 수 있고,

온돌방의 분합은 키가 낮으니 겨울에 따스하도록 보온에 신경을 쓴 셈이다. 마루 앞퇴는 머름을 두고 한 단 높였다.

머름은 한옥 특유의 재미난 착상이다. 출입문이 없는 방에 창 아래 한 자 또는 자 반의 높이로 머름을 놓고, 팔걸이를 겸했다. 완전히 개방하는 듯하면서도 창을 열 때 필요한 만큼은 바닥을 가려 프라이버시를 확보하는 세심한 장치다. 기둥과 기둥 사이 아래쪽에 나무를 아래 위로 가로지르고 그 사이 판을 이어붙인다. 장식을 한 경우도 있고 장식 없는 경우도 있는데, 어느 경우든 문턱에 비스듬히 기대누워 아랫것들에게 호통을 치는 사대부 집의 도도함을 보여주는 점에서는 동일하다.

고택의 헛간은 창고와는 느낌이 조금 다르다. 단단하게 빗장이 닫히고 자물쇠가 잠긴 창고는 권력과 독점의 느낌을 준다. 그러나 느슨하게 빗장만 걸쳐진 헛간은 넉넉하고 여유로운 나눔의 공간 느낌을 준다. 창녕 성씨 청빈한 소론(少論) 가문이라 해도 3대 관찰사에 3대 판서를 지낸 현달한 가문의 여유가 엿보인다. 당시 조정을 지배하던 노론 권신들은 사람을 풀어, 남인이나 소론 고관의 저택들을 주야 장천 감시했다고 한다. 심지어 소론의 첫 수장이었던 명재 윤증의 충남 논산 고택을 감시하기 위해 당시 노론 집권 세력은 고택 바로 옆으로 향교를 옮기는 야비한 수까지 썼다. 특히 명망있는 소론 가문의 창고나 헛간은 뭔가 꼬투리를 잡기 위한, 집중 감시의 대상이었을 것이다.

촘촘하고 가지런해 깔끔한 인상을 주는 서까래
별 것 아닌 것 같지만, 쉽지 않은 작업을 위해 서울에서 소문난 명장을 불러 시공했음이 틀림없다.

해시계
글자가 모두 마모돼 보이지 않는 해시계. 늙수구레한 관리인이 어릴 때에는,
자신들이 읽을 수는 없었지만 보이는 한자가 몇 개 있었다고 했다.

　　사랑채가 끝나는 서편 중문을 지나 안마당으로 들어선다. 안마당은 동서로 좁고 남북으로 조금 긴 장방형인데, 주인의 정갈함을 말하듯 작은 꽃밭이 꾸며져 있다. 안마당 북쪽에 남향으로 안채의 안방과 대청이 있고, 앞퇴가 이어진다. 안방의 서쪽에 부엌이 있는데 그 한 칸이 남쪽으로 뻗었다. 찬방 찬모방 마루 한 칸이 중문칸으로 이어진다. 이들은 단칸통의 너비인데, 뒤쪽에는 벽장을 드리웠다. 'ㄷ'자로 둘러싼 안채는 모두 24칸이다. 남향으로 부엌, 안방, 대청을 일자 배열하고, 양 끝에 남쪽으로 날개를 달아 건넌방과 아랫방, 곳간을 두었다. 안방에도 내루를 두어 수납공간으로 활용하고, 대청에는 '用' 자 무늬의 분합문을 달았다. 안채 대청 동편에는 한 칸 마루방과 두 칸짜리 건넌방이 있고, 부엌 두 칸과 곳간이 이어진다. 부엌 동쪽으로는 방 두 칸과 마루 한 칸의 작은 사랑채가 튀어나와 있는데, 앞에 반 칸 퇴가 뒤로 쪽마루가 놓였다. 이런 작은사랑채 배치는 아주 드물다고 한다.

　　주초는 사다리꼴 화강석, 기둥은 각진 방주(方柱), 처마는 부연(浮椽)이 없는 홑처마다. 둥근 목재로 서까래 아래 길게 가로 놓인 도리(道里)를 썼으니 굴도리집이다. 목재는 옻을 칠하지 않은 백골(白骨)이고 담벼락은 마사토로 덧바른 재사벽(再沙壁)이며 마당에는 백토를 깔아 치장했다. 사랑채 앞에 선 비석에는 해시계라는 표지가 붙었는데, 원래는 분명 문자판이 있었을 것이나 마모가 심해 전혀 알아볼 길 없다. 사랑채 건물도 군데군데 붉은 벽돌로 수선한 자국이 남아 있어, 오히려 고택의 향을 날려보낸 것은 아닌지? 명당터를 고른 안목, 사랑채 한 칸을 다락으로 꾸며 실용성을 높인 내루, 크기나 비례에서 법도에 어긋나지 않게 반듯한 문 얼굴, 여유있는 사대부 제택(第宅)을 충실히 따랐다. 잘 가공된 석재, 세련되게 다듬은 목재, 흐트러지지 않고 가지런한 서까래와 시원스럽게 뻗은 추녀 등, 솜씨 좋은 당대 명인의 솜씨가 분명하다.

　이 집의 유래로는 고종 때인 1860년 이조판서를 지낸 조석우가 지었다는 설과 영조 때인 1753년 해주판관을 지낸 증조부 조명준(曺命峻)이 지었다는 두 설이 대립한다. 어느 쪽이 옳든 임진왜란 전후로 거슬러 올라가는 영호남의 고택에 비하면 집의 역사는 짧다. 그러나 조명준 사후 아들 조윤대, 손자 조봉진(한국민족문화대백과는 조명준의 손자 즉 조석우의 아버지를 조용진(曺龍振)으로 소개하나, 이는 조봉진의 잘못이다.), 증손 조석우 판서 3대를 배출했으니, 명가의 무게는 물리적 시간보다 훨씬 무겁다.

아래 위 높이가 다른 마루방과 온돌방의 사분합
사분합은 여름철이나 대청소를 할 때 완전히 열어젖뜨릴 수 있어 한옥의 아름다움을 드러내면서
한편으로는 개방성을 상징한다.

시원스럽게 뻗은 추녀
위에서 보지 못해 아쉽지만, 저 지붕도 잘 살펴보면
사이클로이드(Cycloid)라는 수학적 원리가 구현돼 있을 것이다.
서울의 명장 솜씨일 것이니.

098

조윤대는 대사간, 대사헌, 함경·충청·황해관찰사, 형조·병조·이조판서, 한성판윤을 지냈으며, 두 차례나 3사 복합상소(伏閣上疏)를 주도하는 등 직언을 서슴지 않는 현신(賢臣)이요 양신(良臣)이었다. 3사는 조선조 언론감찰 기관인 사헌부, 사간원, 홍문관을 가리키며, 복합상소는 나라에 큰 일이 생기면 조신(朝臣) 또는 유생(儒生)이 대궐 문 밖에 엎드려 '아니 되옵니다' 또는 '윤허하여 주시옵소서' 하면서 청하는 것이다. 대사헌, 공조·이조판서를 지낸 조봉진은 전라도관찰사 시절 둔전의 세제 문제와 관련해 민폐를 보고했다가 2년간 유배 생활을 했다. 경상관찰사, 이조판서를 지낸 조석우도 고조부 조하망(曺夏望, 조명준의 아버지)의 문집 〈서주집(西州集)〉을 간행했다가 유생들의 항의로 파직당하는 등 할 말 하는 집안이었던 모양이다.

3대 판서댁 사랑채 전경
단정한 균제미가 두드러져, 여유있지만 청빈하고 검소한 양반 가문의 가풍이 드러난다.

헛간
넉넉하고 여유로운 공간이다.

세 사람 모두 글공부로는 과거에 급제하고, 글씨는 오세창 선생이 역대 명사의 글씨를 모은 〈근묵(槿墨)〉에 오른 명필이며, 벼슬은 판서에 올랐고, 할 말은 하고 백성의 칭송을 들은 인물이니, 자식에게 기대하는 것이 있는 부모라면 그 집의 흙이라도 퍼오고 싶지 않은가?

　조석우의 증손 청사 조성환(晴簑 曺成煥, 1875-1948) 선생은 가문의 기대에 걸맞게

안방의 내루는 공간을 효율적으로 쓰는 수납공간이다.

아니 그 이상의 열혈 청년이었다. 항일 구국 전선에 뛰어들어 건국훈장을 받았으니 지도자의 DNA는 숨길 수 없는 모양이다. DNA 이야기를 꺼내긴 했지만, 청사 선생이 조석우의 피를 직접 이은 것은 아니다. 조석우의 외아들 조이승(曹爾承)이 16살로 요절하고, 청사 선생은 조이승의 양자로 들어온 조병희(曹秉熹)의 아들이기 때문이다.

조성환은, 미국과 태프트-카츠라 조약을 맺어 한반도에 대한 일본의 독점적 지위를 국제적으로 승인받은 카츠라 총리대신의 암살을 시도하고, 김좌진 장군의 청산리 전투를 막후 지휘했으며, 상해 임시정부 군무총장(참모총장격)을 지낸 인물이다. 1912년 일제의 토지조사부에 따르면 조병희는 여주 보통리 일대에 임야 3건에 2만 8천 평, 전답 3건에 1,200평, 고택 등 모두 3만 평의 토지를 소유하고 있었다. 그러나 1910년대에 조병희 소유의 고택과 전답, 임야가 차례로 다른 사람 손에 넘어가는 것이 공식 기록에 나온다. 2019년 경기도 여주시가 발주한 「청사 조성환과 보통리 고택의 역사성에 대한 학술조사」결과다. 청사 선생이, 조상이 물려준 가산을 팔아 독립운동 군자금으로 쓴 증거인 셈이다. 그러나 그 조성환 선생은 한국과 중국 만주, 상해 등을 넘나들며 독립운동을 하느라 후손이 끊겼다. 단 하나 낳은 딸도 일찍 세상을 떴으니 참으로 안타깝다. 독립운동 군자금을 마련하기 위해 다른 집안에 팔리면서 조 씨네와 인연이 끊긴 집을 여주시는 2018년 사들여 문화재로서 관리하기 시작했다.

생각이 조금 다르다고 아예 입을 봉하려는 풍조는 예나 지금이나 똑같다. 그러나 왕조시대에도 목숨을 걸고 할 말 하는 사람은 있었는데, 언필칭 민주사회라는 오늘날의 한국사회에 할 말 하는 인물이 귀하고, 그런 인물을 중용하는 대인이 드물다. 이 글이 경기일보에 게재된 이듬해인 2020년, 경기도는 15억 원의 예산을 편성해 담장과 기와, 지반 등을 대대적으로 보수해 원형 가깝게 복원했다.

안뜰로 바로 나갈 수 있는 쪽마루가 뒷벽에 붙은 작은 사랑채 마루

선비의 삶
독서와
성찰

전쟁의 교훈 징비록

세계문화유산 안동 하회

강당인 입교당에서 본 병산서원 만대루(晩對樓)

앞 수레가 이미 엎어졌는데 어찌 뒤에도 고칠 줄 모르고, 엎어진 바퀴 자국을 따른다. 이리고도 무사하기를 바라니 요행만 믿는 노릇 아닌가?

奈何前車旣覆 後不知改 至今尙循此塗轍 如此而望其無事者 特幸耳
내하전차기복 후불지개 지금상순차도철 여차이망기무사자 특행이
- 징비록 「녹후잡기」에서.

'한국정신문화의 수도'
항일 독립운동의 본산

안동은 스스로 '한국정신문화의 수도'라는 표현을 쓴다. 인구 겨우 16만에 불과한 도시가 감히 '수도'라니! 다른 지방 사람들이 들으면 오만방자하다고 느낄 수밖에 없다. 도대체 어떤 동네길래 안동 사람들은 당당하게 아니 뻔뻔하게 정신문화의 수도를 주장하는 것인가? 그런데 이 동네 사람들, 자기들끼리 그렇게 '수도' 운운할 이유가 있다. 우선, 족보 있는 고택의 수다. 문화재를 조금 아는 사람들 사이에 통하는 말이 있다. '우리나라 고택의 절반은 경북에 있고, 경북 고택의 절반은 안동에 있다.' 다소 과장은 있지만 얼추 비슷하긴 하다. 우리나라에서 마을 전체가 유네스코 세계문화유산으로 지정된 두 군데 중 한 군데가 안동 하회다. 다른 하나는? 역시 경북, 경주의 양동이다. 그러니 적어도 전통문화에 관한 한 안동은 할 말이 있다.

더한 대목도 있다. 배출해낸 독립유공 서훈자 숫자다. 국가보훈처 홈페이지에 들어가 찾아보면, 독립유공자로 공식 서훈된 인물의 숫자가 안동은 365명, 서울은 429명이다. 인구 16만인 안동시의 서훈자 숫자가, 인구 970만으로 60배 이상인 수도 서울에 버금간다. 우리나라 전체의 독립유공 서훈자 수는, 현재까지 모두 15,931명이다. 거기에는 외국인도 포함돼 있지만, 계산의 편의를 위해 모두 토종 한국인이라 가정한다. 우리나라 기초단체가 226개니까, 15,931을 226으로 나누면 전국 기초단체 평균 70이란 숫자가 나온다. 한 기초단체에서 평균 70명의 서훈자가 나왔는데, 안동은 평균의 5배가 넘는 365명의 독립유공 서훈자를 배출했다는 것이다. 그러니 안동 사람들이 자부심을 가질 만도 하지 않겠는가?

독립운동 명문가를 따지면 이야기는 더 심각해진다. 국가적으로 공인받은 4대 독립운동 명문가로는 석주 이상룡과 백하 김대락, 성재 이시영, 왕산 허위 네 가문이 꼽힌다. 석주 이상룡과 백하 김대락이 모두 안동 사람이며 두 사람은 처

백하구려
일가 150명을 이끌고 망명해 독립투쟁을 펼친 안동 내앞 출신 김대락의 생가

도산서원
조선 초 성리학의 기초를 다지고 서원을 설계해 확산시킨 퇴계 이황을 모신 서원.
유네스코세계문화유산으로 지정됐다.

남매부 지간이다. (안동식으로는 남자끼리지만 처남매부를 '남매'라 표현한다.)

외지인들은 석주 가문만 안다. 석주 가문의 독립유공 서훈자 수는 10명에 가깝다. 한 집안에 독립유공자 10명이라니 대단하다! 그러나 안동에 그 정도 가문은 차고 넘친다. 안동 하회를 가보라! 안동 하계를 가보라. 과연 퇴계 이황의 후예요, 항일 시인 이육사를 배출한 마을답다. 비단 거기뿐이랴. 안동 권씨 집성촌, 전주 류씨 집성촌, 골골이 '독립유공자' 서너 명 배출 못한 마을 사람은 고개들고 다니지 못한다.

그러나 그 어느 집안도 백하 김대락 가문, 의성 김씨에는 명함도 못 내민다. 석주 이상룡이 일가족 50명을 이끌고 만주로 망명했는데, 백하 김대락은 엄동설한에 만삭의 며느리까지 포함해 일가족 150명을 몰고 만주로 넘어갔다. 기차 타고 비행기 타고 한 방에 넘어간 게 아니다. 일본군 헌병과 경찰의 검속을 피해 산 넘고 물 건너 눈길을 걸어걸어서 가느라 한 달 가량이 걸렸다 한다. 이상룡 선생의 부인과 막내 처제는 모두 김대락의 여동생들이다. 그러니 여수에서 돈 자랑 말고 벌교에서 주먹 자랑 말고 순천에서 인물 자랑 하지 않듯, 안동 와서 독립운동 운운하지 마라.

보수적 안동 어법
이두식 지명 표기

안동을 포함한 경북 북부 지방을 여행할 때에 익숙해져야 할 것 중의 하나가 이두식 표기다. 마을마다 법정 행정구역과는 별개로 안동 사람들이 자주 쓰는 이두식 명칭이 따로 있다. 이두식 마을 이름을 대면 물 한 대접이라도 더 얻어 마실 수 있고 잘 하면 안동 국시 한 사발 얻어먹을 수도 있다. 안동 하회(河回)는 '물돌이'의 이두식 표기다. 천전(川前 내 천 앞 전) 마을이 아니라 내앞이고 지동(枝洞 가지 지 마을 동)이 아니라 갖골이라 부른다. 금계(金溪)가 아니라 검제다. 그러나 안동에서도 '하회'를 '물돌이'라고는 하지 않는다. 하회마을도 아니다. 안동에서 '하회마을'이라 하면 무식한 취급 받는다. 하회는 '하회'다. 안동의 마을들은 마을을 붙이지 않는다. 내앞이고 검제고 하계요 박실이다. 경주 양동도 '양동마을'이 아니라 '양동'이다. 하회와 양동, 내앞과 검제, 하계와 박실에는 그만큼의 자부심이 숨어있다.

하회 당나무.
장승 머리에 덧씌워진 흰 조각과 둘레줄에 걸쳐진 흰 조각은 모두 관광객들이 묶어둔 소원지다.
과연 몇 장이나 될지? 어마어마한 숫자의 관광객들이 이 늙은 나무에 소원을 걸었다.
수령은 500년 이상으로 추정된다.

    조선 후기 이중환은 택리지에서, 양반 선비가 살 만한 영남의 4대 길지로 안동의 도산(진성 이씨, 퇴계 이황을 배출), 하회(하회 류씨, 서애 류성룡이 자란 곳), 내앞(의성 김씨, 학봉 김성일이 난 곳), 봉화 닭실(안동 권씨, 충재 권별을 배출)을 꼽았다. 워낙 임진왜란, 병자호란을 겪고 난 뒤끝이라 골짜기 숨어사는 것이 속편했을지 모르고, 그래서 산골짜기만 길지(吉地)라 꼽았는지 모른다. 그러면서도 이중환은 살기 좋은 조건으로 물을 들고, 해거(海居), 강거(江居) 또는 하거(河居), 계거(溪居) 순으로 살기 좋다고 평가했다. 해거, 바다 근처가 큰 물산을 옮길 수 있는데다 해산물이 넉넉하니 가장 좋고, 강거 또는 하거 즉 큰 강 근처, 마지막으로 계거 개울가 순서며 물을 끼지 않으면 살기 어렵다는 것이다.

    퇴계 이황, 하회 류성룡, 학봉 김성일, 충재 권별은 조선 성리학, 영남학파의 거두들이다. 이들이 나고 자란 도산, 하회, 내앞은 강거 내지 하거쯤 되고, 닭실은 하거와 계거 중간쯤 되니, 이중환의 말도 근거없는 것은 아닌 것 같다. 그러나 항상 하는 말이지만, 명당이고 길지고 차지하는 것도 중요하지만, 발복하기 위해서는 명당과 길지를 가질만큼 덕을 쌓아야 한다. 아무리 선대가 명당과 길지를 잡아 후대에 물려줬다 해도, 사는 자나 묻힌 자의 후손이 개판 치면 몽땅 꽝이다. 조선 왕실은 동구릉이니 서오릉이니 서삼릉이니 한양 주변 명당을 독차지하고 태실이라는 미명 아래 조선 팔도의 명당을 독점했다. 그리고도, 골육상쟁이 끊이지 않았고, 왜놈, 되놈 침략당했고, 마침내 국권을 빼앗긴 것을 보면 분명한 일 아닌가?

물돌이동의 비교
위부터 안동 하회, 영월 청령포, 예천 회룡포.

각설하고, 하회는 낙동강이 마을을 크게 한 바퀴 휘돌아 감아흘러 만든 '물돌이' 마을이다. 지형이 경북 예천 '회룡포'나 단종이 귀양가 살던 강원도 영월 '청령포'와 비슷하다. 외부의 접근이 매우 어려워, 한반도에 닥친 숱한 전란도 피했다. 풍수에서는 안동의 내앞, 검제와 함께 3대 천년불패지지(千年不敗之地), '천년 번영할 마을'이라는 말을 쓴다. 연화부수형(蓮花浮水形), '연꽃이 물에 떠있는 형국'이라고도 한다. 그래서 하회 사람들은 물에 뜬 고운 연꽃이 생채기 날까 봐 우물 파기를 주저한다고 한다.

하회는 서애(西厓) 류성룡(柳成龍) 선생이 자라고, 은퇴한 뒤 살면서 징비록(懲毖錄, 국보 132호)을 쓴 곳이다. 서애 선생이 태어난 곳은 외가인 경북 의성 사촌이다. 서애는 임진왜란, 하마터면 조선 나라가 통째로 없어질 뻔한 대란 7년 내내 선조 임금을 지근거리에서 모셨다. 전란 전에는 충무공 이순신과 행주대첩의 권율 장군을 천거해 수륙군의 중핵(中核)으로 앉혀 전란에 대비했고, 중국의 귀한 전술 서적을 구해 이순신에게 보냈다. 전란이 벌어지자 무능하고 의심많은 선조가 대사를 그르치지 않도록 보좌하고, 명나라와의 교섭을 전담해 명군(明軍)이 적극적으로 전투에 임하게 독려해 위기 극복을 총지휘했다. 작게는 임진강 나루청을 태워 선조의 몽진 길 횃불로 쓰고, 칡덩굴을 모아 명군이 강을 건널 부교를 만드는 임기응변을 발휘했다.

　‘징비록’ 책이름은『시경』‘주송(周頌)’ 중 ‘소비편(小毖篇)’ 첫 구절에서 따온 말이다. ‘預其懲而毖後患(예기징이비후환)’, 지난날 과오를 아프게 되새기면서 다시는 다른 환난이 일어나지 않도록 경계한다. 왜란을 교훈 삼아 다시는 그런 전철(前轍)을 밟지 말자, 이게 다였을까? 쉽게 거론할 수는 없지만, 하고 싶은 말이 더 있지는 않았을까? 원래『시경』의 해설이 단서가 될 수 있다. ‘預其懲而毖後患’의 댓구는 ‘莫予荓蜂自求辛螫(막여병봉자구신석), 내 꿀벌을 손에 놓고 만지다 스스로 독바늘에 쏘였구나’다. 주나라 성왕이 한때나마 간신을 총애해 반란을 자초한 자신을 후회한 것이라는 해설이 붙어 있다.

풍산 류씨 대종택 양진당(養眞堂) 사랑채.
굵은 둥근기둥에 간결한 창살, 계자난간 등이 명문의 고풍과 선비의 단정함을 동시에 보여준다.

양진당 행랑채
자연석 기단 위에 다듬은 주추를 놓고 사각기둥을 올렸다.
계단을 정면에 두지 않고 측면에 둔 데서 기거하는 이의 신분을 짐작케 해준다.

그러고 보니 떠오르는 대목이 있다. 선조는 의주로 몽진가는 그 와중에 하루 사이 영의정을 세 명 갈아치운다. 북인 아계 이산해(鵝溪 李山海)에서 동인인 서애 선생으로 경질했다가, 다시 서애를 해임하고 서인 송강 정철을 불렀다. 정철은 조작된 기축옥사의 위관(委官, 주심관)을 맡아 영남과 호남의 선비 1,500명을 참살한 죄로 강계에 유배가 있었다.

다시 불려온 국난 중 영의정 정철의 활동상은, 체찰사로서의 임무를 소홀히 하고 명나라 조정에 거짓 보고를 했다는 민망한 기록뿐이다. 학창 시절 고전문학 시간에 달달 외다시피 배운 '가사문학의 천재' 정철의 이미지는 온데간데없다.

옆에서 본 만대루
병산과 낙동강이 어우러진 절경이 펼쳐진다.
병산서원은 서애 류성룡 선생을 주향으로 모신 사액서원으로, 2019년 세계문화유산에 선정됐다.

국가 위기를 맞아 충신인 체한 무능하기만 했던 재상 정철의 등용을 빗대 '징비'라 한 것은 아닐까? 무능한 재상을 중용한 선조를 풍간(諷諫)한 것은 아닐까? '징비록'은 부산의 초량 왜관을 통해 일본에까지 전해져 널리 읽혀졌다. 야마토야 이베에(大和屋伊兵衛)라는 일본인이 1695년 교토에서 일본어 훈독을 달아 2권본 징비록을 간행했다. 그러나 조선 조정은 징비록에서 교훈을 얻을 생각은 않고, 정보 유출을 걱정하며 1712년 징비록의 출판을 금지했다. 선조라 인조라, 부적절한 묘호의 극치다. 둘 모두 의종(懿宗)이라야 마땅하다.

하회의 기와 100채
큰 집이 귀한 집은 아니다

양진당(養眞堂)은 서애의 형님인 겸암 류운룡(謙庵 柳雲龍) 종가며 풍산 류씨 대종택으로, 당호 현판은 관찰사를 지낸 서애 선생의 부친 입암 류중영(立巖 柳仲郢)의 호를 딴 것이다. 서애가 벼슬길에 올라 나라에 봉사하고 국난 극복에 기여했다면, 형 겸암 류운룡은 고향에서 몸과 마음을 닦고 후학을 양성했다. 양진당의 사랑채 지붕 오른쪽은 팔작지붕인데 중문채 지붕과 맞닿은 왼쪽은 맞배지붕으로 간단히 처리했다. 굵은 둥근기둥에 간결한 창살, 툇마루의 계자난간 등이 명문대가의 위풍당당함과 선비의 단정함을 동시에 보여준다. 행랑채는 자연석 기단위에 다듬은 주추를 놓고 사각기둥을 올려, 어지간한 반가(班家) 안채라 해도 손색 없어 보인다. 다만 한쪽으로 치우친 계단에서 기거하는 이의 신분을 짐작케 된다.

충효당은 양진당과 함께 하회를 대표하는 서애 종택이다. 충효당 사랑채는 잘 다듬은 장대석으로 기단을 쌓고 계단을 놓았다. 민가로서는 흔치 않게 굵은 둥근 기둥을 받치고, 높지 않은 퇴에도 계자난간을 둘러 멋을 부렸다. 문짝도 2중창으

강당격인 병산서원 입교당(立敎堂)

뒷문 위에 희미하게 입교당 현판이 보이고, 중앙 대청 마루를 사이에 두고 교무실과 숙직실로 쓰이던 양쪽 방문 위에
명성재(明誠齋) 경의재(敬義齋) 교의재(敎義齋) 등의 현판이 붙어 있다.

로, 여름에는 시원하게 활짝 열지만 겨울에는 보온을 고려했다. 서애 선생이 영의정까지 지냈지만 큰 재산이 없이 세상을 떠나니, 제자들이 돈을 모아 집을 지어 유족에게 바친 것이다. 대청마루 안쪽 깊이 보이는 현판의 '충효당(忠孝堂)' 글씨는 당대 명필 미수 허목(眉叟 許穆)의 전서다.

하회를 돌아다니다 보면 특이한 게 있다. 곳곳의 대문에 '독립운동가의 집'이란 표지가 붙어있어서다. 내앞을 돌아보면 더할 것이다. 안동은 특이한 동네다. 이른바 명문 대가들이 뭐든 경쟁한다. 옛날 조선조에서는 과거 급제자 경쟁하고 판서 배출 경쟁했다. 서인 나아가 노론이 장악한 뒤로는 급제나 큰 벼슬로 경쟁하지 않았다. 대신 소두(疏頭) 즉 상소의 우두머리 경쟁하고, 귀양 숫자 경쟁하고 사약 숫자 경쟁했다. 한말 나라가 위기를 맞자 안동 가문들은 창의(倡義, 의병 거병)로부터 시작해 만주 망명, 재산 팔아 독립군 군자금 보내기 등으로 경쟁했다. 그래서 내앞 의성 김씨 백하 김대락 가문을 비롯해 고성 이씨 석주 이상룡 가문, 진성 이씨 이육사 가문 등등이 독립운동을 놓고 치열하게 경쟁했던 것이다. 결과 안동은 우리나라 최대의 독립운동의 성지가 되었다. 뭐 모르는 무식한 인간들이 안동을 수구꼴통의 동네라 잘못 알고 전한다.

세계문화유산 한국의 서원
풍광 아름다운 병산서원

화산(花山)을 사이에 두고 하회와 반대편에 있는, 서애를 주향(主享)으로 모신 병산서원(屛山書院)도 세계문화유산이 되었다. 세계문화유산을 놓고 안동 하회와 경

양진당과 함께 하회를 대표하는 충효당 사랑채
민가로서는 흔치 않게 굵은 둥근기둥을 받치고, 높지 않은 퇴에도 계자난간을 둘렀다.

대청마루 안쪽으로 살짝 보이는 현판의 '충효당(忠孝堂)' 글씨는
당대 명필 미수 허목(眉叟 許穆)의 솜씨다.

주 양동이 경쟁했다는 것은 세상이 다 아는 이야기다. 하회와 양동 두 마을이 세계문화유산이 되고, 병산서원과 옥산서원이 세계문화유산이 되었으니 현재까지 2:2, 비긴 셈이다. 이왕 말이 났으니 서원에 대해 조금만 더 알고 넘어가자. 사실 서원은 구조가 단순해 조금만 알면 누구든 자신있게 설명할 수 있다.

서원은 전학후묘(前學後廟)라 해서 앞쪽은 강당과 기숙사가 있는 강학(講學) 공간, 뒤쪽은 사당이 있는 제향(祭享) 공간이다. 정문은 2층에 누마루를 두기도 한다. 정문을 들어서면 좌우에 기숙사 겸 공부방인 동서(東西) 양재(兩齋)가 있다. 그리고 정면에 강당이 있고, 그 옆으로 장서각(藏書閣), 장판각(藏板閣)이 배치된다. 사액서원의 경우 국왕이 책과 경판을 하사하며, 이를 보관하는 장서각과 장판각을 잘 보이는 곳에 내세워 과시하는 것이 보통이다. 고직사(庫直舍)라 해서 관리인 처소가 있고, 식량과 용품 창고가 딸리게 된다. 현대인들에게 가장 생소하고 현대인들이 가장 궁금해 하는 시설물들은 주로 사당 부근에 있다. 우선 전사청(典祀廳), 사당의 제향에 올릴 제수를 준비하는 건물이다. 관세위(盥洗位)는 헌관(獻官)이 사당에 오르기 전 손을 씻는 곳이며, 정료대(庭燎臺 또는 요거석(燎炬石)은 밤에 불을 밝히기 위한 관솔을 놓는 자리다. 망료위(望燎位) 또는 망례위(望瘞位)는 제향을 마치고 축문을 태워 묻는 자리다. 능원에서도 망례위 자리를 찾아볼 수 있다.

병산서원(屏山書院)은 주변 산세로도, 서원 정문 만대루(晩對樓)의 시원한 경관으로도 한번 들를 가치가 있다. 만대루(晩對樓)는 낙동강 백사장과 병산을 마주 대하고 있어 전국의 서원 중에서도 풍광이 수려한 곳으로 손꼽힌다. 만대루란 이름은 송나라 주희(朱熹)가 후학을 가르치던 무이정사(武夷精舍)의 만대정(晩對亭)이 어원이다. 시성(詩聖)으로 불리는 당나라 시인 두보(杜甫)의 '백제성루(百帝城樓)' '푸른 절벽은 오후 늦게 대할 만하니(翠屛宜晩對)'에서 인용한 것이다. 백제성은 중국 양쯔강 중류의 대도시 충칭에

장판각(藏板閣) 조선 당시에는 책이 귀했다. 그래서 사서삼경과 주향(主享) 또는 배향(配享)한 대학자의 저서들을 경판으로 새겨놓고 필요할 때마다 책을 출판해 썼다. 사액서원에는 조정에서 경판이나 책, 종이를 내려 보내주기도 했다. 그밖에 창고, 주방 등 부속 건물들이 있어 교수 요원과 학생들의 학업과 식사, 체력 단련을 지원했다.

있는 고성인데, 삼국지의 유비가 말년에 머물다 죽음을 맞은 곳이다. 유비는 의동생 관우와 장비의 원수를 갚는답시고 성급하게 군사를 일으켰다가, 이릉 전투에서 오나라의 신예 육손에게 참패하고 파촉의 수도 성도로 돌아갈 면목이 없었다. 그런 백제성이니 두보도 시선(詩仙)이라 불리는 이백도 시 한 수 남기지 않을 리 없다.

江度寒山閣 (강도한산각)

城高絕塞樓 (성고절새루)

翠屛宜晩對 (취병의만대)

白谷會深遊 (백곡회심유)

急急能鳴雁 (급급능명안)

輕輕不下鷗 (경경불하구)

彝陵春色起 (이릉춘색기)

漸擬放扁舟 (점의방편주)

강은 겨울 산 누각 옆을 지나고

성은 높아 변방 보루에 우뚝하다

푸른 병풍 같은 산 늦도록 마주할 만하고

하얀 계곡은 모여 오래 놀기 좋아라

급하게 울음 우는 기러기

가벼워, 내려앉지 않는 갈매기

이릉에 봄빛이 일어나니

점차 작은 배 흩어지는 듯

– 두보, 백제성루(白帝城樓)

논산 돈암서원 사당 숭례사 입덕문의 꽃담
호연지기, 지식과 예의, 조화를 뜻하는 지부해함(地負海涵)
박문약례(博文約禮) 서일화풍(瑞日和風) 전서체 12글자를
기와로 장식했다.

돈암서원 앞 돼지 바위
서원터를 닦는 과정에서 돼지를 닮은 이 바위가 나온 덕분에
서원의 이름이 돼지 돈(豚)이 들어간 돈암(遯巖)서원이
되었다 한다.

朝辭白帝彩雲間 (조사백제채운간)

千里江陵一日還 (천리강릉일일환)

兩岸猿聲啼不住 (양안원성제부주)

輕舟已過萬重山 (경주이과만중산)

이른 아침 구름 낀 백제성을 떠나와,

천리 밖 강릉까지 하루면 돌아오네.

협곡 기슭에 원숭이 소리 끊이질 않고,

어느새 작은배는 첩첩산중을 지났구나.

- 이백, 조발백제성(早發白帝城)

하회를 즐기는 방법

시간여행은 여유가 생명!

하회는 기와고택만 100채 가까이 즐비한 인류 문화의 보고다. 엘리자베스 영국 여왕과 찰스 왕세자 모자가 다녀간 곳이며, 경주 양동과 함께 마을 전체가 세계문화유산으로 지정됐다. 유의할 점은, 하회에서 가장 유명한 양진당(養眞堂, 보물 306호)과 충효당(忠孝堂, 보물 414호)이 하회에서 가장 큰 건물은 아니라는 점이다. 하회에서 규모 1, 2위의 고택은 18세기 말 지어진 북촌댁, 남촌댁이다.

하회를 보는 방법? 급하게 와서 셔틀로 마을로 들어갔다가 휙 돌아가지는 말기를. 주차장에서 강 언덕을 걸어 마을로 들어가면 훨씬 좋다. 하회를 눈으로 볼

백제성(오늘날의 사천성 충칭 외곽)에서 내려다 본 양자강의 장관.

하회에서 가장 큰 집 북촌댁
지중추부사(知中樞府事) 류사춘(柳師春)이 정조 때 작은 사랑을 처음 짓고,
철종 때 증손 류도성(柳道性)이 지금의 북촌댁을 완성했다. 2014년 1월 화재로 위기를 맞았다.

수 있고 몸으로 느낄 수 있으니. 낙동강을 내려보는 언덕길에는 밤나무가 많아
운 좋으면 맛있는 밤을 잔뜩 주울 수도 있다. 부용대, 겸암정, 옥연정, 원지정사,
빈연정사, 병산서원까지 모두 즐기려면 넉넉한 시간이 필요하다. 여유있게 다닐
수록 얻는 게 많다. 마을 안 노거수에 소원 쪽지를 매면서 자신의 생을 다시 한번
다짐하는 것도 의미 있겠다. 어차피 시간 여행을 나섰는데, 하루쯤 묵어 가면 더
좋을 것이다.

옥의 티 하회 16경

입암청강 (立岩晴强)　형제바위에 흐르는 맑은 물

마암노도 (馬巖怒濤)　마암에 부딪치는 성난 물결

화수용월 (花岫湧月)　화산에 솟아오르는 달

산봉숙운 (蒜峯宿雲)　구름에 잠긴 마늘봉

송림제설 (松林霽雪)　눈 갠 뒤 만송정의 소나무

율원취연 (栗園炊煙)　율원에 오르는 밥짓는 연기

수봉상풍 (秀峯霜楓)　첫서리 내린 남산 수봉의 단풍

도잔행인 (道棧行人)　상봉정 비탈을 지나는 행인

남포홍교 (南浦虹橋)　남산나루의 무지개 다리

원봉영우 (遠峯靈雨)　원지산에 내리는 신령한 비

반기수조 (盤磯垂釣)　물가 바위에 서 있는 낚시꾼

적벽호가 (赤壁浩歌)　부용대에서 부르는 노래소리

강촌어화 (江村漁火)　강마을의 고기잡이 불빛

도두횡주 (渡頭橫舟)　옥연정 앞 강나루에 매어둔 배

수림낙하 (水林落霞)　수림에 떨어지는 저녁노을

평사하안 (平沙下雁)　넓은 강변에 앉은 기러기

　요즘 지방자치제가 실시되면서 저마나 무슨 팔경 무슨 내세우니, 그냥 팔경해서는 그 자존심 강한 안동 하고도 하회 사람이 성이 차겠나. 그래서 하회 16경이다. 그러나 나열하기도 숨이 찰 지경이다. 굳이 이렇게 안 해도 누구든 하회에는 한 수 접어 줄 텐데, 승자의 여유가 없어 옥의 타가 되고 말았다.

천하절승의 독서
예천 초간정

계곡 큰 바위 위에 서 있는 초간정

인간과 자연의 조화

천하절승 예천 초간정

정자는 계곡물이 휘돌아 흐르는 큰 바위 위에 날아갈 듯 서 있다. 바위와 물과 노송의 기괴한 조화, 자연과 정자의 아름다운 조화, 귀한 터와 명저의 조화, 선현과 후학의 지적 대화. 자연과 인간이 겹겹이 어우러지는 곳. 정자와 노송과 바위는 높고, 계곡도 물도 숲그늘도 깊다. 때마침 태풍 미탁이 지나간 직후라 용문산에서 내려온 석간수는 계곡에 넘칠 듯 바위를 때리며 울부짖는다. 숲과 계곡, 바위와 정사를 합쳐 명승 51호 경북 예천의 '초간정 원림'이 된다.

계곡의 바위 위에 지어졌으니 성경에서 말한 '반석 위의 집' 유식한 서양식 표현으로 '페트라'지만, 두 번 불탔다가 다시 지어지는 험한 운명을 짊어졌다. 정자를 처음 지은 이가 죽은 이듬해 임진왜란이 발발해 불에 타고, 인조조인 1626년 아들 죽소(竹所) 권별(權鼈)이 재건한 정사도 역시 화재로 타고 말았다. 영조조인 1739년, 현손 권봉의(權鳳儀)가 100년 넘어 불탄 채 방치된 정사를 다시 세운 것이 오늘날 우리가 보는 아름다운 정자다. 그러나 초간정을 단지 아름답다고만 느낀다면 절반밖에는 감상하지 못하는 것, 초간정에는 아름다움 그 이상이 있다.

澗草靑靑不染塵 昔賢遺馥更薰人 (간초청청불염진 석현유복갱훈인)
遐心欲謝千鍾祿 小屋初成萬曆春 (하심욕사천종록 소옥초성만력춘)
筆下陽秋根義理 案頭經傳著精神 (필하양추근의리 안두경전저정신)
我來盥手披遺卷 盈溢巾箱政不貧 (아래관수피유권 영일건상정불빈)

초간정은 팔작 지붕으로 전면 세 칸 측면 두 칸, 가운데 방 한 칸을 두고, 계곡 쪽에 계자난간을 붙였다.
마루기둥에 기대 앉아 태풍 미탁으로 불어난 계곡 물소리를 들으니 선경이 따로 없다.

시냇가 풀잎 푸르러 세속에 물들지 않고

옛 성현 남긴 향기 다시 사람을 가르치네

속세 떠난 마음 천종 녹봉 사양하고

작은 집 막 이루니 길이길이 봄이로다

성현의 춘추는 의미를 근본으로 하고

책상머리 경전은 밝은 정신 짓누나

공손히 손 씻고 선조의 남긴 책 펼치니

의기로운 마음은 정녕 시들지 않으리

초간정 술회(草潤亭 述懷)

초간정은 조선 중기의 문신 초간(草潤) 권문해(權文海)가 낙향해 공부하던 터전이다. 초간은 퇴계 이황의 제자로 서애 류성룡, 학봉 김성일 등 동문도 쟁쟁하다. 그래서 정자에는 서로 다른 이름의 현판이 세 개나 걸렸다. 뒤에 초간정사(草潤精舍), 앞에 초간정(草潤亭), 옆에 석조헌(夕釣軒). '정(亭)'은 시를 읊고 거문고 뜯는 풍류 공간이요, '정사(精舍)'는 강학과 집필 공간이니 원래 이름 초간정사(草潤精舍)가 맞다. 그러나 오늘날 우리는 '정'과 '정사'를 구분하지 않고 모두 '정자'라 칭한다. 엄밀하게 구분하느라 흥도 멋도 모두 깰 필요는 없다. 정(정자)인들 어떻고 정사인들 어떠랴. 그냥 '정자(亭子)'로 즐기자. 세 편액 가운데 '초간정' 편액은 소고(嘯皐) 박승임(朴承任)의 글씨다. 박승임도 퇴계의 수제자 중 1인으로 황해도관찰사, 대사간, 도승지 등을 지내며, 지방에서 선정을 펼쳐 임금으로부터 옷을 하사받은 당대 명신이었다.

'초간'은 당나라 시인 위응물(韋應物)의 '저주서간(滁州西澗)'의 "홀로 계류가에 자라는 우거진 풀을 사랑하노니(獨憐幽草澗邊生)"에서 따왔다 한다. 계류가에 홀로 자란 풀, 고아한 선비의 모습이다. 성리학의 창시자인 송나라의 염계(濂溪) 주돈이(周敦頤)가 뜰에 자라는 풀을 뽑지 않고 두고 보면서 천지의 기운이 생동하는 모습을 관찰했다는 고사가 있다 한다. '초간(草澗)', 한낱 풀(草) 몇 포기에 자연의 섭리가, 계곡물(澗)에 우주의 원리가 숨어 있다는 말이다. 그러나, 그러나, 풀 포기와 계곡물에서 천지의 기운을 느끼는 것은 범인인 우리에게는 너무나 거창하고 지난한 작업이다. 어쨌든 천지의 기운이 생동하는 천하절승 초간정은 세인의 시선을 모으던 2018년 tvN 주말 드라마로 더 유명해졌다. 〈미스터 션샤인〉의 여주인공 고애신이 글을 읽고 일하던 배경이 바로 초간정이다.

獨憐幽草澗邊生 上有黃鸝深樹鳴 (독련유초간변생 상유황려심수명)
春潮帶雨晚來急 野渡無人舟自橫 (춘조대우만래급 야도무인주자횡)

계류가에 우거진 풀 나 홀로 사랑하니,
머리 위에서는 나무에 숨어 꾀꼬리 우네.
봄 조수는 비를 띠어 저녁이면 빨라지니,
나루터에 사람 없고 배만 홀로 일렁이네.

-위응물, 저주서간(滁州西澗)

초간정은 자리도 자리려니와 하나하나 정성들인 티가 나는 고급 정자다.

초간정 옆을 굽이쳐 흐르는 계곡물.

굽은 나무를 잘 이용한 천정의 도리와 보. 구조물을 보완하는 부재도 정성을 들였다.

학창 시절 역사 시간에 실학자 이수광의 지봉유설(芝峯類說,1618)이 조선 최초의 백과사전이라 배웠는데, 그게 아니다. 30년 앞선 1589년, 초간정에서 한민족 최초의 백과사전 '대동운부군옥(大東韻府群玉)'이 완성됐기 때문이다. 유럽의 계몽주의 시대, 프랑스의 백과전서파 달랑베르(D'Alembert)와 디드로(Diderot)가 백과사전을 출간하기 170년 전이었다. 초간은 탄식한다.

"중국의 치란(治亂)과 흥망(興亡)은 어제 일처럼 밝은데, 동국(東國, 즉 우리나라)의 일은 아득히 문자가 없던 시대의 일처럼 어둡다. 눈앞을 보지 못하면서 천리 밖을 보려는 것 같다." 오늘날 학문하는 자들도 시대와 언어만 바뀌었지, 똑같은 함정에 빠지지 않았는지? "미국의 치란과 유럽의 흥망은 어제 일처럼 밝은데, 한반도 일은 아득히 문자가 없던 시대의 일처럼 어둡다. 눈앞을 보지 못하면서 천리 밖을 보려는 것 같다."

초간은 중국 송나라 때 음시부(陰時夫)가 지은 '운부군옥(韻府群玉)'의 체제를 빌려 한국의 역사와 문화를 표제어 2만 성어, 인명 1700조목으로 정리해 20권 20책에 압축했다. 인용한 서적은 사기, 한서 등 중국제서(中國諸書) 15종, 삼국유사, 계원필경 등 동국제서(東國諸書) 174종이다. 또 인용한 우리나라 서적 가운데 '신라수이전' 등 40여 종은 현재 전해지지 않은 책이니, 대동운부군옥의 가치는 더욱 빛난다. 초간이 대구부사로 일하던 시절 완성했다 하는데, 필생의 역작 대동운부군옥이 임진, 병자 양란을 견디고 현세까지 전해진 것은 오로지 초간의 치밀한 성품 덕분이었다. 당초 3본을 베꼈는데, 퇴계 문하에서 동문 수학한 학봉 김성일(鶴峯 金誠一)이 국가 간행을 위해 한 질을 가져갔다가 분실했다. 역시 동문인 한강 정구(寒岡 鄭逑)가 빌려간 또 한 질은 화재로 소실됐다. 모두 임진왜란의 혼란 중에 벌어진 일이라 누구를 원망할 일이 아니었다. 결국 아들 권별이 스스로 갖고 있던 마지막 한 질을 정산서원(鼎山書院) 원장 시절 정서해 보관했다. 이 판본이 살아남아 후세에 전해지고, 목판과 초판본이 〈초간일기〉 3책과 함께 현대에 와서 '보물'로 지정됐다.

어떤 문화재가 '보물'로 지정됐다는 말을 할 때마다, 문화재를 보물 몇 호라고 소개할 때마다 깊은 의구심이 드는 것은 어쩔 수 없다. 왜냐하면 조상이 남긴 문화재 가운데 보물 아닌 것이 없는데, 새삼스레 보물로 지정하는 것은 무슨 말이냐는 것이다. 결국 '나라가 공인한 보물'이라는 의미일 것인데, 그렇다면 '보물'이 아니라 '국보'라야 맞다. '국보'와 '보물' 지정의 조건이 다르다고 주장하는 이들이 있지만, 이는 국보, 보물, 사적의 기존 체제를 수호하려는 왜곡된 사고의 소산일 뿐이다. 그러면 어떻게 구별할 것인가? 모두를 국보National Treasure로 통칭하고, 굳이 구별하려면 국보 1급, 국보 2급, 국보 3급 등으로 구별하는 것이 옳을 것이다.

10승지지, 예천 죽림마을

역사 긴 고장은 대개 신라 경덕왕 때 중국식 이름을 얻고, 고려 때 한두 번 고치고 조선 태종 때 정해지면 오늘까지 내려오는 패턴을 밟는다. 그리고 그 이름은 지역의 특성을 반영한다. 경상북도 예천도 마찬가지다. 물맛 좋기로 소문나 예천(醴泉)인데, 신라 경덕왕 때 지금 이름을 얻었다. 『장자(莊子)』에 "봉황은 오동나무가 아니면 앉지 않고 대나무 열매가 아니면 먹지 않으며 예천(醴泉)이 아니면 마시지 않는다"는 대목이 있다. 또 『예기(禮記)』에는 "태평성대에 하늘에서는 단 맛의 이슬이 내리고[天降甘露] 땅에는 단맛의 샘물이 솟는다[地出醴泉]"고 했다. 신라 눌지왕(訥祗王) 때 '수주촌(水酒村)'이 『삼국사기(三國史記)』에 실렸으니, 예로부터 물과 술이 예천의 특산이었던 모양이다.

물은 품질도 중요하지만, 양도 중요하다. 마실 수 없는 바닷물이 해운에는 중 요한 이치다. 예천은 수량도 많고 물의 갈래도 많다. 예천군 풍양면 삼강리, 안동 댐에서 흘러내린 낙동강 큰 줄기와 태백산 자락에서 발원한 내성천 그리고 충청 북도 죽월산에서 시작된 금천, 세 큰물이 만난다. 풍양에서 물 한 번 건너면 상주 로 바로 내려갈 수 있어 '한 배 타고 세 물 건넌다'고 했다. 남해 소금도 낙동강 배 를 타고 여기까지 올라왔다. 비단 소금뿐이랴. 낙동강 거슬러 온 길손도 들르고, 공물과 화물을 부려 마소 등짝이나 수레에 옮겼다. 이쯤 알고 보니 외진 느낌이 던 예천이 의외로 가깝게 느껴진다.

『정감록(鄭鑑錄)』에 말하기를 "보신(保身)할 땅이 열이 있으니 첫째 풍기·예천이 요, 둘째 안동 화곡(華谷)이요, 셋째 개령(開寧) 용궁(龍宮)이요, 넷째 가야(伽倻)요, 다섯 째 단춘(丹春)이요, 여섯째 공주 안산 심마곡(安山深麻谷)이요, 일곱째 진목(鎭木)이요, 여덟째 봉화(奉化)요, 아홉째 운산봉 두류산(雲山峰頭流山)이요, 열째 풍기 대·소백산 이니, 길이 살 땅이라 장수와 정승이 이어 나리라." 도참설을 신봉하는 술가(術家) 들은 더 구체적이다. 경상도 풍기(豊基)의 금계촌(金鷄村)과 봉화(奉化) 춘양면(春陽面), 충청도 보은(報恩)의 속리산(俗離山), 경상도 예천(醴泉)의 금당동(金堂洞), 충청도 공주 (公州)의 유구(維鳩)와 마곡(麻谷), 강원도 영월(寧越)의 정동 상류(正東上流), 전라도 무주 (茂州)의 무풍동(茂豊洞)과 운봉(雲峰)의 두류산(頭流山), 부안(扶安)의 변산(邊山), 경상도 성 주(星州)의 만수동(萬壽洞)이 그들이 말하는 10승지다. 정감록과 술가들의 주장이

높은 기단 위에 자리잡은 별당

높은 기단 위에 자리잡은 별당. 사랑채 즉 별당은 오늘날은 대부분 사라진 조선 전기 접객형 살림집의 특징을
온전히 간직하고 있어 건축사적으로 매우 귀중한 자료라 한다.

안채의 위용

2층 기단 위에 우뚝 선 안채가 가문의 권위를 상징한다.

약간 다르지만, 대부분 산간 오지로 외적의 침략으로부터 안전할뿐더러, 관원의 추탈로부터도 비교적 안전하다는 공통점이 있다.

초간정에서 북두루미산을 사이에 두고 서북쪽 2km 죽림마을에 예천 권씨(醴泉 權氏) 초간 종택이 있는데, 이 죽림마을도 조선 태조 이성계가 도읍으로 고려한 적 있는, 정감록 10승지지(十勝之地)의 하나다. 죽림에 세거하던 예천 권씨는 원래 고을 호장을 세습하던 흔(昕)씨였는데, 고려 충목왕(忠穆王)의 이름 흔(昕)을 기휘(忌諱)하느라 외가 성씨인 권(權)으로 바꿨다 한다. 흘려보기 쉽지만 일족이 대대로 '호장을 세습'했다는 대목이 중요하다. 고려 시절 호장은, 고을의 말단 실무행정을 총괄하고 지방관이 파견되지 않는 곳에서는 직접 행정공무를 집행했다. 자손은 교육 기회와 과거의 응시 자격이 주어져 중앙관료로 진출할 수 있었다. 고려 후기에는 무반·잡과(雜科) 등에 진출해 신분 상승을 꾀했고, 조선시대 들어 양반 계층에 편입된다. 경제력을 갖춘 신진 사대부의 주력이 된 것이다.

그러나 죽림의 예천 권씨는 10승지지가 무색하게 고초가 잦았다. 조선조 들어 연산군 시절 '무오사화(戊午士禍)'에서 예천 권씨도 예외는 아니었다. 김종직(金宗直)의 문하생으로 김일손(金馹孫)과 막역했던 교리(校理) 권오복(權五福)은 처형당하고 형 권오기(權五紀)는 전라도 해남으로 동생 권오상은 전남 강진에 귀양을 떠나야 했다. 졸지에 5형제가 화를 입은 예천 권씨는 한동안 조정에 출사하지 않았다. 초간정도 두 차례나 불타 없어진 것을 100여 년 후 현손 권봉의가 중건해야 했다. 그래서 예천 권씨 문중에는 부불백석, 권불진사(富不百石 權不進士)라는 말이 전해 내려온다. '재산은 백 석을 넘지 말고 벼슬은 진사를 넘지 마라.' 낮추고 또 낮춰라. 겸손하라.

500년 향나무

향나무라지만 어지간한 노송만큼이나 덩치가 크다. 굵은 가지가 처지지 않도록 버팀목을 몇 개씩이나 받쳤다.
500년 전 초간 권문해의 조부가 전남 강진에 유배갔다가 가져온 향나무가 이렇게 자랐다고 한다.

/ 하드웨어보다 소프트웨어
/ 자랑스런 기록 문화 유산

없어진 대문 자리에 향나무가 비스듬하다. 웬만한 노송 덩치에, 가지가 처지지 않도록 버팀목을 여럿 받쳤다. 초간의 조부 권오상이 전남 강진에 유배갔다가 풀려나면서 가져와 심은 게 아직도 집을 지킨다. 원래 이 향나무는 초간 종택의 솟을대문이 붙은 대문채 안쪽에 있었다 한다. 별당으로부터는 거의 70m 앞에 있던 대문채가 통째로 없어졌다니, 예천 권씨의 부와 권세를 짐작할 수 있다. 종택을 걸어 들어가다 보면 사랑채 앞에 나란히 선 문화재 지정비 네 개가 눈에 뜨인다. 다른 곳 같으면 '국가민속문화재 201호 예천권씨 종택'도 한껏 위세를 뽐내겠지만 여기는 사정이 다르다. '예천 권씨 종가 별당'(보물 457호)이 있는데, 백승각에 함께 보관된 '대동운부군옥 판본과 초판본'(보물 878호) 그리고 초간일기(보물 879호)까지, 그래서 이 집은 하드웨어보다 소프트웨어가 더 두드러진다.

"이제 그대 저승에서 추울까봐 어머니 손수 수의 지으시니 이 옷에는 피눈물이 젖어 있어 천추만세 입어도 해지지 아니하리. 오호라, 서럽고 슬프다. 사람이 죽고 살기는 우주에 밤낮이 있고, 사물에 시종이 있음과 다를 바 없으나, 이제 그대 상여에 실려 그림자도 없이 저승으로 떠나니, 나는 남아 어찌 살리오. 상여소리 한 가락에 구곡간장 미어져 길이 슬퍼할 말마저 잊고 말았네"

초간일기는 초간이 1580년부터 1591년까지 쓴 일기를 '선조일록', '초간일기', '신묘일기' 3책으로 묶은 것이다. 임란 전 중앙·지방의 관가 상황 등과 사대부가의 일상생활, 그리고 위에 인용한, 초간이 30년 같이 살다 먼저 떠난 부인에게 올린 애틋한 제문도 실려 있다. 같은 소프트웨어라도 '대동운부군옥'이 클래식에 가깝다면, '초간일기'는 조금은 팝에 가깝지 않을까?

초간 종택 사랑채(별당)의 가치
보기드문 조선 전기 접객형 건물

초간 종택은 15세기 말 초간의 조부 권오상이 지었다. 동쪽 진산을 등지고 서쪽 벌을 바라보는 서향 안채는 2중 기단 위에 높이 자리잡아 위용이 압도적이다. 오량가 양통집 전면 5칸인데, 4칸 대청을 가운데 두고 남에 '田'자형 4칸 안방, 북에 단칸 건넌방을 두었다. 건넌방 앞에 단칸 마루를 달고, 안채 양 끝에서 단칸 날개채를 달아냈다. 남쪽 날개채에 안채 부엌을 두고 북쪽 날개채는 아래에 협문-사랑채 후원으로 통하는- 위에 다락을 두었다. 날개채 끝에 안대문 행랑을 이으니 전체적으로 'ㅁ'자가 된다. 안채 북쪽에는 사당이, 동남에는 '대동운부군옥' 목각판이 보관된 백승각(百承閣)이 자리잡았다.

안채 동북 모서리에 '대소재(大疎齋)' 편액이 걸린 높다란 사랑채(보물 457호)가 유명한 초간 종택 별당이다. 대소재(大疎齋). '매우 엉성한 집'이라는 뜻인데, 대동운부군옥을 판각(板刻)한 권현상의 아호에서 따온 것이다. 겸손의 마음이 담겼다. 그러나 대소재 마루에 오르면 눈앞에는 송림과 금당실이, 멀리는 학가산 능선이 가물가물 보인다. 누구나 가슴이 탁 트이는 느낌과 함께 호연지기(浩然之氣)를 실감하게 된다. 전면에 높은 축대가 있고 대청에 계자난간이 붙어, 뒤쪽에서 올라야 한다. 별당은 전면 4칸, 측면 2칸의 양통집으로 5량가이며 사방에 쪽마루를 덧달고

대동운부군옥 판각과 초간일기 등이 보관된 백승각

계자난간을 둘렀다. 남쪽 두 칸에 온돌을 두고 나머지 6칸은 대청이다. 대청 대들보 위에 짜넣은 눈썹반자에는 칼과 창, 활등 무구를 비치해 전란에 대비했다고 한다. 대청과 온돌방을 구분하는 3분합 불발기창이 띠살무늬 덧문과 잘 어울린다. 별당 뒤로 2칸의 날개채를 달아 신발을 신지 않고 안채로 드나들 수 있다.

건넌방의 4배나 되는 안방, 행랑과 익랑으로 안채와 사랑채의 긴밀한 연결, 그리고 연화두형 첨차를 사용한 포형동자주와 하엽(荷葉) 위에 포대공을 올린 화려한 대공 장식 등이 접객형 건물의 특징이다. 사랑채 즉 별당은 오늘날은 대부분 사라진 조선 전기 접객형 살림집의 특징을 온전히 간직하고 있어 건축사적으로 매우 귀중한 자료라 한다. 특히 포형동자주라든지 대들보 위의 눈썹반자는 희귀한 예다. 임진왜란 전 반가가 살아남아 있으니, 예천이 병화(兵火)를 피한다는 말이 실감난다.

조금 늦게 지어진, 부근의 의성 김씨 남악(南嶽) 종택도 비슷한 느낌을 준다. 남악 김복일(金復一)은 학봉(鶴峯) 김성일(金誠一)의 동생으로 전라도 어사, 창원부사 등으로 활동한 인물인데, 예천 권씨의 사위가 되었다. 여담이지만 의성 김씨 내앞파 5형제는 1570년 복일이 식년문과에 급제함으로써 5형제 급제[五子登科]로

초간 종택 별당 대소재(大疎齋)
'매우 엉성한 집'인데, 대동운부군옥을 판각한 권현상의 호에서 따온 것이다. 겸손의 마음이 담겼다.

민간에서는 보기 드문 별당의 정교하고 화려한 건축
종보 위에 연잎 받침을 놓고 다시 첨차와 초각반을 얹어 대공을 만들고 종도리를 받쳤다.

크게 명성을 떨친 집안이다.

초간 종택은 가택만 접객형이 아니었다. 필자가 안동 하계 외손이라 하니 종부(宗婦)는 더 반가워하며 대추와 밤, 오미자차를 차려내 주신다. 안동 하계도 진성 이씨, 종부는 두루 종택 진성 이씨 큰 종가라, 외손이 찾아 왔다는 것이다. 종손 권영기 씨는 몸이 불편해 예를 갖추지 못한다고 송구해 하신다. 봉제사 접빈객(奉祭祀接賓客)의 오랜 가풍은 그대로 살아있다.

옆에서 본 별당채
민간 한옥에서는 드물게 2층을 본격적으로 구현한 느낌을 준다.

종택 별당 대소재에서 바라본 풍경

다시 청백리를 찾아서
봉화 계서당 종택

사랑채 마루 모서리
나무판으로 벽을 막은 곳은 소변을 볼 수 있는 간이화장실이다.

태백산(太白山)에서 발원한 물줄기와 또 하나의 큰 산 소백산(小白山)에서 내린 물줄기가 경북으로 흘러들어 낙동강이 된다. 태백산, 소백산, 두 큰 산의 물줄기는 예천 회룡포를 지나며 낙동강 본류가 된다. 소백산 물을 만나기 전의 태백산 물이 석천, 벽천, 사미정 계곡들을 타고 흐르는 곳, 거기가 봉화다. 경북 봉화, 북으로 백두대간 넘어 강원도 영월과, 동으로 낙동정맥 넘어 울진과 닿고, 남은 안동서는 영주로 이어지는 첩첩산중의 고장이다.

『삼국사기』 권32 제사지(祭祀志) 중사조(中祀條)에, "(신라가) 중사(中祀)를 지낸 곳…오악(五岳)은 동 토함산(吐含山), 남 지리산(地理山)[청주], 서 계룡산(鷄龍山), 북 태백산(太伯山)[내기군], 중앙 부악산(父岳山)[공산이라고도 한다. 압독군]이다"는 기록이 보인다. 당시 나라에서 산천에 지내는 제사는 대사(大祀) 중사(中祀) 소사(小祀)로 나뉘는데, 내기군(奈己郡)의 태백산에서는 중사, 즉 중간 크기의 제사를 지낸 것이다. 또 『삼국사기』 권3 신라본기 소지마립간 22년(500) 소지마립간이 날이군(捺已郡)에 행차하였다가 파로(波路)의 딸 벽화(碧花)를 만난 설화가 수록되어 있다.

그런가 하면 『삼국사기(三國史記)』 권35 지리지(地理志) 삭주조(朔州條)에 "내령군은 본래 백제의 내기군인데, 파사왕이 취하였다. 경덕왕이 개명하니, 지금의 강주(剛州)다. 속한 현은 둘로, 선곡현(善谷縣)은 원래 고구려 매곡현(買谷縣)을 경덕왕이 개칭했는데, 지금은 위치가 분명치 않다. 옥마현(玉馬縣)은 원래 고구려 고사마현(古斯馬

縣)을 경덕왕이 개칭한 것이다. 지금의 봉화현(奉化縣)이다.(奈靈郡 本百濟奈巳郡 婆娑王取之 景德王改名 今剛州 領縣二 善谷縣 本高句麗買谷縣 景德王改名 今未詳 王馬縣 本高句麗古斯馬縣 景德王改名 今奉 化縣)"고 돼 있다.

기록에 보이는 내기군, 날이군, 내령군은 모두 같은 곳으로 현재의 봉화다. 다만 앞의 두 기록은 신뢰할 만하나 마지막 기록은 믿기 어렵다. 신라는 한반도의 동남에 치우쳐 발전이 더딘 나라였다. 선진 종교인 불교를 비롯해 선진 문물을 모두 백제와 고구려를 거쳐 간접 수입하던 나라다. 고대국가로 체제 정비도 늦었고, 세력도 약했고 영토 확장도 매우 늦었다. 그 신라의 5대왕 파사왕이 2세기 초에 먼 북쪽 백제 영토를 차지했다는 것은 믿기 어려운 기록이다. 내기현, 내령현에 오늘의 봉화를 연상시키는 지명이 붙은 것은 고려 경종 때 봉화현(奉化縣)이라 부르면서부터다. 봉화가 워낙 생소해 장황하게 내력을 소개해 봤다.

창녕 성씨 계서당 종택

봉화 계서당(溪西堂)을 알게 된 것은 순전히 우연이었다. 몇 년 전, 천년 고찰 봉화 축서사에 법력 높은 큰스님이 계시다는 소문을 듣고 친견하러 가는 길이었다. 축서사는 신라 때 고승 의상 조사가 영주 부석사를 창건할 때 일꾼들 밥을 지어 나른 절이라 하니 역사가 자못 긴 사찰이다. 차 한 대가 간신히 지나갈 만한 좁은 시골길 왼편에 팻말이 붙어 있었다. '이몽룡 생가.' 실존 인물도 아닌 소설 주인공의 생가라니? 그리고, 이몽룡이면 춘향전이고 춘향전하면 전라도 남원인데, 경북 봉화 골짜기에 웬 이몽룡 생가? 궁금한 게 한두 가지가 아니었지만 한동안은 확인해볼 생각을 하지 않았다. 사실 경북 봉화라는 지명조차 서울 사람에게

계서당 종택 뒤 사당과 사당 입구
청백리 성이성의 불천위 위패를 모신 사당은 가장 경건한 공간이다.

무지 설다. 기껏해야 송이 축제요, 좀 안다는 사람도 청량사(淸凉寺), 많이 알면 축서사(鷲捿寺)나 무여(无如) 큰스님을 기억하는 정도다. 드디어 계서당, '이몽룡 생가'와 인연이 닿았다.

경북 봉화 지평리 계서당 창녕 성씨 종택, 조선 중기의 청백리 성이성(成以性)이 나고 자란 고택이다. 6칸 솟을대문 안에 중문간채와 붙은 사랑채가 정면에, 뒤에 'ㅁ'자형의 안채가 보인다. 사랑채 축대를 기와로 웃는 얼굴 모양으로 장식한 것을 제외하면 특별한 장식이 없어도, 경사지 건물 특유의 위압감이 있다. 집터가 경사가 매우 급한지라, 먼저 거의 다듬지 않은 장대석으로 아랫기단을 놓고 그 위에 거칠게 다듬은 장대석 4단의 윗기단을 얹고 다시 토석벽을 1미터 훨씬 넘게 쌓아 올렸다. 때문에 사랑채는 거의 3미터 가까운 높이에 위치해 규모가 크지 않아도, 특별한 장식이 없어도 압도적인 위용을 자랑한다. 본래 정면 7칸, 측면 6칸의 터진 'ㅁ'자형의 50칸 규모니 대가의 풍모가 있다.

일부에서 성이성이 지었다고 잘못 소개하나, 계서당 종택은 아버지 성안의가 짓고 아들 성이성으로 이름이 나고 손자 성갑하가 키웠다. 성안의가 임진왜란 때 고향 창녕에서 의병을 일으키며 비교적 안전한 봉화에 새로 거처를 마련해 부모를 모시니 이것이 계서당 종택의 시작이다. 원래 초가를, 성이성의 장남 성갑하가 일대에 여유있기로 소문난 닭실마을 안동 권씨에게 장가가면서 처가에서 한살림 받아 크게 넓히고 기와도 얹었다는 종부의 설명이다. 그게 1613년, 임진왜란 21년 뒤의 일이다. 400년 된 건물이 이 정도로 잘 보존된 것은 봉화가 오지 중의 오지라 전란을 피한 덕도 있는 듯하다.

안채 왼편의 날개채
부엌이 있고 그 위에는 다락의 광창이 보인다.

사랑채의 위용
거의 3미터 가까운 높이에 위치해 규모가 크지 않아도 특별한 장식이 없어도 위압적이다.

'닭실'은 한자로 유곡리(酉谷里)인데, 금계포란(金鷄抱卵) 즉 금닭이 알을 품는 형세라 해서 붙은 마을 이름이다. 『택리지』는 닭실을 경주 양동, 안동 내앞과 하회와 함께 3남의 4대 길지로 꼽는다.

사랑채는 팔작지붕으로 누마루와 툇마루가 붙어 있다. 마루 모서리에 판벽으로 막아 노인들이 급한 볼일을 처리하도록 했다. 축대가 워낙 높아 야간에 실외로 오가기는 위험했을 것이다. 사랑채 누마루 천정은 특별하다. 구조가 별나서가 아니라 천정을 떠받치는 도리 때문이다. 앞쪽의 도리도 자연스레 구부러져 있지만, 뒤쪽에 보이는 도리는 크게 구부려 전형적인 고무래 '정(丁)'을 눕혀 둔 것처럼 보인다. 자연미의 극치다. 구례 운조루에서도 본 적이 있거니와, 한옥 건축이 아니라면 세계 어떤 나라에 이런 구조재를 써서 건물을 지을까? 그것도 손님들 드나드는 잘 보이는 자리에.

안채는 3칸 대청을 중심으로 양쪽에 방이 있고, 양쪽 날개채에는 다락이 있다. 다락은 냉장고가 없던 시절 혼사나 상례같은 큰일 때 식재료를 보관하고 또 손님이 몰리기 전에 미리 음식을 차려 준비하는 공간으로 썼다고 한다. 손님도 남녀가 있어서, 상차림 준비도 남녀를 구분했다는 점이 재미있다. 대소가의 어지간한 길흉사는 이 종택 앞마당에서 안채에서 치렀다고 하니, 옛날 종부의 삶은 얼마나 고달팠을까?

정침 오른쪽 위 사당 앞에는 구부러지다 못해 아예 옆으로 눕다시피한 수령 400년의 소나무가 있다. 예로부터 굽은 나무가 선산을 지킨다고 했다. 바르게 잘 자란 나무는 먼저 잘려 나가고 굽은 나무만 남아 선산을 지킨단다. 어린 시절 성이성이 이 나무에 그네를 매고 놀았다는데, 춘향전에서 춘향이 그네를 타는 대목의 묘사가 유난히 생생한 것도 성이성이 그네놀이를 자주 한 때문일까?

안채 전경
대청 마루에서 과실주를 담그는 종부. 축대가 장대석 5단 높이니 어지간한 체력으로는
무릎이 남아나지 않았을 것 같다.

　성안의-성이성 부자는 공통점이 많다. 아버지는 한강 정구, 아들은 우복 정경
세라는, 당대를 대표하는 거유에게 제대로 배우고 늦지 않은 나이에 과거에 등과
했다. 둘 모두 국가가 공인한 청백리에 직언 서슴지 않는 대쪽이라 중앙에서 빛
못 보고 외직을 전전했다. 아버지는 임진왜란 때 의병 일으키고 아들은 병자호란
에 출전해, 문신이면서도 국란에 칼을 들고 앞장선 것까지 비슷하다. 다만 아들
성이성은 당시에 드문 로맨티스트란 점이 다르다. 성이성은 지방관을 여럿 맡아
지방 행정에 밝은데다, 청렴 강직해 암행어사를 네 차례나 역임했다. '암행어사'
전문 관료, 요즘으로 치면 붙박이 '사직동팀' 팀장이었다. 전라도 암행어사로 노
략질 일삼던 토호 자제 출신의 관원 여섯을 한꺼번에 파직해 호남 사람들이 미담
으로 전할 정도였다.

　성이성이 과거에 급제하는 것은 좀 나이 들어서다. 아버지 성안의가 광해군
집권 시절에 출사하는 데 반대했기 때문이다. "위태로운 나라에 들어가지 않고
(危邦不入) 어지러운 나라에 살지 않으며(亂邦不居) 천하에 도가 있으면 세상에 나가
벼슬을 하고(天下有道則見) 도가 없으면 은거한다(無道則隱)"는 『논어』태백편(泰伯篇)의
가르침에 따른 것이었다. 태백편의 이어지는 공자님 말씀은 더욱 준엄하다. "나
라에 도가 있으매 가난하고 천하면 부끄럽고, 나라에 도가 없는데 넉넉하고 귀
하면 역시 부끄러울 뿐이다.(邦有道 貧且賤焉 恥也 邦無道 富且貴焉 恥也)" 비슷한 의미로『맹
자』〈진심장구상(盡心章句上)〉 맹자위송구천장(孟子謂宋句踐章)에 "어려우면 내 몸을 닦
고, 뜻이 통하면 천하를 이롭게 한다(窮則 獨善其身 達則 兼善天下)"라는 말도 있다.

　조선조 과거 합격자 명단인 국조방목(國朝榜目)을 보면 성이성은 정기 과거인 식

년시 병과 1등이다. 병과 1등이면 33명 중 11등, 33살에 11등으로 합격했으니, 그리 늦지 않게, 괜찮은 성적으로 합격한 셈이다. 성이성은 초임 시절 중앙 조정에서는 사헌부, 사간원, 홍문관 이른바 3사에서 경력을 쌓았다. 3사는 고위 관료의 부정과 비리를 탄핵하거나(사헌부), 임금의 언행을 감시해 제동을 걸고(사간원), 외교 문서를 기초하고 문헌을 정리해 학문을 진작하는(홍문관) 곳으로 이권이나 권력과는 거리가 있는 청직(淸職)들이다. 임금 잘못한 거 지적질하고, 고위 관헌의 비리를 고발하는 곳이니만큼 권력은 없고 돈 안 되고 리스크는 큰 보직이다. 당시 경상도 북부 출신은 비주류 남인이라 중앙 정치 무대의 운신에 어려움이 많았고, 게다가 성이성은 유별나게 강직하고 요령이 부족해 직언을 서슴지 않았다. 결국 초임 시절은 권력없고 돈 안 되는 청직, 경력이 쌓인 뒤에도 중앙에 머물지 못하고 외직으로 돌았다.

성이성은 합천·담양·창원·진주·강계 등 다섯 고을을 차례로 맡아 다스렸다. 합천에서 창고를 헐어 빈민을 구휼하고, 담양에 방제림을 조성해 홍수를 막고, 진주에서 암행어사 접대를 거부해 외려 좋은 평가를 받았다. 강계에서 인삼 세금을 면제해 '관서활불(關西活佛)'로 불렸고, 일 잘 한다고 청렴하다고 국왕으로부터 외투와 속옷을 하사받았다. 가는 곳마다 일화를 남기고 실적이 오늘날까지 전해질 정도라면 타의 추종을 불허할 만큼 탁월했다고 봐야 한다. 고을 원님으로 일 잘해 가는 곳마다 목민관의 전설이 되고 송덕비가 섰지만, 까칠하고 입바른 소리 잘하니 임금이고 권신이고 간에 누가 살뜰하게 챙겨줬으랴. 하나 더, 예나 지금이나 선정을 베풀어 인심을 얻는 신하는, 최고 권력자에게는 눈엣가시다. 그래서 중국의 모사 괴통(蒯通)은 "군주를 떨게 할 만한 위세를 지닌 자는 몸이 위태롭고, 천하를 덮을 만큼 큰 공로를 이룬 자는 상을 받지 못한다"고 한신을 설득했다. 비유가 다소 거창하지만, 조선의 왕과 대신들은 지방 목민관이 인심을 얻는 상황도 불안했을지 모른다.

／ 성씨 부자와 남원 광한루

경상도 창녕이 고향인 성이성과 전라도 남원의 관계는 어디까지인가? 남원은 원래 통일신라 이래의 고도(古都)다. 신라는 수도 금성(金城, 오늘날의 경북 경주)이 동쪽에 치우쳐 통치와 군사, 행정이 불리하매 5소경(小京)이라는, 요즈음으로 치면 광역시를 전국에 두어 고구려와 백제의 왕족과 귀족을 옮겨 살게 했다. 북원경(원주) 중원경(충주) 서원경(청주) 남원경(남원), 금관경(김해)이었는데, 오늘날까지 그 이름이 그대로 남아 남원이다. 그만큼 남원은 역사와 전통이 있고 권문세가가 많아 까탈스러운데다, 땅이 너르고 물산이 많아 유혹도 심하니 고을 수령이 다스리기 어려운 곳 중의 하나였다. 대다수 수령방백이 해를 넘기지 못하고 몇 달만에 파직되는 곳이었다.

그 남원과 남원부사 성안의는 시쳇말로 궁합이 잘 맞았던 모양이다. 광한루(廣寒樓) 아래 역대 남원 부사 송덕비 가운데 성안의(成安義)의 송덕비는 유독 눈에 띄게 크다. 성안의는 선조조부터 광해군조까지 5년 가까이 오래 남원에 재직하며 선정을 베풀고 이웃 광주(光州) 목사로 승진했다. 지역 여론도 매우 좋았으니, 지역 유지들이 부사 집안과 무슨 명목이든 인연을 맺으려고 애썼음직하지 않은가? 게다가 아들 성이성은 약관 16살에 진사시에 합격(당시 용어로는 입격)한 준재(俊才)니 딸 가진 집에서 탐내지 않겠는가? 요즘도 미혼의 젊은 판검사나 사무관이 지방으로 발령받아 나가면 현지 마담뚜들이 정신없이 바쁘지 않나? 세상일은 예나

사랑채
난간에는 아무런 장식이 없고 밋밋하다.
다만 툇마루 바로 아래 보이는 토석벽에 기와를 끼워 장식해 변화를 주었다.

지금이나 비슷하니.

　성이성은 아버지를 따라 13살에 남원에 가서 5년간 머무르며 그곳 규수들과 혼담을 주고받았을 것이고 어린 기생과 풋사랑을 주고받았을지 모른다. 나이들어 암행어사로 호남 지역을 순행하다가 옛 추억이 서린 남원을 두 번이나 들르고, 광한루에서 하룻밤을 보내며 잠을 설치기도 했다. 연세대 설성경 명예교수는 2001년 저서 『춘향전의 비밀』에서 성이성이 춘향전의 주인공 이몽룡의 모델이라고 주장했으며, 이것이 학계의 정설로 굳어지고 있다. 춘향전과 성이성을 연결하는 고리는 주인공이 암행어사라는 것과 무대가 남원이라는 것뿐만이 아니다.

사당에서 내려다본 사랑채 측면
툇마루 위에서 익어가는 빨간 고추 바로 뒤에 머름의 가지런한 선이 보인다.

춘향이 하필 희성(稀姓)인 '성춘향'이며, 파직 관원이 6명이며, 암행어사 이몽룡의 남행 여정도 성이성의 두 차례 〈호남암행록〉 기술과 거의 일치한다.

결정적으로는 암행어사 출두 직전 이몽룡이 읊은 '금준미주시(金樽美酒詩)'다. 대부분의 사람들은 고등학교 고전문학 시간에 배우고 왼 기억이 있을 것이다. 원래 임진왜란 때 조선에 파병된 명나라 장수 조도사(趙都司)가 읊고, 성이성의 남원 시절 선생 조경남이 배워 성이성에게 가르친 것으로 '계서선생일고', '호남암행록' 등에는 소개하고 있다. 성이성의 4대손 성섭은 〈교와문고〉에서 춘향전에 나오는 '금준미주시(金樽美酒詩)'의 실제 작자가 고조부 성이성이라며 암행어사 출두 장면을 묘사한다. 춘향전에는 금준미주, 옥반가효(金樽美酒 玉盤佳肴)로 나온다.

樽中美酒千人血 盤上佳肴萬姓膏 (준중미주천인혈 반상가효만성고)
燭淚落時民淚落 歌聲高處怨聲高 (촉루락시민루락 가성고처원성고)

술통의 좋은 술은 천 사람 피요
맛난 안주는 만 백성 기름이라
촛농 떨어질 때 백성 눈물 떨어지고
노래 소리 높은 곳에 원성도 높아라.

관리들이 돌려 보고 의아해 할 즈음 서리들이 암행어사를 외치며 달려들고, 여러 관리는 일시에 흩어졌다. 당일 퇴출된 자가 여섯이었다…

이 시는 조도사의 창작이 아니라, 중국에서는 원래 널리 알려진 구준(丘濬)의

남원 광한루
성이성은 호남 어사로 남원에 들러 광한루에서 옛 스승 등과 함께 하룻밤을 지냈다.

전기소설 '오륜전비(伍倫全備)' 3권에 나오는 시라 한다. 1, 2연(聯) 표현은 조금
다르다.

清香旨酒千人血 細切珍羞萬姓膏 (청향지주천인혈 세절진수만성고)
燭淚落時人淚落 歌聲高處怨聲高 (촉루락시인루락 가성고처원성고)

향기로운 술은 천 사람 피요
가늘게 채썬 진미는 만 백성 기름이라

청백리의 낙향과 독서
계서초당과 어와정(御臥亭)

  당대 권신 김자점이 천거해도 출사하지 않고, 왕자인 인평대군이 불러도 만나
주지 않는다. 효종과도 잘 사귀지 못했다. 임금을 간하는 사간원 사간이라는 그
의 직무가 그렇게 만들었다.
  효종(孝宗)이라면 조선의 왕 가운데 몇 안 되는 정신 제대로 박힌 왕으로 평가
받는다. 효종도 약점이 있었다. 병자호란 때 아버지 인조가 청 태종 홍타이지에
게 삼고구배(三叩九拜)의 예로 항복한 뒤, 효종은 형님 소현세자와 함께 청나라 심
양으로 볼모를 다녀온다. 더구나 형님 소현세자는 아버지의 오해를 사서 의문의
죽음을 당하니 효종은 자나깨나 청나라 칠 생각뿐이다. 임금이 학문 높은 신하들
과 함께 공부하는 경연(經筵)의 주제도 매번 북벌이었다. 사관 이명익(李溟翼)이 경
연에 배석했다가 그 자리에서 오간 북벌론을 사초에 기록한 일이 문제가 되었다.

효종은 기밀을 누설했다 하여 진노하면서 친국해 죄를 묻겠다고 펄펄 뛰었다.

성이성은 "그만 일로 사관을 친국하면 사관이 정론 직필할 수 없다"며 간언했다. 이조판서 정세규가 한편 임금을 달래고 한편 성이성을 달래지만, 임금도 노기를 거두지 않고, 성이성도 감연히 관직을 버리고 낙향한다. 이명익은 후에 대사간과 충청 관찰사로 일하면서, 멀리 충주 가흥창(可興倉)으로 보내던 영남의 세곡(稅穀)을 단양강으로 실어나르게 하고, 양호(兩湖)-호서와 호남이니 충청과 전라도에 대동법을 실시해 백성의 불편을 더는데 기여한 인물이다. 또 효종을 달랜 경헌공(景憲公) 정세규(鄭世規)는 음서 출신으로 감사와 유수를 거쳐, 공·형·호·이조판서를 두루 지낸 흔치 않은 인물이다. 그런 인물들이 중재했는데도 결국 성이성은

사랑채 누마루 천정
앞쪽의 도리도 자연스럽게 구부러져 있지만, 뒤쪽에 보이는 도리는 크게 구부러져
전형적인 고무래 '정(丁)'을 눕혀 둔 것처럼 자연미의 극치를 이룬다.
한옥 건축이 아니라면 세계 어떤 나라에 이런 구부러진 구조재를 써서 건물을 지을까? 그것도 보이는 자리에.

사당을 지키는 구부러진 수령 500년의 소나무
어린 시절 성이성이 이 소나무에 그네를 매고 놀았다고 전해진다.

효종과 갈라서서 낙향한 것이다. 성이성은 그런 사람이었다.

성이성은 낙향해 경북 영주 외가 맞은편에 띠집(草堂)을 짓고 지낸다. 계서초당(溪西草堂)이다. 계서초당에는 세자 시절의 숙종이 성품이 강직한 성이성을 그리워해 몰래 찾아와 하룻밤을 머물렀다는 전설이 전해진다. "초당 뒷산의 오솔길을 따라 숙종 임금이 왔다가 하룻 밤을 묵었다 갔답니다. '왕산(王山)'이니 '어와정(御臥亭)'이니 하는 말이 그래서 나왔답니다." 행정구역은 영주지만, 봉화 계서당 종택에서 그리 멀지는 않다. 워낙 영주와 봉화가 넓은 때문이기도 하고, 계서당 종택이 영주쪽에 가까운 봉화기 때문이기도 하다. 그래서 옛날 의상조사가 영주 부석사를 창건할 때 계서당 종택 부근 봉화 축서사에서 밥을 지어 날랐다는 이야기가 전해지나 보다.

앞으로 냇물이 흐르고 뒤는 야트막한 산이 휘감아 두른 곳이다. 번잡함을 싫어한 청백리의 고고한 기운이 느껴지는 지세다. 초당 앞에는 고목이 된 회화(槐花)나무가 선비의 기개를 상징하며 서 있다. 400년이나 제자리를 지켰을 나무다. 아쉽게도 영주-울진 간 36번 국도가 높이 뚫려 주변이 산만하다. 계서초당은 정조 때에 '계서정(溪西亭)'으로 이름이 바뀌었다. 지금의 계서정은 허물어진 것을, 후손들이 원래 한 칸 초당에 퇴와 방 하나를 더 붙여 새로 지은 것이다. 후손의 간곡한 청에 따라 병조판서 채제공이 계서정 내력을 담은 기문(記文)을 썼고, 최근 영주시가 재단장했다.

성이성이 낙향해 독서하던 계서정(溪西亭)

계서정 마당의 우물

혼자 집을 지키는 종부는, 안채 시렁에 걸린 장대를 가리키며 이야기를 시작한다. 성이성이 제주도 출장갔다가 돌아오는 길인데 바다에 심한 파도가 일더니 잦아들지를 않더란다. 성이성이 수하들에게 물었다.

"혹시 제주에서 들고 온 것이 없느냐?"

수하들이 배를 뒤지며 수선을 떨다가 대답한다.

"관아 장대 한 쌍이 실려 있사옵니다."

"나무 작대기 하나라도 가져오면 안 된다, 바다로 던져라!"

그래서 선원들이 장대를 바다에 던졌는데, 그 장대가 계속 배를 아니 성이성을 따라오더란다. 성이성이 할 수 없이 뭍에 닿은 뒤 장대를 건져 올렸다.

"네가 굳이 나를 따르려 하니 거둬주겠노라"

성이성이 짐 나를 때 그 장대를 쓰다가, 마침내 낙향하면서도 집에 들고 돌아와 보관했다. 그게 이 장대인데, 가보 중의 가보로 전하고 있다. 나무 장대 하나도 관의 것은 손대지 않는다는 청백리 가문다운 가보 자랑이다.

조상이 청백리라서인가, 종손 성기호 씨는 2014년 어사화, 교지, 암행록 등 귀한 유물 700여 점을 국학진흥원에 기탁했다. 필자가 방문한 날도 성기호 씨는 아침 일찍 밭을 돌보러 집을 비우고 부인만 남아 차를 내주셨다.

대청 시렁에 얹힌, 제주 관아에서 육지까지 성이성을 따라온 나무 장대 한 쌍.
남들 보기에는 평범한 장대에 불과한데 청백리 성이성을 상징하는 이 집안 가보 중의 가보다.

국난 극복의 선봉

안동 임청각

최근 트로트 가수 진성의 가요로 유명해진 경상북도 안동시 안동역. 그 안동역에서 중앙선 철로 따라 동북으로 얼마 안가 왼편에 거대한 전탑이 하나 보이는데 거기 내리면 임청각(臨淸閣)이다. 임시정부 초대 국무령 석주(石洲) 이상룡(李相龍. 1858~1932) 선생 생가다. 안동을 비롯한 경북 북부 지방에서는 이씨 본관 가운데 조선 사림의 큰 스승인 퇴계 이황 선생을 배출한 진성(眞城) 이씨를 가장 높이 친다. 진성은 오늘날 경북 청송 진보를 이르는 말이다. 다음은 풍산 류씨와 재령 이씨로, 퇴계 선생의 학통을 계승한 임진왜란을 극복한 명상(名相) 서애 류성룡(西厓 柳成龍)과 남인의 이론가 갈암 이현일(葛庵 李玄逸)을 배출했다. 류성룡은 더 소개할 필요가 없는 거물. 유명한 음식디미방을 저술한 장계경이 이현일의 모친이며, 작가 이문열이 재령 이씨다. 학봉 김성일(鶴峯 金誠一)을 배출한 의성 김씨, 충재 권벌을 배출한 안동 권씨 대충 이런 순서가 될 것이다. 그런 가운데 고성 이씨는, 인조 때 이괄이 반란을 일으킨 이괄 이후 오랫동안 두드러진 인물을 배출할 수 없었다. 중앙 무대를 휘저은 안동 김씨가 정작 안동에서는 그리 내세우지 못하는 것도, 김자점 같은 인물 때문이다. 그만큼 안동은 명분이 중요한 동네다.

임청각은 바로 고성 이씨 종택으로, 안동 입향조인 이증(李增)의 셋째 아들이며 형조 좌랑을 지낸 이명(李洺)이 1519년 지은 건물이다. 임청각 당호(堂號)는 중국 위진 남북조 시인 도연명(陶淵明)의 시 귀거래사(歸去來辭) 마지막 부분에서 따왔다.

富貴非吾願 帝鄉不可期… (부귀비오원 제향불가기)
登東皋以舒嘯 臨淸流而賦詩. (등동고이서소 임청류이부시)

부귀는 내 바라는 바 아니며
신선 세계는 기약할 수 없구나.
동쪽 언덕에 올라 길게 휘파람불고
맑은 물에 이르러 시를 지으리라.

위진 남북조는 삼국지에서 사마의(司馬懿)의 손자 사마염(司馬炎)이 진(晉)나라를 세우고 삼국을 통일한 직후 북쪽 오랑캐에 쫓겨 장강 아래로 내려가면서 시작해 수나라가 중국을 통일할 때까지를 말한다. 위나라 대원수 사마의는 삼국지에서 가장 저평가된 인물의 하나다. 조조의 맏아들 조비가 아버지의 총애를 받던 조식을 젖히고 왕위를 계승하게 만든 제일 공신이며, 왕족인 조씨, 하후씨를 억누르고 위나라에 관료 체제를 확립한 행정가며, 무명에서 일어나 오촉 연합을 깨고 위오 동맹을 일으킨 전략가며, 지구전을 펴서 결국 촉의 제갈량을 죽음으로 이끈 영웅이다. 사마의는 제갈량의 우위를 인정하고, 기다림으로써 승리했다. 지구전과 물량전, 인재와 물자가 넉넉하나 제갈량이 없는 위나라가, 제갈량이 이끌지만 인재와 물자가 부족한 촉나라를 이긴 필승 전략이었다. 2차 대전 때 아프리카 전선에서 역량이 부족한 영국의 몽고메리 장군이 '사막의 여우' 독일의 롬멜 원수를 상대한 전략도 판박이로, 지구전에 물량전이었다.

군자정의 전경
사람이 자주 드나드는 정면과 대청에는 버팀목이 있는 계자난간(谿子欄干)을,
온돌방 쪽에는 버팀목이 없는 평난간을 두어 변화와 안전을 동시에 추구했다.

군자정 앞 물확
드나드는 사람들이 손을 씻을 수 있도록 돌확을 놓고 물을 채워두었다. 작은 듯하지만 집 전체에 배려가 배어있다.

바깥행랑채와 중행랑채 사이의 좁은 마당을 임청각 '작은 전시관' 공간으로 이용한다.
나란히 선 동서 12칸의 두 행랑채가, 잃어버린 99칸의 위용을 짐작케 한다.

임청각은 목조건물로는 안동 봉정사 극락전, 영주 부석사 무량수전과 함께 임
진왜란을 견뎌낸 몇 안 되는 조선 전기 이전의 목조 건물이다. 마을 전체가 유네
스코 세계문화 유산으로 지정된 경주 양동의 무첨당(無忝堂), 향단(香壇)과 함께 민
간인 주거로서는 가장 규모가 크고 가장 오래된 고택이다. 원래 99칸이었으나
일제가 철도를 놓으면서 50여 칸의 행랑채와 부속채 그리고 중층 문루가 철거돼
기가 꺾였다. 다행히 중앙선 철로를 물리고 99칸을 복원한다니 기대가 크다.

영남산 기슭에 등을 대고 남동향으로 낙동강을 바라보니 전형적인 배산임수
다. 우리나라는 지세가 동고서저(東高西低)로 큰강은 동에서 서로 흐르고 산은 동쪽
에 있는 경우가 많다. 서울만 해도 강북은 배산임수에 남향이지만, 강남은 한강
을 바라보고 우면산이나 구룡산을 등지는 북향이 된다. 그만큼 배산임수에 남향
은 한반도 남쪽에서는 흔치 않은 지세다. 임청각은 그 귀한 남향의 배산임수에
자리잡았으니 조상이 큰 덕을 쌓았음이 틀림없다. 담장은 높지 않아 주인의 개방
적인 마음을 드러내지만, 의외로 내부에서는 경계가 철저히 구분돼 당시의 신분
질서와 남녀 내외 문화를 말해주는 듯하다.

임청각은 본채와 행랑채, 별채인 군자정, 사당의 세 영역으로 나뉘는데, 각
영역은 경사를 따라 성별과 위계, 기능에 따라 엄격하게 구별된다. 사랑채와 안
채, 중행랑채가 세 개의 날개채로 연결된 임청각에 대해 대다수 고건축학자들은
'用'자를 가로로 뉜 형태의 건물 배치라 말한다. 이는 조선총독부 촉탁연구원인
무라야마 지준(村山智順)의 주장을 답습한 것이니 평생을 항일 투쟁에 몸바친 지하
의 석주 선생이 들으면 피눈물 날 노릇이다. 무라야마가 무격 신앙을 비롯해 조

선의 민간 풍속과 민간 신앙을 주전공으로 했다는 점을 감안하면 무라야마에게 건축학적 해석까지 의존하는 것은 민족적 자존심과는 또다른 차원의 문제이기도 하다. 임청각의 건물 배치에 대해서는 최근 '明'자 배치라는 새로운 주장이 제기됐다.

아름다운 작은 별당 군자정
영남의 별당과 호남의 별당

임청각의 백미인 군자정(君子亭)은 정면 2칸, 측면 2칸으로 동편에 대청, 서쪽에 온돌방 4칸을 둔 '丁'자형 남향 건물이다. 건물 주위에 쪽마루를 두르고, 난간을 쳐서 안전을 도모했다. 대청은 원주를 사용하고 그 위에 이익공계통의 공포(栱包)와 그 사이에 화반(花盤)을 1개씩 배치하였으며 겹처마로 만들었다. 바깥 공포는 쇠서없이 간소하게 꾸몄다. 쇠서는 공포에서 보 방향으로 첨차에 직교하여 거는 부재로, 끝이 '소의 혀' 모양이라 쇠서라 한다. 회벽을 치고 대청 주위는 판문, 온돌방에는 빗살문을 달았다. 대청의 현판 글씨는 성리학의 태두인 퇴계 이황의 친필로 알려져 있다. 안동 지방에서는 퇴계 선생의 위명이 워낙 독보적이고 압도적이라, 조선 후기 기호 지역에서 어지간한 집안이나 건물마다 우암 송시열 글씨를 건 것과 대비된다.

군자정 앞에는 드나드는 사람들이 손을 씻을 수 있도록 돌확을 놓고 물을 채워두었다. 그 옛날, 코로나 바이러스가 유행했을 리 없지만, 조선 초 양반은 당대 서구와는 비교할 수도 없이 높은 수준의 위생 관념을 생활화했다. 특히 많은 제관이 모여 제를 올리고 함께 술과 음식을 나누는 음복(飮福)을 하게 되는 큰 제사

군자정 옆 연못

무성하게 자란 수초 사이 잉어가 숨어 있는데, 큰 물이 들 경우 물이 자연스레 넘치도록 한 군데 낮은 턱을 두었다.
가운데 맷돌은 천원지방의 둥근 하늘을 상징한다.

때는 위생 문제가 없을 수 없었다. 그래서 격식 갖춘 사당 앞에는 관세위(盥洗位)라는 것이 있어 사당에 오르기 전 다시 한번 손을 씻게 돼 있었다. 마찬가지로 군자정을 드나드는 사람은 군자정에 오르기 전 손을 씻어 몸과 마음을 정결하게 했다. 별 것 아닌 듯한 작은 곳에서 우리 조상의 선각자적인 위생 관념과 위대한 배려의 정신을 찾을 수 있다. 군자정 옆 연못은, 연못 가운데 던져진 맷돌이 봉래주격이니, 작아도 천원지방의 원리에 따라 조성된 셈이다. 무성하게 자란 수초 사이 잉어가 숨어 있는데, 큰 물이 들 경우 물이 자연스레 넘치도록 한 군데 낮은 턱을 두었다. 물은 차면 넘치고 달은 차면 기우는 교훈을 일상에서 기억하라는 뜻일 것이다.

수구꼴통이라 욕하지 마라
항일투쟁의 성지일지니

임청각 바로 옆 고성 이씨 탑동 종택도 눈여겨 볼 만하다. 사대부 저택의 요소를 고루 갖추면서 주변 자연과 교묘하게 조화를 이루는 고택이다. 조선 숙종 때 이후식이 안채를 짓고 손자 이원미가 사랑채와 별당인 영모당(永慕堂)을 완성했다. 안채는 폐쇄된 'ㅁ'자 형 주공간과 사당과 연결된 'ㄷ'자 형이 합해 'ㅂ'자 형의 매우 독특한 평면 형식을 구성한다. 외따로 떨어진 북정(北亭)은 1775년 지어졌다. 탑동 종택 바로 앞에는 '탑동 종택'이라는 문파 이름의 유래가 된 7층 전탑(국보 16호)이 서 있다. 흔치 않은 통일신라 시대 전탑이라 일찍 국보로 지정됐다.

아쉽게도 임청각, 탑동파 종가, 7층 전탑 모두 일본이 부설한 중앙선 철길 옆에서 오늘도 진동과 소음, 매연에 시달리고 있다. 일본은 왜 굳이 여기 철로를 부

사당 앞 배수구
사당 앞에 물이 괴지 않도록 배수로를 내는데, 그냥 땅을 파는데 그치지 않고 돌로 덮어 발이 빠지지 않도록 배려했다.

임청각 뒷담 아래
배수로를 깊이 파고, 뒷마당을 높이 돋우어 산사태를 방지한 사려가 엿보인다.

설했을까? 석주 선생은 한일 합병 이듬해인 1911년 식솔들과 안동의 유생을 모아 서간도로 건너가 항일 무장 투쟁의 선봉이 된다. 임청각을 비롯해 주변 전답을 모두 팔아 군자금으로 쓰고, 일가가 다시 사들이기를 반복했다는 것은 유명한 일화다. 아들, 사위, 손자 등등 해서 3대 9명이 독립운동으로 훈장을 받았으니, 석주 가문은 백하 김대락(白河 金大洛), 왕산 허위(旺山 許蔿), 우당 이회영(友堂 李會榮) 가문과 함께 4대 독립운동가 집안으로 손꼽힌다.

막내처제 김락은 본인도 왜경의 고문으로 실명했고 시아버지, 남편, 아들이 모두 독립운동을 하다 순절했다. 안동 내앞(川前)에서 시집온 부인 김우락은 친정과 시집이 모두 4대 독립운동 가문에 해당한다. 큰오빠 백하 김대락은 석주보다 한 달 먼저 일가 150명을 이끌고 만주로 건너가 독립운동에 일생을 바쳤다. 김대락은 65세의 고령에 만삭의 손자며느리까지 한겨울 눈길을 걸어 만주로 넘어갔다. 아들 김형식은 유명한 독립군 지휘관이었고, 일송 김동삼 선생은 가까운 일가다. 경북 독립기념관이 내앞마을 바로 옆에 들어선 것은 바로 그 때문이다. 이런 식으로 인구 970만인 서울의 독립운동 서훈자가 429명인데 반해 인구 16만인 안동의 독립운동 서훈자가 365명이나 된다. 인구 비례로 보면 안동이 서울의 55배인 셈이다.

석주의 손부(孫婦 손자 며느리)인 허은 여사도 역시 독립운동 명문가인 경북 선산의 의병장 왕산 허위(旺山 許蔿) 집안 출신이다. 경북 구미시 임은동에서 태어난 허위는 거유(巨儒)로 명성이 자자한 맏형 허훈에게 배우고, 출사해서는 혁신 유림으로 경세관을 펼쳤으며, 국권 회복에 투신한 의병장이었다. 맏형 허훈이 의병 활동을 먼저 시작했으나, 1910년 국권 상실 이후 허위·허겸·허형·허필 형제는 일가를 이끌고 만주와 노령으로 망명하여 항일 투쟁을 계속했고, 그 아들들도 독립운동에 헌신하다 북만주에 뼈를 묻었다. 서울 동대문구 왕산로 일대가 1907년

탑동파 종택 전경
임청각보다 규모는 작지만, 보기에 따라서는 임청각보다 훨씬 더 아름답고 단아한 느낌을 주기도 한다.
일제는 임청각에서 아름다운 정원과 문루, 문간채를 모두 거세해 버렸다.

왕산 허위가 의병을 이끌고 주둔했던 자리다.

이렇게 안동의 이상룡 가문, 김대락 가문, 선산의 허위 가문은 대대로 쌓아 올린 명문의 전통과 영화를 민족을 위해 바쳤다. 당시의 선비 양반은 오늘날의 졸부들과는 격이 달라도 크게 달랐던 것이니, 일제에게는 눈엣가시였을 것이다. 국제 관계도 국내 경제도 어렵고 사회 갈등도 심해만 가는 오늘, 노블레스 오블리주를 실천한 선열들에게 부끄럽다.

사족 아닌 사족

네이버에 '임청각'을 두드리면 '보물 제182호… 조선 중기의 별당 건물' 이렇게 나온다. 한국민족문화대백과, 안동시청 홈페이지도 모두 임청각을 보물 182호라 소개한다. 그러나 임청각 자체는 보물이 아니며(중요민속문화재 181호) 별채인 군자정(君子亭)이 보물 182호다. 문화재청 홈페이지는 제목이 다소 혼란스럽지만, 본문에서 '이중 보존상태가 양호하여 보물로 지정된…'이라 하여, '군자정'임을 분명히 했다. 네이버만의 문제는 아니며, 빨리 정정해야 할 일이다.

> 안동역에서
> 바람에 날려버린 허무한 맹세였나
> 첫눈이 내리는 날 안동역 앞에서
> 만나자고 약속한 사람 새벽부터 오는 눈이
> 무릎까지 덮는데 안 오는 건지 못 오는 건지
> 오지 않는 사람아 안타까운 내 마음만

법흥동 7층 전탑과 열차 진동으로 갈라진 기단을 시멘트 콘크리트로 때워 놓았다.

녹고 녹는다 기적소리 끊어진 밤에
어차피 지워야 할 사랑은 꿈이였나
첫눈이 내리는 날 안동역 앞에서
만나자고 약속한 사람 새벽부터 오는 눈이
무릎까지 덮는데 안 오는 건지 못 오는 건지
대답 없는 사람아 기다리는 내 마음만
녹고 녹는다 밤이 깊은 안동역에서
기다리는 내 마음만 녹고 녹는다
밤이 깊은 안동역에서

탑동파 종택
원래 임청각은 이보다 훨씬더 아름답고도 장중했다.

풍요의 땅
나눔의 삶

나눔의 삶 기록의 삶

구례 운조루

구례 운조루 안채 전경
벽 빼곡이 그림이 걸려 있다.

⚜ ⚜ ⚜

오래전부터 집이 아름답다고, 아름다운 사연이 많다는 소문을 들었다. 벼르고 벼르던 구례 운조루(雲鳥樓)를 찾아 천 리 먼 길을 나섰다. 전남 구례 오미동(五美洞), 동네 이름도 예쁘다. 큰길을 벗어나자 안온한 분위기의 기와 동네가 보이고, 동네 안쪽 돌아들자 커다란 기와집이 눈에 들어온다. 노복들의 거처 겸 창고로 쓰이던 행랑채는 솟을대문을 가운데 두고 18칸 길게 늘어서 가문의 권세와 부를 과시한다. 솟을대문에 걸린 동물뼈는 벽사(辟邪)용으로 입향조(入鄕祖, 한 씨족이 어떤 장소에 처음 자리잡게 만든 조상) 류이주(柳爾冑)가 문경새재에서 물리친 호랑이뼈라 한다.

집 입구에 실개천이 흐르는데 실개천 앞에 인공 연못을 파고 연꽃을 심었다. 5월 중순, 푸른 연잎 사이사이 홍련이 피어 아름답다. 한국의 집은 중국이나 일본과는 달리, 작은 연못으로 만족할 뿐 집 안팎에 많은 물을 가두지 않는다. 습하면 음기가 강해진다, 충남지사 공관 앞의 습지와 갈대 때문에 안희정 지사가 (여색에 빠져) 몰락했다고 해석한 풍수도 있었다. 운조루 입구의 연못은 벽사(辟邪)가 목적이라지만, 거택의 해자(垓子)라고 볼 수 있다. 해자는 일본이나 유럽의 성에서는 필수지만 중국과 한국의 성에서는 흔치 않은 발상이다. 물이 흔한 남도라서 가능한 발상이고 실행이다.

무신이 짓고 관리하는 아름다운 집

아름다운 거택을 지은 조선 영조 때 무관 류이주는, 일찍이 경상도 문경새재를 넘으면서 만난 호랑이를 물리쳐 임금으로부터 박호대장(拍虎大將, 호랑이를 때려잡은

운조루 앞 연지와 봉래주
연지는 해자를 연상케 할 정도로 길고 폭도 넓고 깊고 튼튼해 운조루를 보호한다.

대장)이라 칭찬을 들었다. 무관이 이 아름다운 건물을 설계하고 공사를 감독했다? 20여 년 동안 남한산성, 함흥성, 영남감영의 축성을 지휘 감독하고, 수원 능원(陵園)을 개·보수한 전문가라니 의문이 풀린다. 해자를 연상케 하는 입구 연지(蓮池)도 류이주의 방어형 축성 지식이 발휘된 것인가? 원래 대구 출신인 류이주는 부근 낙안군수로 있으면서 운조루 터를 점찍었고, 99칸 큰 집을 지은 뒤 동생들을 이끌고 이곳으로 옮겨왔다고 한다.

따가운 햇살에 갈증을 피하려 운조루 앞길 맞은 편 나무에 열린 버찌를 따먹다 지쳐, 그리고 시간에 쫓겨 쉽고 빠른 길을 택했다. 동네 어귀에서 할머니가 아주 싸게 파는 버찌를 한 봉지 산 것이다. 구례라는 동네는 외지인에게는 무척 특별한 고장이다. 남해 바다가 가깝고 지리산 자락에, 섬진강 물이 넉넉히 흐르는 넓은 들판의 한가운데가 구례다. 남쪽이라 기후는 온후하고, 산과 들, 바다와 강이 모두 가까우니 먹을 것이 지천이다. 화엄사, 천은사, 사성암이 있어 부처님 은공까지 넘치는가, 동네 사람들 모두 말은 느리고 행동은 느긋하다. 인심이 후하고 마음씀이 넉넉하니 살기 좋은 동네다. 사성암 아래 집을 지었다는 친구의 말에, 집터를 구했다는 후배의 말에 정말 부러웠던 기억이 있다. 그렇다. 류이주만 구례란 동네에 매력을 느낀 것은 아니다.

귀거래사와 운조루
구름과 새, 선비와 집

큰사랑 서쪽 누마루(지금은 고택 전체를 운조루라 부르지만 원래 운조루는 이 누마루의 이름이었다.)에 올라 종부(宗婦) 이지순 할머니가 미리 준비해둔 차를 마시며 더위와 갈증을 함

누마루 아래 농기구

누마루 천정

큰사랑 누마루의 아름다운 선자연(扇子椽). 선자연의 선자(扇子)와 연(椽)은 각각 부채와 서까래의 한자말로,
처마 모퉁이, 중도리의 교차점을 중심으로 '부채살 모양으로 배치한 서까래'를 말한다.

께 씻는다. 운조루 당호(堂號)는 손자인 류억(柳億)이 깊이 교류하던 추사 김정희 선생으로부터 얻은 것 같다. 중국 남북조 시대의 전원시인 도연명의 귀거래사(歸去來辭)에서 따온 것이다.

　　　雲無心以出岫 鳥倦飛而知還 (운무심이출수 조권비이지환)

　　구름은 무심히 산골짜기를 돌아 나오고,
　　날다 지친 새는 둥지로 돌아올 줄 안다.

　　이어지는 싯귀를 조금 더 인용하면 운조루라 이름한 집주인의 심정을 읽을 수 있다.

　　　影翳翳以將入 撫孤松而盤桓 (영예예이장입 무고송이반환)

　　해그림자는 어스름하게 곧 지려는데,
　　나는 외로운 소나무를 만지며 서성대누나.

　　집 주인 류이주의 아호가 '귀만와(歸晚窩)' '늦게 돌아간다'니 이 시구와 꼭 들어맞는 셈이다. 어떤 고택 소개 책자에서 귀거래사를 '칠언율시'라 칭한 무식의 극치를 보고 한 마디 한다.(누가 쓴 무슨 책자인지 밝히지는 않겠다. 공연히 사실을 적시해 타인의 명예를 훼손한 죄가 될 수도 있으니.) 여섯 글자 댓구를 보고도 칠언율시라니 한심한 일이다. 절구는 넉 줄 짜리고, 율시는 여덟 줄 짜리니, 다섯 글자 넉 줄이면 오언절구, 일곱 글자 여덟 줄이면 칠언율시다. 이 정도만 알아도 어디 가서 무식하다는 소리는 덜 들을 게다. 그리고 한자 몇 글자 외는 게 무슨 어려운 일이라고.

큰사랑 천정 대들보

고택 뒤안 처마

안채 날개채
오르내리는 계단이 붙어 있고, 안전하게 다닐 수 있도록 난간이 달려있다.
노인들의 공간이라는 일부 주장이 있으나, 다락으로 주로 쓰인 것으로 보인다.

고택 안채 벽면 그림
안채 건넌방 벽을 장식한 아름다운 벽화들. 위로 보이는 삐뚤빼뚤한 서까래가 정겹고 자연미가 넘친다.

나눔의 삶 기록의 삶 구례 운조루

　사랑채 문은 띠살무늬 분합문인데, 흔히 보이는 좌우 대칭의 사분합(四分閤)이 아니라 좌우 비대칭의 일종의 삼분합(三分閤)이라 변화와 파격이 느껴진다. 필요하면 모든 문을 들어 천장에 달린 고리에 고정시키고 공간을 여닫을 수 있다. 여름철 덥고 습한 남쪽 지방의 기후를 고려한 것일 게다. '구름과 새'[雲鳥]를 벗하는 주인의 자연 사랑이 드러난 것일 수도 있다. 운조루는 자연을 살린 건축으로 관심을 둘 만하다. 주춧돌은 다양한 크기와 모양의 자연석을 그대로 사용했고, 나무의 구부러진 원형을 살린 기둥과 보가 여럿 눈에 뜨인다.

　안채 좌우의 날개는 낮은 2층으로 구성돼 공간 활용을 극대화했다. 아이와 며느리들의 공간인 오른쪽 다락은 난간이 없지만, 왼쪽 다락은 난간이 있어 웃어른들이 안전하게 아래를 내다보기 좋겠다. 큰사랑채 뒤쪽에는 작은 서방님이나 책방 도령이 과거를 준비하던 작은 책방이 있다. 안채와도 거리를 둔 뒤쪽 구석, 작은 출입문에 작은 창문과 쪽문이 하나씩, 창은 이중창이다. 철저히 외부와 단절시켜 공부에 집중하도록 한다. 여기서 공부한 자손들이 5대 급제했다는 소문이 있다. ('5대 장원급제'라는 한 건축학자의 주장이 확인되지 않은 채 인터넷 등에 그대로 전재되고 있다. 자손 가운데 류억(柳億), 류경룡(柳璟龍), 류근영(柳根泳), 류택선(柳宅善), 류제관(柳濟寬) 5명이 무과에 급제한 것은 사실이다.) 가문에 보관된 홍패(紅牌)는 무과급제 4장이며, 모두 장원은 아니다. 물론 그도 대단하지만.

유명한 타인능해(他人能解) 쌀 뒤주
배려하는 아름다운 마음의 상징이며 운조루 제일의 자랑이다.
옆에 얹힌 자그마한 가마는 종부 이지순 할머니가 시집올 때 타고온 가마다.

돌확_맷돌
거북이를 닮은 안채 부엌 앞 맷돌과 돌확.
운조루 터에서 이 돌이 나와서 일부 풍수는 금구몰니(金龜沒泥),
거북이 진흙에 묻힌 형세라 해석한다.

행랑채를 겸하는 문간채. 꽃으로 뒤덮여 화려한 초여름이다.

운조루 큰 집을 처음 지은 것은 류이주지만 큰 집을 유지할 수 있었던 것은 아들 류덕호(柳德浩)가 지역부호며 무과 급제자 이시화의 사위가 되어 한 재산 떼어받은 덕분이었다. 손자 류억은 무과에 급제한 무인이었지만, 추사 김정희와 가깝게 교류할 정도로 시문에 감각이 있었고 치산과 이재에도 능했다. 이 집의 자랑은 단기간의 재산 형성보다도, 대 이은 급제보다도, '기록'에 있다. 류이주의 4세손 류제양(柳濟陽)은 문적(文蹟)마다 주(註)를 달고 목록을 붙여 봉투로 싸서 보관할 정도로 철저했다. 그가 붙인 주는 작성자, 시기, 사건명으로 오늘날 대조직의 분류체계와 별 차이 없는 전문가 수준이었다.

류제양은 손자 류형업(柳瑩業)에게도 기록하는 습관을 가르쳐 조손(祖孫, 할아버지와 손자)이 1851년부터 1942년까지 90년간 농가일기 〈시언(是言)〉과 〈기어(紀語)〉를 남겼다. 집안에 보존된 500여 건이나 되는 토지 명문 즉 전답 매매 문서에는 대부분 송사에 대비해 구문기(舊文記) 즉 전 소유자의 등기 권리증이 붙어 있다. 어떤 땅에는 구문기가 100여 년에 걸쳐 10여 건이나 붙었고, 다른 사람들 간의 송사 결과가 정리된 결송 입안(決訟立案)도 10여 건 된다. 이렇게 류씨 가문은 고서류, 고문서, 향촌문서, 지주경영문서 등을 꼼꼼하게 기록하고 철저하게 보존했다. 민간에서 유례가 드문, 기록하고 간수하는 집에 장원 급제 문서가 있다면 단 한 장일지라도 놓칠 리 없다.

운조루 터를 놓고 금환락지(金環落地 금가락지 떨어진), 금구몰니(金龜沒泥 금거북 진흙에 묻힌), 오보교취(五寶交聚 다섯 보물 쌓인) 등등 형상과 해석이 다양한데, 공통점이 있다. 선대가 덕을 베풀어 명당을 차지했지만, 자만 말고 더 겸손하고 노력해야 복 받는다는 해석이다. 그러고 보니 작은사랑채 편액(扁額)에 새겨진 암수재(闇修齋)가 의미심장하다. '闇'은 그냥 '어둡다[暗]'와 다르다. 어슴푸레한 상태며 몸을 숨긴다, 몸을 낮춰 덕을 닦으라는, 아랫대에 주는 교훈이겠다. 암수재 기둥 주련(柱聯: 기둥이나 벽에 세로로 써 붙이는 글)에는 논어의 첫머리 글귀가 적혀 있다.

學而時習之 不亦說乎 (학이시습지 불역열호)
有朋自遠方來 不亦樂乎 (유붕자원방래 불역락호)

배우고 익히니 기쁘지 아니한가
멀리서 벗이 찾아오니 또한 즐겁지 않은가

논어의 논지는 다음 글귀에서 완결된다.

人不知而不慍, 不亦君子乎? (인부지이불온 불역군자호?)

다른 사람이 나를 알아주지 않아도
화내지 않으면 또한 군자 아닌가?

부엌의 타인능해(他人能解 이집 사람 아닌 사람만 풀어라) 쌀뒤주는 너무나 유명해 소개할 필요조차 없다. 가난한 이웃이 자존심 상하지 않고 쌀을 꿔갈 수 있도록 이 집 사람과 얼굴 부딪히지 않는 부엌 문간에 두었다. 배려하는 아름다운 마음의 상징이며 운조루 제일의 자랑이다. 타인능해 목독 옆에 얹힌 자그마한 가마는 종부 이지순 할머니가 시집올 때 타고온 가마다. 그러나 이지순 할머지가 시집온 뒤에

안채 날개채를 지나 사당으로 올라가는 뜰
정갈한 문살이 그어진 사분합을 머름이 떡하니 받쳤고, 마루 아래에는 농기구가 정답다.
과수나무에 가득 매달린 꽃들이 가을의 결실을 예고한다.

나눔의 삶 기록의 삶 구례 운조루

큰사랑채 전경
왼쪽 누마루가 원래의 운조루인데, 처마 아래 분합문 하나가 위로 매달려 있다.
자연석을 쌓은 기단은 자연미가 돋보이며, 기단 오른쪽에 운조루가 자랑하는 낮은 굴뚝이 살짝 보인다.

는 어른들께서 주로 타시고 할머니는 별로 타 보지 못하셨다고. 밥짓는 연기가 담밖으로 나가지 않도록 굴뚝도 낮게 달았다. 정확하게 말하면 굴뚝을 따로 내지 않고 축대 사이로 아궁이 연기가 새 나오도록 시공했다.

가난한 이웃에게 쌀을 나눠주고, 끼니 거르는 민촌 사람을 자극하지 않으려는 상생 정신과 노블레스 오블리주noblesse oblige가 누마루의 세련미 이상 감동적이다. 결과 운조루와 자손은 동학혁명, 6·25, 지리산 빨치산 등 혼란기마다 표적이 됨직했지만, 단 한번도 화를 입지 않았다. 운조루 누마루 한켠 커다란 바구니에는 국화차, 보성의 우전차 등 몇 종류의 차봉투가 다기(茶器)와 함께 담겨 있다. 큰 물통과 커피포트까지 비치해 누구나 부담없이 차를 끓여 마시게 하니, 과객에게까지 배려하는 마음은 오늘에도 살아있다. 명당은 바뀔지라도, 가풍은 의연하다. 이 집을 찾은 김에 이웃 곡전재도 들러볼 만하다.

선비의 멋, 은거의 한(恨)

담양 소쇄원과 양산보

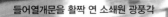

들어열개문을 활짝 연 소쇄원 광풍각

보길도의 고산 유적이나 강진의 다산초당은 윤선도나 정약용같은 명문의 이름난 준재가 만들어 누렸으니 별로 궁금할 게 없었다. 모든 게 당연했고 단지 부러웠을 뿐이다. 담양 소쇄원은 달랐다. 소쇄(瀟灑) 정원 이름부터 어려운 한자에, 양산보 생소한 인물이 기획하고 경영했다. 양산보, 약관 열일곱 청년이 구상해 10년만에 지었다는데, 도대체 어떤 사람이길래 무슨 사연이 있길래 출세를 포기했는지, 무슨 큰돈이 있길래 별천지를 짓고 대대로 신선 놀음 하고 사는지, 도대체 어떤 인물이길래 호남의 시인묵객은 한번쯤 거기에 묵적을 남겨야 행세하는지 궁금한 게 한두 가지가 아니었다. 부럽되 모든 것이 호기심의 대상이었다.

양산보, 수호지의 무대 양산박도 아니고, 양산보라… 대부분의 고택 답사기는 워낙 속세의 재물을 멀리 하는 분들이 쓰는 때문인지 양산보의 집안 내력이나 재력에는 별 관심도 없다. 그러나 필자같은 속물은 그렇지 않다. 몇 번 되뇌어 봐도 떠오르는 게 아무 것도 없는 무척 생소한 이름이었다. 양씨는 호남의 명문 대성도 아니다. 알고 보니 양씨는 제주도에서 건너온, 호남인 입장에서는 외지인이었다. 열다섯에 상경해 정암 조광조의 제자가 되고, 열일곱에 문과에 급제하나 나이 적다고 합격장을 받지 못했다 한다. 그때 스승인 조광조가 세상을 떠났다. 약관 열일곱에 이미 기구한 운명이 예정된 셈이다. 그 나이에 출세의 뜻을 접고 은거를 결심하고 당호까지 '소쇄'라 정했다니, 여간 조숙한 인물이 아니었을 것이다.

제월당(霽月堂)의 담
'소쇄처사양공지려'라 쓰여 있다. '소쇄처사 양공'은 소쇄공 양산보를 지칭하고,
'지려'는 '…의 소박한 집'이란 뜻이다. 담 안의 건물 제월당이 장주의 생활 공간임을 알려주는 내용이다.

제월당으로 넘어가는 광풍각 뒤뜰
인간이 실존한다는 것을 실감하게 하는 몇 안 되는 증거다.

"선생의 나이가 겨우 열일곱에 불과한 때인데 이러한 일(기묘사화)을 당하고 보니 그 원통함과 울분을 참을 수 없어서 '세상 모든 것을 잊고 산에 들어가서 살아야겠구나!' 결심하고 산수 좋고 경치 좋은 무등산 아래에 자그마한 집을 지어 소쇄원이라 이름하고 두문불출하며 한가로이 살 것을 결심하였다. 스스로 호도 소쇄옹이라 하였다…."

조광조는 전라도 화순 유배 한 달만에 사약을 받게 된다. 사약을 기다리는 중 죄인 조광조를, 낙향해 있던 전 교리 양팽손이 찾았다. 양팽손은 양산보의 재종숙으로 조광조와는 생원시 동기다. 스승이 죽자 양산보는 소쇄원 프로젝트에 착수했다. 믿는 구석이 있었다. 전주병마절도사, 부안군수, 나주목사 등 13고을의 수령을 지낸 재력있는 장인 김윤제(金允悌)로부터 크게 한 몫 떼 받았다. 김윤제는, 당시만 해도 순수했던, 집안이 몰락해 오갈 데 없던 소년 정철을 거둬 먹이고 가르친 품넓은 관후장자(寬厚長者)였다. 은퇴 후에는 광주 북쪽에 환벽당(環碧堂) 정자를 지어, 송순, 임억령, 김인후, 기대승, 김성원, 고경명 등 쟁쟁한 호남 사류와 교류하고 있었다. 인허가와 인력 자재 공급은 내외종 형 전라도관찰사 면앙정(俛仰亭) 송순(宋純)의 지원을 받았다.

소쇄(瀟灑), 씻은 듯 맑고 깨끗하다, 중국 남북조 때 공치규(孔稚圭)의 북산이문(北山移文)에 나오는 말이다. 소리내 읽어 보라. 무더운 여름 한 줄기 시원한 소나기가 대숲 두드리는 소리같지 않은가? 한 자락 서늘한 바람이 댓잎 흔드는 소리처럼 들리지 않는가? 문득, '한자는 표의문자'라는 언어학에 '아니, 한자는 표음문자야!'라고 억지 부리고 싶어진다.

夫以耿介拔俗之標 (부이경개발속지표)
蕭灑出塵之想 (소쇄출진지상)
度白雪以方潔 (도백설이방결)
干靑雲而直上 (간청운이직상)
吾方知之矣 (오방지지의)

무릇 지조와 절개는 세속을 뛰어넘고
마음은 맑고 깨끗해 홍진을 뛰어 넘으며,
몸은 흰눈을 갓 건너 온 듯 결백하고
뜻은 푸른 구름 넘어 바로 하늘에 다다르니
나는 은자가 그런 것이라 믿었다

양산보는 어린 나이답지 않게 스케일이 커서 소쇄원 안에 남들은 평생 하나 세우기 어려운 정자를 8개나 세우고 나무와 꽃, 귀한 풀을 22종류나 갖춰 심었

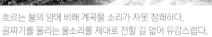

흐르는 물의 양에 비해 계곡물 소리가 자못 장쾌하다.
골짜기를 울리는 물소리를 제대로 전할 길 없어 유감스럽다.

212

다. 기축옥사 이후 실의에 찬 호남 명유와 묵객에게는 더없는 힐링 공간이요, 문화 살롱이 탄생한 것이다. 하서 김인후, 석천 임억령, 규암 송인수, 미암 유희춘, 청련 이후백, 태헌 고경명… 환벽정에서 놀던 쟁쟁한 인물이 소쇄원으로 모두 옮겨와 묵적을 남겼다. 무지한 자들은 소쇄원을 자주 송강 정철과 연결하나, 소쇄원을 드나들던 호남 선비 천 명이 기축옥사 때 주심관 정철의 편파적 판정으로 죽어나간 사실을 알고나 있는가?

가을 광풍각(光風閣)
단풍이 곱게 물든 광풍각. 광풍각은 직역하면 '밝은 바람 누각'이다.
바람이 밝다, 바람을 묘사하는 표현은 다양하지만, 바람을 밝고
어두운 시각과 연결시키는 표현은 흔치 않다.

초가정. 대봉정(待鳳亭)
소박한 초가에서 존귀한 봉황을 기다린다는 설정이 역설적이다.

제월당(霽月堂) 천정에 붙은 편액들
마주 보는 긴 가로편액 두 개가 유명한 하서 김인후의 소쇄원 48영이다.

선비의 멋, 은거의 한(恨) 담양 소쇄원과 양산보

공부는 이쯤 하고 이제 눈으로 다리로, 몸으로 즐기고 느낄 때. 울창한 대숲이 끝나고 소쇄원 들어가는 다리는 홍교(虹橋). 이름만 무지개다리가 아니라 모양도 무지개 닮은 반원형으로 속세와 선계의 경계를 이룬다. 거기 시멘트를 덕지덕지 붙인 천박함은, '동인 백정' 정철을 소쇄원에 갖다 붙인 무지와 쌍벽을 이룬다. 다시 걸음을 재촉하면 대봉대(待鳳臺), 봉황을 기다리는 정자다. 임금을 상징하는 봉황을 초가에서 기다린다는 설정이 의미심장하다. 하서 김인후와 인종의, 신분을 떠난 우정을 상징하는 장면이다. 사실 '소쇄원 48영'을 쓴 김인후를 빼고 소쇄원을 이야기하는 것은 속된 말로 앙꼬없는 찐빵이다.

경상도에 퇴계, 전라도에 하서라 했으니, 하서 김인후는 호남 유학의 태두다. 벼슬은 낮아도 대학자에 문장가로 인종의 두터운 총애를 받았고 조경에도 일가견 있는 멋쟁이였다. 인종 붕어 후 낙향해 소쇄원을 드나들며 시와 글을 짓고 썼다. 양산보와 일찍부터 교유가 있었고, 나중에는 딸을 양산보의 차남 양자징과 맺어준다. 김인후는 문묘에 배향된 동방 18현의 1인으로, 인종이 친히 비단에 그린 묵죽도(墨竹圖)를 하사받고 그림 한켠에 충성을 맹세한 시를 썼다. 묵죽도에서는, 애곡(涯谷, 절벽과 골짜기)에서 솟은 대나무가 하늘을 받친다. 하늘은 인종이요 대나무는 김인후겠다.

根枝節葉盡精微 石友精神在範圍 (근지절엽진정미 석우정신재범위)

始覺聖神慕造化 一團天地不能違 (시각성신모조화 일단천지불능위)

뿌리 가지 마디 잎새 모두 정교하다,

굳은 돌에 벗의 뜻 깃들어 있네.

조화 바라는 임금 뜻 깨닫게 되니,

천지에 한결같은 뜻 어길 수 없네.

-하서 김인후

비 내린 직후 오곡(五曲) 담 아래로 흐르는 계곡물
인간의 시선은 차단하되 자연의 물은 흐르게 한다.
여름날 소쇄원 제월당에 누워 계곡물 흐르는 소리를 들으면 신선이 된 느낌 아닐까?

오방색 담장에 애양단(愛陽壇)이 보인다. '애양' 볕을 사랑한다. 기축옥사로 제자를 몽땅 잃고도, 임금이 죽자 '구름낀 볕뉘도 쬔 일이 없건마는 서산에 해지다 하니 그를 슬허 하노라' 읊은 남명 조식의 심사가 애닲다. 원래 애양은 효를 상징하는 '효경'의 표현이다. 농암 이현보는 94살 늙은 아버지를 봉양하기 위해 안동 도산의 집에 애일당(愛日堂)을 들였다. 애일은 곧 애양이라, 애양단과 애일당은 맥락이 같다. 오곡문(五曲門), 주돈이가 머물던 구곡(九曲)에 대한 겸양인가? 오방색 담장 아래 물이 다섯 번 굽이치는 수구(水口)다. 공간은 나누되 물은 끊지 않는, 인간과 자연의 조화를 보여주는 한국 원림철학의 정수다. 오곡문을 지나 외나무다리를 건너면 계곡을 사이에 두고 광풍각과 제월당이 마주 서 있다.

밝은 바람 광풍각은 독서 공간이요, 비갠날 달 제월당은 생활 공간이다. 광풍각은 직역하면 '밝은 바람 누각'이다. 바람이 밝다, 흔치 않은 표현이다. 한자를 보기 전에는 광풍(狂風)인 줄로만 알았다. 바람을 묘사하는 표현은 순풍과 역풍, 미풍과 광풍, 삭풍과 훈풍, 춘풍과 추풍 등 다양하지만 대부분 촉각이나 청각과 연결시키는 표현들이다. 이처럼 바람을 밝고 어두운 시각과 연결시키는 표현은 흔치 않다. 원래 광풍제월이라는 표현을 쓴 남송의 황정견의 놀라운 표현력에 감탄할 따름이다. 황정견은 소동파와 함께 남송시의 쌍벽으로서 소황(蘇黃)이라 불렸는데, 그가 주자학의 개조(開祖)인 염계 주돈이를 보고 평한 말이 광풍제월(光風霽月)이었다는 것이다.

胸懷灑落 如光風霽月 (흉회쇄락 여광풍제월)

성격이 쾌활해 맑고 깨끗하기가

맑은 날 바람과 비갠 날 달과 같다

소쇄원이 정유재란으로 소실되자 중수한 3대 장주 손자 양천운(梁天運)도 계당 상량문에 주돈이의 무이(武夷)를 언급했다. 이처럼 소쇄원 역대 장주들이 주돈이를 의식하는 것이 퇴계 이황 선생에 못하지 않았다.

사실 명가와 고택을 이야기하면서 간단없이 끼여드는 것이 당쟁이요, 사화요, 조작된 역모사건이다. 어느 나라 어느 역사든 어두운 자락이 없을 수 없으나 흥이 깨질까 저어해 언급하기 조심스럽다. 하물며 선계와 속계를 넘나드는 소쇄원에서 신선놀음하면서 어두운 이야기는 더 어울리지 않는다. 그러나 이미 소쇄원 이야기는 조광조의 죽음에서 시작했다. 그리고 소쇄원 이야기의 진행과 끝자락은 몇 배 더 처절한 피의 기록이다. 2중 3중의.

제월당 우물마루

정유재란 때 소쇄원은 파괴되고, 2대 장주 양자징(梁子徵)의 아들딸 가족은 왜군에 학살당하고 살아남은 손자녀들은 끌려갔다. 양자징의 아들 천운(千運)은 의병장 고경명을 따라 왜병과 맞싸웠다. 300년 뒤 일제는 다시 소쇄원 앞에 '신작로'를 내고, 정자는 3개만 남기고 모두 허물어버렸다. 조선 영조 때 송시열이 제작한 소쇄원 목판도에 만 평 넘게 묘사되던 원림은, 천 평 남짓으로 쪼그라들었다. 그러나 20세기 말 양산보의 후손과 양산보의 작품은 일본에 통쾌하게 복수했다. 축소하고 훼손해도, 심지어 일본 땅 오사카에서 대회가 열렸는데도, 소쇄원은 1992년 세계정원박람회 대상을 차지했다!

대충 다듬은 돌로 놓고 쌓은 주초와 축대

소쇄원 진입로의 울창한 대나무숲
산책길로서는 조금 짧아 아쉽다.

삼효문(三孝門) 자랑스런

영광 연안 김씨 종택

매간당 종택 입구 정면

＊＊＊

연안 김씨 직강공파 종택, 영광 매간당 고택으로 드는 마을 어귀, 솔숲이 시선을 사로잡는다. 영광 법성포는 오늘날은 굴비로 유명하지만 일찍이 백제 침류왕 때(384년) 인도의 승려 마라난타(摩羅難陀)가 이 땅에 처음 불교를 전한 곳이다. '법성'의 '법'은 '불법'을 의미한다. 그 법성포가 북쪽 18km, 그리고 마라난타가 창건한 2천년 고찰 불갑사가 남서로 11km니 매간당 고택은 부처님 공덕을 이고 지고 아니면 업고 안았다 하겠다. 동쪽으로 10km 정도 떨어진 태청산이 590m, 불갑산이 516m인 것을 제외하면 주변 산이 모두 100, 200m 로 나지막해 자연도 사람도 너그럽고 온유하다. 서해 바다가 10km 상간이니 동고서저(東高西低)가 분명하다.

"…노령 서쪽은 영광, 함평, 무안이 되고 남쪽은 장성, 나주가 되는데 이 다섯 읍은 샘물에 장기(瘴氣, 축축하고 더운 땅에서 일어나는 사악한 기운)가 없어 노령 북쪽에 비할 바 아니다. 영광 법성포는 해수와 조수가 포구의 앞을 돌고 소우와 산이 아름답고, 동네가 열을 지어서 사람들이 소서호(小西湖)라고 부른다. 바다 가까운 여러 읍은 모두 이곳에 창고를 두어 조정에 바치는 쌀을 나르는 곳으로 삼았다…"

조선 실학자 이중환이 『택리지』에서 설명한 전라도 영광의 지세다. 백두대간에서 갈라져 나온 노령정맥을 동쪽에 베고 서쪽 10km 남짓에 바다를 두고, 너른 들과 물 많은 강이 흐른다. 바다 가깝고 지세가 평탄하면 물이 좋지 않은 법인데, 여기는 물도 마실 만하다. 요약하면 산세가 험하지 않으면서도 아름답고, 소출 많아서 살기 좋으니 천혜의 땅이다.

사랑채 전경
초벌 다듬은 장대석 기단을 3단 높이 쌓고 그 위에 둥근 주춧돌을 놓은 다음 둥근기둥을 올렸다.

　나지막한 산들이 동남북으로 에워싸고, 먼 북쪽에서 불갑천이 동에서 서로 들을 휘감아 흐르는 길지, 뒷산의 정기가 모여 약간 부풀어 오른 언덕에 연안 김씨 종택이 자리 잡고 있다. 매화꽃이 떨어진 형국[梅花落地]이며, 학(鶴)의 형상을 한 길지란다. 김영(金嶸)이 16세기 중엽에 입향하면서 집터를 잡고 고종 초에 집을 세웠다. 집은 처음부터 넓게 터를 잡았다. 담장 안에서 둘러봐도 줄잡아 백 칸 이상, 2000평 가까워 보인다. 좌향은 남향이 아니라 북향 또는 북동향이다. 여름에 따가운 저녁 햇살을 피하고 겨울에 차디찬 바닷바람을 덜 맞으려는 것으로 추측된다

　2층 누각에 삼문 형식으로, 겹처마에 팔작지붕을 얹은 대문이 이 집의 큰 자랑이다. 중앙에 두 칸 대문, 좌우에 창고 그리고 계단실은 별도다. 공포구조도 관청이나 궁궐의 대문에서 볼 수 있는 외일출목, 내이출목으로 앙서(仰舌)의 살미첨차에 여의주를 문 용머리를 화려하게 장식했다. 2층 누각 정면에 걸린 삼효문(三孝門) 현판은 고종의 이복형 이재면의 글씨로, 3대에 걸친 지극한 효성을 나라에서 인정해 명정(命旌)을 내렸다. 살짝 가공한 자연석 기단 위에 정방형 주초를 놓고 높은 주좌를 만들어 웅장함을 더하고, 아름드리 소나무 기둥을 그대로 올려 자연미를 뽐냈다. 대문 한쪽은 기둥 간격을 약간 좁혀 평소 출입한다. 다른 쪽은 가마에 앉아 드나들기 편하게 폭을 넓히고 아래 문턱은 낮추고 위 인방엔 무지개처럼 또는 반달 모양으로 위로 휜 부재를 사용했다. 문 오른쪽 바깥에는 선비의

행랑채에서 정면과 측면이 함께 비스듬하게 보이는 사랑채
초벌 다듬은 장대석 기단을 3단 쌓고 그 위에 둥근 주춧돌을 놓은 다음 둥근기둥을 올렸다.
옆퇴의 끝에 사랑측간과 안채로 통하는 샛문이 보인다.

사랑채에서 안채로 들어가는 중문간에 붙은 사랑측간 광창

삶을 상징하는 배롱나무가 선연하게 꽃을 피웠다.

배산임수에 좌청룡 우백호를 갖추고, 모든 건물에서 마을 앞 넓은 들을 바라 본다. 협문을 사이에 두고 사랑공간은 북쪽, 안공간은 남쪽으로 분리했다. 안채 와 사랑채를 비롯하여 별당, 사당, 곳간채, 안팎 대문, 마구간, 헛간, 찬광, 정원과 연못까지 갖춘 전형적인 양반집이다. 사람이 기거하는 방보다 곡식과 어물, 농기 구, 살림도구를 넣을 창고 공간이 훨씬 다양하고 많다. 가까이에 너른 들과 강과 산, 바다를 고루 갖춘 대가의 넉넉한 살림을 짐작케 한다.

사랑공간은 사랑마당을 중심으로 사랑채, 별당과 하인 집, 정원 둘, 연지 등으로 구성된다. 사랑채는 초벌 다듬은 장대석 3벌대 기단 위에 둥근 주춧돌을 얹고 원주를 세웠다. 민간에서는 흔치 않은, 정제미와 웅장함이 동시에 잘 드러나는 건축 기법인데, 조정에서 정려문을 내린 특전의 연장 아닐까? 기단을 높이 3단이 나 쌓은 것은 집터의 경사도 고려했겠지만, 북향터의 배수와 채광도 고려한 결과 일 것이다. 돌계단과 마당의 거뭇거뭇한 이끼 자국으로 미뤄, 채광과 배수는 꽤 심각한 고민거리였을 것이다.

중앙에 두 칸 대청, 오른쪽에 한 칸 방과 툇마루, 왼쪽에 방 두 개와 윗방을 두 었다. 전면 툇마루 끝에 사랑측간을 두어 신을 벗지 않고 용변을 볼 수 있게 한 것이 이색적인데, 화장실을 건물 안으로 끌어들인 것은 매우 현대적인 발상이다. 채광을 위한 측간 광창의 창살은 매우 정갈해 겉으로만 봐서는 측간인지 헷갈릴 정도다. 건넌방에 쪽방을 내서 안채로 연결하는 공간으로 사용한다. 신을 신지 않고 안채로 건너갈 수 있는 비밀 통로가 여기 말고 한 군데 더 있다. 매우 기능 적인 건축기법이며, 개화기라야 가능한 발상일 수도 있겠다.

빗살문 광창, 방을 연결하는 불발기창 무늬는 모두 예술적 감성이 뛰어나다. 공부방인 별당 툇마루에서 한 번 시선으로 연지와 행랑채, 담 너머 산을 모두 볼 수 있어 책방도령이 호연지기를 기르기 좋겠다. 가운데 너른 대청에 좌우 대칭형으로 온돌방을 놓은 것은 향교나 서원과 비슷한 구조로, 사저지만 공적인 건물의 느낌을 준다. 별당에는 전면퇴가 있어 왼쪽 방에서 오른쪽 끝 툇마루까지 자유롭게 다닐 수 있게 했다. 집안 다른 사람의 시선이 닿기 어려운 별당 오른쪽 퇴는 휴식을 위한 공간을 배려한 것으로 보인다. 좌우 온돌방의 북쪽 전면과 내부 사

뒤쪽에서 본 별당
별당은 주로 미혼의 자녀나 어린이들의 공부방으로 쓰였는데,
서원이나 향교와 비슷하게 대청을 중앙에 두고 좌우에 온돌방을 놓았다.

별당 툇마루에서 내려다본 연지
연지에는 흙탕물에 살지만 고운 꽃을 피우는 연을 기르는 것이 통례였다.
선비의 삶도 마찬가지라는 뜻일 것이다.

분합문은 모두 열어젖뜨릴 수 있어 여름철에는 매우 시원하게 공부할 수 있었을 것이다. 별당 오른쪽에 직사각형의 연지(蓮池)가 있어 연잎이 무성한데, 봉래주(蓬萊洲, 섬)는 보이지 않는다.

사랑채 정원과 중문을 지나면, 마당을 중심으로 'ㄷ'자 안채와 'ㅡ'자 아래채로 구성된 안채 공간이다. 사랑채 앞마당을 가로질러야 안채로 들어갈 수 있어 안채 손님의 왕래가 불편했을 듯싶다. 정침은 4벌대 기단 위에 방주를 세우고 툇마루를 전면에 놓았다. 안채 툇마루에 앉으면 아래채 지붕 너머로 들판과 건너편 산이 보인다. 불갑산에서 발원해 부처님의 자비를 가득 머금은 불갑천이 수 백년 동안 그 들의 벼를 흠뻑 적셔 키우고 연안 김씨 일가의 삶을 넉넉히 살찌웠을 것이다. 아마 안방마님은 문만 열면 바로 보이는, 가문의 문전 옥답에서 열심히 일하는 머슴들의 모습에 흐뭇해했을 것이다. 안채 오른쪽 날개채로 붙은 곳간채는 맞배지붕과 우진각 지붕의 좌우 불균형이 흥미롭다. 아래채는 대청마루와 온돌방, 벽 있고 없고, 퇴 붙고 없고 등 다양한 용도에 따라 여러 형태와 구조로 아홉 칸을 구성했다. 연속성과 다양성을 동시에 추구한 자유분방하면서도 매력적인 구상이다.

문과 급제 171명의 국중 대성
한국사회 발전의 원동력 '공채'
권간(權奸)이여, 역사를 두려워하라

나라가 잘 되려면 자원 특히 인적 자원의 가동률을 높여야 한다. 폭넓게 인재를 발굴하고, 써야 한다. 민주화, 근대화가 별 건가? 왕족에서 귀족으로 다시 일반 국민 공채로 인재풀을 넓혀가는 과정일 뿐이다. 우리나라는 봉건시대에도 공채였고, 현대에도 공채인 세계 유일의 나라다. 공채 덕분에 한국은 다른 제3세계와는 달리 일제의 압제와 6·25의 폐허 위에서 빠른 속도로 일어설 수 있었다. 최근 조국 전 법무부 장관이 불법적으로 자녀를 명문대 인기학과에 넣은 것은 한국의 최대 강점을 파괴한 행위라 할 것이다. 오죽하면 한자 좀 아는 사람들이 조국(凋國 시들 조, 나라 국)이라 표기할까.

이야기가 곁길로 새버렸지만, 연안 김씨는 조선조 500년 동안 등제자가 문과 171, 무과 174, 사마시 342명에 진충공신(盡忠功臣)이 24명, 1·2품 대관이 85명이니 국중 대성(國中大姓)이라 불린다. 거기에 삼효문까지! 그러나 그 연안 김씨 문중

좌우 곳간채를 거느린 안채 정침의 위용
사랑채와 마찬가지로 3단 장대석을 쌓고 그 위에 주초와 기둥을 놓았다.
다만 주초와 기둥은 사랑채와 달리 원형이 아니라 4각이다.

삼효문(三孝門) 자랑스런 영광 연안 김씨 종택

정면 9칸의 안채 아래채
공간을 다양한 형태로 나눠 다양한 용도로 쓰고 있다.

안채 날개채 뒤에 쌓인 장작
주변에 야산밖에 없는 이 동네 어디서 그 많은 시탄(柴炭)을 실어 날랐을까?

232

에는 큰 아픔이 있다. 아버지 김흔에 이어 부자 문과 장원의 수재인 문중의 대표 인물 희락당 김안로(金安老) 이야기다. 문중에서는 김안로가 문정왕후의 동생 윤원형의 무고로 억울하게 죽었다 주장하나, 정사는 김안로를 권간(權奸)으로 묘사한다. '간신 김안로 권력을 좇다'라는 어린이용 역사책도 있다. 1527년 초 동궁의 은행 나무에 머리를 불로 지진 쥐[灼鼠 작서]가 걸렸다. 동궁 즉 왕위 계승자인 세자, 후일의 인종을 저주한 나무 조각도 함께.

대역죄나 다름없는 '작서의 변' 사건에 왕위 계승 서열 2위인 복성군(福城君)과 생모 경빈 박씨(敬嬪朴氏)가 혐의를 뒤집어썼다. 물론 경빈이 자신의 미색과 중종의 총애를 믿고 왕비 문정왕후에게 대들며 설치기는 했다. 군계일학격의 미모 덕에, 원래 연산군의 흥청, 즉 일시적 노리개감이었던 경빈은 중종의 후궁 그것도 최고 서열인 '빈'으로 올랐으니. 폐서인(廢庶人)됐다가 결국 사약을 받은 경빈 모자의 억울함이 밝혀진 것은 5년 뒤였다. 범인은 부마인 김희(禧)와 아버지 김안로였다. 김안로는 작서의 변을 일으켜 학덕 높은 회재 이언적 등을 귀양 보낸 다음 좌·우의정으로 권세를 누렸다. 김안로는 또 중종의 두 번째 왕비 장경왕후의 희릉이 불길하다고 주장하며 정적을 제거하는 등 여러 차례 옥사를 일으켰다. 당시 세간에서는 김안로 일파를 정유삼흉(丁酉三凶)이라 불렀고, 사서는 유자광, 임사홍, 송익필, 이이첨, 김자점 등과 함께 그를 조선의 대표적 6간신으로 꼽는다. 오늘의 정치인이여, 역사를 두려워하라!

삶도 공부도 부러운 집성촌

장흥 방촌 위씨 마을

별로 기대하지 않고 먼 길을 떠났다. 서울에서 420km, 멀고먼 길을 혼자 운전
해 내려가는 길은 별로 내키지 않았다. 고택이라고는 하지만 대부분 20세기 초
개축된, 그렇고 그런 고택… 차가 밀리기 전에 길을 줄인다며 새벽 일찍 떠났지
만 쏟아지는 졸음을 견디기 어려워 세 번이나 차를 세우고 쉬엄쉬엄 가다보니 이
미 점심 때다. 얼른 몇 커트 찍고 일어나 점심 때우고 영광으로 건너가야지. 동네
에 들어서 먼저 눈에 뜨이는 입구 근처 오헌 고택은 그냥 지나치고, 접근성 높아

죽헌고택 사랑채와 사랑채 대문
서향 특유의 따가운 저녁 햇살을 가리기 위해 길게 달아낸 겹처마가 인상적이다.

보이는 신와 고택부터 들렀다. 여기서부터 내 원래 계획은 빗나가기 시작했다. 그러나 기분좋은 어그러짐이었고, 경박하고 일천한 내 지식에 대한 반성이었다.

결과부터 이야기하면, 장흥 관산읍 방촌리 위씨 집성촌은 내 고향인 안동이나 처가인 경주 양동에는 못 미쳐도, 사나흘 거리는 족히 되는 알찬 역사와 문화의 보고였고 지식의 창고였다. 그리고 장흥 방촌은 남들이 잘 모르기에 기쁨 두 배였다. 먼저 알게 된 것이 단편적 지식이나 정보가 아니라 종합적이라면 더 그렇다. 방촌마을은 판서공파 종택, 존재 고택, 오헌 고택, 죽헌 고택, 신와 고택 등 잘 지어진 고택의 보고다. 집마다 개성이 있어 더 흥미롭고, 존재 위백규의 존재를 알게 되어 더욱 그랬다.

전라남도 장흥군 방촌(傍村)은 통일신라 때 정안현, 고려 때 장흥부의 치소였다. 원래 장흥 관아가 이 지역에 있었는데, 관산이 바다에 면한지라 국운이 기운 고려말, 왜구가 극성을 부려 해마다 몇 달씩 노략질해대니 사람이 살 수 없었다. 주민들이 내륙 깊숙이 피난갔다가 조선 건국 후에야 주민도 장흥부도 다시 돌아왔다. 관산(冠山)이란 지명은 멀리 앞에 보이는 호남 5대 명산 천관산(天冠山)에서 유래하는 것인가? 천관산의 옛 이름은 천풍산(天風山) 또는 지제산(支提山)이다. 조선조에 장흥 위씨가 들어와 살기 시작해, 오늘날 12뜸에 위씨 110가구가 살고 있다. 그 110가구가 사는 작은 마을이 방촌8경을 자랑하니, 규모에 비하면 과한 느낌인데, 그 기개나 여유는 본받을 만하다.

- 1경 동산제월(東山霽月) 비갠 뒤 동쪽 동산 위로 솟아오르는 아름다운 달
- 2경 계동춘풍(桂洞春風) 계춘동에 이는 훈훈한 바람
- 3경 상잠만하(觴岑晚霞) 주산 상잠산 허리에 저녁밥 짓는 연기

죽헌 고택 사랑채
전통시대라면 겹처마와 활주는 일반 민가에서 쉽게 보기 어려운 수법이다.

- 4경 호동초적(壺洞樵笛) 장천동, 쇳골에서 초동들이 나무하며 부르는 졸래 즉 피리소리
- 5경 탑동효종(塔洞曉鐘) 천관산 89개 암자의 으뜸 탑동 암자의 새벽 풍경소리
- 6경 성동폭포(聖洞瀑布) 성주골에 비가 내리면 쏟아져 내리는 폭포수
- 7경 도곡귀운(道谷歸雲) 산저 마을 옆 도곡에서 넘어오는 석양녘의 구름
- 8경 금당귀범(金塘歸帆) 해질녘 만선으로 돌아오는 돛단 고깃배

팔경 가운데 특히 두 대목, 상잠만하(觸岑晚霞)와 금당귀범(錦塘歸帆), 풍요로운 고장이다. 장흥 관산읍은 고려 말 원나라가 왜를 정벌할 때 조선소로 쓰였다. 천관산의 아름드리 소나무를 수 만 그루 베어 신월마을에서 900척 전선을 짓고, 군마등, 마장골에서 군마를 훈련시켰다. 조선조 들어 신월마을은 염전이 되어 부를 창출하니, 문자 그대로 장흥(長興, 길게 흥하다)이다.

방촌마을의 주산은 상잠산이며, 멀리 천관산이 조산(朝山)이다. 천관산은 지리산, 내장산, 월출산, 변산과 함께 호남 5대 명산으로 꼽힌다. 천자의 면류관 닮았다는 설도 있고, 삼국 통일의 영웅 김유신의 첫 사랑인 기생 천관에서 연유했다는 이야기도 있다. 김유신이 어머니 만명부인의 질책을 받고 같이 놀던 천관을 멀리 한다. 하루는 술에 취한 채 말에 올랐더니 그 말이 평소 가던 천관 집 앞에 가서 서더라는 거다. 놀란 김유신이 말의 목을 쳐서 결의를 보이니 버림받은 천관이 머리 깎고 산에 들어가 옛 애인 잘 되기 빌었단다. 그게 천관산이고 그 절이 천관사라는 것이다. 기생 천관설이 천자 면류관설보다 훨씬 애닯고 가슴 저민다.

존재(存齋) 고택은 방촌마을 가장 깊숙한 곳에 자리잡았는데, 경관이 아름답고 여름에 시원하다. 겹집의 안채를 가운데 두고 바깥마당에 '옥련정(玉蓮井)' 연지가 자리잡고, 연지 앞으로 실개울이 휘감아 흐른다. 가장 높은 곳에 안채, 그 좌우에 서재와 곳간채, 전면에 문간채가 있다. 외부와 안채를 분리하는 특별한 장치 없이, 서재가 안채를 가리는 구조다. 퇴는 조금 넓은 대신 난간이 없다. 문간채는 4칸으로 대문간과 방을 중심에 두고 좌우에 헛간이 있다. 안채를 받치는 2중 기단이 독특하다. 가볍게 다듬은 돌을 쌓고, 아랫단에는 화계(花階) 마냥 흙을 채워 난초류 같이 잎이 길게 자라는 남국풍의 화초를 심었다. 봄이면 영산홍과 진달래가 만발해 고택에 고운 빛깔을 수놓는다. 집 뒤의 정원과 대나무 숲도 나름 운치 있다.

안채는 전면 5칸의 겹집으로 왼쪽부터 부엌과 광, 안방과 4칸의 대청으로 이어지는데, 3면에 길게 퇴가 붙어있다. 대청은 들어 열 수 있는 분합문이 앞뒤 두 짝씩 붙었고, 대청 옆에 상하로 나뉜 온돌방이 있다. 안채 왼쪽에는 정면 3칸 측면 두 칸의 헛간채에 헛간 두 칸과 외양간 한 칸이 들어있다. 구조는 대청중앙만 1고주 7량으로 하고 기타는 2고주 7량으로 하였으며 도리는 납도리로써 면을 접고 장혀를 받쳤다. 대공은 둥근 판대공이고 지붕은 합각이다. 네모기둥에 덤벙주초며 자연석 허튼층 쌓기의 높은 축대 위에 세워졌다. 대청마루에 앞뒤로 난 문을 활짝 열면 앞으로는 저 멀리 천관산의 아름다운 모습이, 뒤로는 대나무 숲을 배경으로 운치 있게 꾸며진 정원을 내다볼 수 있다. 안채 오른쪽 뒤 사당은 단간 전퇴집이다. 덤벙주초 위에 두리기둥을 세우고, 주두를 얹고 장혀받친 굴도리를

존재 고택 입구

올렸다. 장혀는 기둥머리에 맞춰진 첨차를 받쳤고, 출목은 없이 박공지붕이다.

    18세기 지어졌다는데, 대문간을 들어서면 바로 보이는 앙증맞은 별당 겸 서재가 백미다. 안마당으로부터 돌아앉았다고 표현해야 좋은 좌향이다. 안채 지붕과 부딪치지 않도록 남쪽은 합각지붕, 북쪽은 박공으로 처리한 팔작지붕의 특이한 구조다. 아마도 여기가 남도 외딴 곳이라 가능했을 것이다. 남의 눈을 의식해

뒤 대나무숲

고택 입구 연지

야 하는 대처였으면 아마 시도조차 어려웠을 것이다. 1고주 5량(1高柱 5樑)으로, 가공석(加工石)을 바른층 쌓기한 4단 높은 축대 위에 커다란 덤벙주초를 놓고 네모기둥을 세웠다. 기둥위에 장혀를 끼우고 납도리를 받쳤다. 남과 동에 퇴를 두고, 각각 영이재(詠而齋) 위덕문, 존재(存齋) 위백규, 부자의 호를 당호 편액으로 내 걸었다.

고택의 주인공은 단연 실학자 존재 위백규다. 존재 선생이 생전에 기거하면서

안채로부터 돌아앉은 듯 보이는 별당

한쪽은 합각 한쪽은 박공으로 지극히 독특하게 지붕을 처리한 별당.

천문과 지리를 익히며 학문을 닦고 책을 쓰면서 별당은 더 유명해졌다. 존재는 독학으로 10살에 사서삼경을 독파한 수재였으나 주변에 스승이 없었고, 과거나 벼슬과도 인연이 없었다. 시골 생원 위백규는 혼자 가문도 경영하고, 혼자 책과 자료를 수집해야 했고, 혼자 학문 세계를 구축해야 했다.

별당에서 멀리 마주 보이는 천관산
존재 위백규는 궁벽진 곳에 갇혀 스승없이 공부하는 설움을 천관산을 보며 달랬을 것이다.

'외로운 존재'의 거대한 학문 세계

천관산 일대의 자연과 인문 지리를 실지 조사한 《지제지(支提志)》, 우리나라 최초의 세계 지리지 《환영지(寰瀛誌)》, 그리고 《예설(禮說)》, 《경서조대(經書條對)》, 《경서차록(經書箚錄)》, 《고금(古琴)》, 《시소전기서설(詩疏傳記序說)》 등 90권의 저서도 모두 혼자 이룬 것이다. 예순 아홉 늦은 나이에 학행으로 추천받았으나 중앙 무대에 출사하지 못하고 겨우 시골 현감에 제수됐다. 그나마 정조쯤 되니 존재가 바친 만언봉사에 비답이라도 내렸지, 선조니 인조, 중종같은 덜떨어진 이씨였다면 존재의 글은 바로 쓰레기통으로 직행했을 것이다. 흉중의 큰 뜻은 능히 천하를 경영할 것이나 세

오헌 고택 뒤퇴
뒤퇴가 어지간한 전퇴보다 훨씬 널찍하고 뒷마당이 넓어
작업 공간을 넉넉히 확보했다. 아무래도 남도에서는 젓갈 담글 일이 잦았나 보다.

죽헌 고택 입구
바로 왼쪽에 사랑채로 들어가는 쪽문이 보이고, 계단 위 담장 사이로 안채 지붕이 살짝 보인다.
걸을 때마다 치마폭 아래 당혜 코가 살짝살짝 보이듯이.
안채를 한 중앙에 두고 사랑채를 중심선에서 옆으로 뺀 것은, 일반적인 한옥의 배치와는 사뭇 다르다.

상으로부터 인정받지 못한 아픔이 컸을 것이다. 삼국지의 제갈량과 방통을 비교해 보면 잘 알 수 있겠다. 중국 고사에서도 말했다. 천리마는 찾아보면 많지만 천리마를 알아보는 백락은 귀하다고.

10편의 연작시 「창수(唱酬)」에서 위백규는 매화와 대화하는 형식으로 웅지를 펴지 못하는 자신의 심경을 토로했다. 그 가운데 하나.

三僻由來世共嗤 每逢佳節獨吟詩 (삼벽유래세공천 매봉가절독음시)
經綸才局難非呂 堯舜襟期豈讓伊 (경륜재국난비여 요순금기개양이)
暗不欺心天可質 學念師古我無疑 (암불기심천가질 학념사고아무의)
明窓晝永春風暖 正是幽人夢覺時 (명창주영춘풍난 정시유인몽각시)

삼벽이라 세상사람 모두 비웃지만
좋은 시절 만나리라 홀로 읊조리네
비록 경륜과 재주가 여상에 못미쳐도
요순 기약한 포부, 이윤에 사양하랴
어두워도 바른 마음 하늘이 알고
옛 일을 스승 삼아 내 의심치 않네
긴긴 낮 밝은 창에 봄바람 따스하니
바로 은자가 꿈에서 깨는 그때로다

존재 고택 별당 서까래와 사당의 판문
공부방과 사당을 철저히 관리하는 것은 유학을 공부하는 선비의 마지막 자존심이었을런지도 모른다.

위백규는 자신이 전라도 바닷가 장흥 반도에 은거해 세 가지 궁벽하다 했다. 벽(僻)을 파자하면, 사람(人)이 거처하기에(居) 고생스럽고 맵다(辛)가 된다. 반도 남쪽 끝에 있어 궁벽하고, 문과 급제자가 없는 가문이 비천하며, 스스로 궁벽하니 삼벽(三僻)이다. 위 시에서 여상은 주무왕을 도와 은나라의 폭군 주왕을 멸하고 주나라를 일으켰다. 성은 강(姜)이고 오랜 세월 낙수에서 낚시줄을 드리우고 세월을 기다리니, 강태공이라 불렸다. 이윤(伊尹)은 중국 고대 은나라 성탕(成湯) 임금을 보필해 성군 반열에 올린 전설 속 인물이다. 주방장 출신으로 음식으로 천하의 도리를 설명하고 천하를 경영했다 한다. 위백규는 일단 경륜과 재주는 여상 즉 강태공보다 못 미친다고 겸양해 한다. 그러나 바로 다음, 포부만큼은 이윤에도 양보하지 않을 것이라 선언한다. 스스로 삼벽에 갇혀 있었지만, 중국 고대의 성인

존재 고택의 우물과 사당 배수로

삶도 공부도 부러운 집성촌 장흥 방촌 위씨 마을

존재 고택 창고의 담
장흥 위씨들의 미적 감각은 구석구석 미친다.
기와로 꾸민 꽃담 뒤에 허드렛 것을 넣는 창고와 쓰레기 소각장이 있다.

인 강태공이나 이윤에게도 양보하지 않을 정도로 자신만만했던 것이다. 다만 조선의 국왕이 부패한 저능아라 자신을 용납하지 못한다고 탄식한 것이다.

만언봉사, 정현신보(政絃新譜)에서 존재는 제도의 취지와 연혁, 폐단과 부작용을 예를 들어 설명하고 대책을 논했다. 존재는 학교, 용인(用人), 군현, 조운, 전결, 관직, 노비, 공물(貢物) 등 30여 분야에 걸쳐 문제를 진단하고 처방을 제시했다. 그 내용들이 정약용의 경세유표를 연상케 해 흥미롭다. 더 재미난 것은 존재가 〈다산서당(茶山書堂)〉을 열어 시골 아이들을 가르쳤고, 정약용과 학문적 대화를 나눈 백련사 혜장스님과도 교분이 깊었다는 사실이다. 혹시나 정약용이 직, 간접적으로 존재에게서 영감을 얻지는 않았을까, 발칙한 생각을 해 본다. (여유당의 어떤 저술에도 존재에 대한 언급은 없다.)

뜻을 펴지 못한 또 하나의 천재

조선 사대부, 특히 가사문학으로 이름을 날린 기호학파의 사대부들은 거칠고 힘든 농민의 삶은 거세하고 농촌을 즐거움이 가득한 아름다운 대상으로 미화하는 경향이 있었다. 정철이 대표적이고 윤선도가 그랬다. 그러나 존재의 농가 구장(農歌九章)은 농촌을 농민의 삶의 현장으로 보고, 농민과 노동의 관점에서 농촌을 바라보려 애썼다. 그러나 다산 정약용이 18년 강진 유배를 통해 거대한 실학사상 세계를 구축할 수 있었듯이, 존재 위백규 역시 30년 가까운 긴 세월 향촌에 머물렀기 때문에 나름대로 학문의 체계를 갖출 수 있었다. 존재는 농가 9장 중 4장에서 농민의 어려운 일상을 스스로 공감하면서 생생하게 묘사하고 있다. 그에 비하면 5장만 해도 일반적인 유생들의 권농가 냄새가 많이 난다.

제4장 땀흘리며 김매는 모습 / 농민의 어려움을 직접 묘사, 농민과 자신의 생활을 동일시	
땀은 듯는 대로 듯고 볏슨 쬘 대로 쬔다 청풍의 옷깃 열고 긴 파람 흘리 불 제 어디셔 길 가는 소님네 아는 다시 머무난고	땀은 듣는대로 듣고 볕은 쬘 대로 쬔다 맑은 바람에 옷깃 열고 휘파람 길게 불 때 어디서 길 가던 손님이 아는 듯 멈추는가
제5장 소박한 점심과 달콤한 오수 / 농촌 구성원의 공동체적 생활 태도	
행긔예 보리마오 사발의 콩닙체라 내 밥 만할셰요 네 반찬 적글셰라 먹은 뒷 한숨 잠경이냐 네오 내오 다할소냐	행기에 보리밥이요 사발에 콩잎 채워라 내 밥 많을 세라 네 반찬 모자랄세라 먹은 뒤 한 잠 즐거움이야 너내 다를소냐

※ 행기 : 놋그릇의 호남 방언

존재 고택 별당

영이재와 존재 부자의 아호를 담은 편액이 방향을 달리해 걸려 있다.

죽헌(竹軒) 고택은 집 전체가 구릉지에 축조되었기 때문에 담장과 사랑채, 안채의 지붕면이 위계(位階) 있고 정연하다. 노거수 두 그루가 지키는 집 앞 계단을 올라 서향한 솟을대문을 들어서면 다시 높은 계단이 눈앞을 막는다. 계단을 직진하면 안채로 통하는 문간채요, 사랑채는 왼쪽 쪽문으로 꺾어야 한다. 직진하면 사랑채, 꺾으면 안채의 일반적인 배치와는 사뭇 다르다. 대문, 안채문, 안채가 동일 축선상이니, 다분히 안채 중심의 건축이다. 건물 배치만 보면 정면 6칸에 팔작지붕을 얹은 안채가 요즘말로 메인빌딩 느낌이 나는 것이다. 그렇다 해서 정면 4칸의 사랑채가 허술하다는 말은 아니다. 대문을 정면으로 바라보는 안채에 비해 사랑채가 별당처럼 비껴 있기에 하는 말이다. 안마당에 들어서면 저절로 오른쪽의 계단과 사당이 눈에 들어오게끔 만든 구조는 조상의 은덕과 사당을 모시는 선비 집안의 의식을 엿보게 한다. 안마당 북쪽에 광채가 세로로 배치되고 안채 남쪽 후면에 단을 달리하여 사당을 두었다.

안채는 '一'자형 6칸 전후 툇집의 겹집으로 팔작지붕을 얹었다. 팔작지붕에 있는 합각을 그냥 두지 않고 깨진 기왓장이나 벽돌로 무늬를 놓아 소박한 장식의 멋을 부여하였다. 기단은 다듬돌 바른층쌓기 세벌대 높이이며 장대석 마감을 하였다. 간살이는 북쪽 앞 2칸은 부엌이며 뒤 2칸은 좌우 방이다. 다음이 큰방이고 중앙은 2칸 대청, 맨 끝이 작은방이며 우퇴가 시설되어 있다. 구조는 2고주 5량으로 납도리에 장여를 받쳤다. 대공은 판대공인데 둥글게 어깨를 굴렸다. 주춧돌은 화강암 가공석으로 네모꼴이며 그 위에는 사각기둥을 올렸다.

문간채와 안채 모두 팔작지붕에 모두 정면 5칸, 6칸의 큰 건물이다. 곳간채가 정면 3칸에 겹집으로, 문높이가 8자 이상으로 높다. 농수산물의 분류와 건조 등의 작업공간을 확보하기 위해 또 비를 피하고 따가운 햇살을 피하기 위해 처마를 길게 달아내고 활주를 받쳤다. 곳간채로서는 이례적이다. 작업 공간을 넉넉히 확보하기 위해서일 것이다. 한옥의 전통적인 형태를 고수하는 것도 의미있지만, 원형을 크게 훼손하지 않으면서 실생활에 적합하게 조금씩 수정하고 응용해 나가는 것이 진정한 개선이고 개량이 아닐까?

사랑채 후면과 안마당 사이 나즈막한 사잇담을 쌓고, 쪽문 없이 담의 일부를 비워 사랑채에서 계단을 통해 안마당으로 바로 진입한다. 개방적이다. 물론 솟을 대문에서 쪽문으로 사랑채에 들어설 수도 있다. 사랑채 툇마루 앞에 조그마한 사각 연지를 파고 가운데 둥근 섬을 만들어 소나무와 버드나무를 심었다. 잘 꾸며진 일본풍의 음지 정원이다. 사랑채는 4칸 전후툇집으로 보이는 곳만 원형기둥이고 나머지는 사각기둥이며 낮은 덤벙주춧돌을 놓았다. 구조는 2고주 5량으로 기둥에 창방을 돌리고 보아지를 끼웠으며 위에 주두를 놓았다. 도리의 모서리는 면으로 접고 장여를 받쳤다. 전면 처마를 길게 빼내 여름철 저녁 햇살을 가리고, 북쪽에 누마루를 들였다. 남도 고택은 좌향과 상관없이 영남이나 경기보다 퇴의 폭이 2배 가까이 넓다. 서향이 많은 방촌만이 아니라 북향인 영광 연안 김씨 종택도 마찬가지다. 햇살도 피하고 잦은 큰비도 피하지만, 덥고 답답한 방보다 마루가 쾌적하지 않을까? 사랑채 높은 툇마루에 앉으면 멀리 천관산 환희대가 눈에 들어온다. 조경(造景)과 차경(借景)이 완벽한 조화를 이룬다.

죽헌 고택 안채
정면 6칸으로 어지간한 대가집 사랑채만큼 당당하고 개방적이다.

죽헌 고택 사랑채와 안채 사이의 샛길.
사랑채 뒤퇴에 판문을 달아 창고로 쓴다.

삶도 공부도 부러운 집성촌 장흥 방촌 위씨 마을

죽헌 고택 사랑채와 사랑채 앞 앙증맞은 연지

방촌마을 일곱 부락 가운데 새터[新基] 마을의 맨 안쪽에 있는 신와(新窩) 고택은 대문은 북향이고 건물은 서향이다. 고택은 안채, 사랑채, 사당, 곳간채, 헛간채, 문간채 등 모두 6동으로 구성돼 살림의 규모를 짐작케 한다. (신와의 '와'는 움집이라는 뜻인데, 집은 절대 움집이 아니다.) 연지를 못 들인 아쉬움 때문인가, 우물은 공동우물을 연상케 할 정도로 규모가 크다. 수량도 풍부해 요즈음도 이 우물을 그대로 쓴다는 게 집주인 위기환 씨의 말이다. 예로부터 풍수에서는 물을 재물로 여겼거니와─ 그래서 들어오는 물을 얻는 것[得水]이 풍수에서는 중요했다, 나가는 물이 보이면 길하지 않다고 여겼고, 물이 주변을 감돌면 더 귀하게 여겼다. 그게 아니라도 물이 넉넉하면 인심도 넉넉했다. 물산이 풍요롭고 물산의 이동에 유리하니. 이중환도 택리지에서

공동우물을 연상케 할 정도로 규모 있는 신와 고택의 우물

사랑채와 비스듬하게 지어진 신와 고택 안채
안채 뒤 축대 아래에 큰 바위부리가 드러나 보인다.

넉넉하고 편리한 삶의 순서를 해거(海居), 강거(江居), 계거(溪居) 순으로 물의 양을 절대 기준으로 삼았다.

문간채에 여름철 어린이 놀이터로 쓰이던 '공로' 다락이 붙어 있는 점, 남녀 공간이 전혀 분리되지 않고 완전히 개방돼 있는 점 그리고 식구 느는대로 증축하다 보니 사랑채(정면 5칸)보다 안채(정면 6칸)가 훨씬 크고 웅장한 점, 사당이 정면 측면 1칸의 소박한 규모라는 점 등을 특징으로 꼽을 수 있다. 위기환 씨는 거대한 바위를 피해 안채를 들이다 보니 안채와 사랑채의 좌향이 약간 비스듬해졌다고 설명한다.

오헌(梧軒) 고택은 오헌 위계룡이 중건한 전통가옥이다. 원래 원취당 위도순이 자리잡았는데, 사랑채에는 세거 인물의 아호 겸 건물의 당호가 편액으로 나란히 걸려 인간과 공간의 공진화(共進化)를 보여준다. 挹翠軒(읍취헌), 願醉(원취), 素庵(소암), 壺亭(호정), 春坡(춘파), 梧軒(오헌), 後溪(후계), 壺谷(호곡), 觴山(상산)…

임진왜란이 터지자 선조는 의주로 피난을 간다. 명색이 임금의 피난인데, 호종팀이 서애 유성룡 등 십여 명에 불과했다. 먹을 것이 떨어져 갓 무과급제한 말단 무관이 민가에서 서숙밥을 구해 바쳤다. 선조가 '정말로 맛있는 밥을 구해왔다'고 치하하고 즉석에서 언양 현감에 제수한다. 그 무관은 임란 호종으로 공훈록에 두 번 등재되고, 호조판서에 추증된다. 판서공 위덕화의 유래다. 판서공 종택은 안채, 사랑채, 행랑채, 사당, 창고 등 여덟 채가 입 구(口)자를 이룬다. 1624년 지었다는 사당의 쇠꺾쇠는 녹았지만 밤나무 기둥은 아직 생생하다.

판서공파 종택은 종택답게 안마을[內洞]하고도 가장 깊숙한 곳에 자리하고 있다. 아들 정철(廷喆), 손자 동전까지 3대 무과 급제에 정철, 동전 부자가 74살, 64살로 모두 수까지 하니 본격적인 장흥 위씨의 시대가 열린다. 동네에 모두 10개가량 되는 사당은 대부분 단칸이지만, 판서공 종택만 정면 3칸의 큰 사당을 두고 있다.

오헌 고택 입구는 무겁고 폐쇄적으로 보이지만, 거기 사는 이들은 매우 개방적이고 친절하다.

방촌리는 고택만으로 우리를 부르지 않는다. 사람들의 친절도 기억할 만하다. 고택에 살면 너무 불편하고, 주말마다 들이닥치는 관람객들이 이만저만 귀찮지 않을 것이다. 그걸 감내하면서 웃는 낯으로 맞아주신 분들께 진심으로 감사한다. 해마다 음력 10월 중순, 전국의 장흥 위씨가 방촌으로 몰려들어 2박 3일 시제를 지내고 계취를 즐기며 우의를 다진다. 볼 만 하겠다.

오헌 고택의 곳간채

곳간채로서는 이례적으로 천정을 8자 이상으로 높이고 처마를 길게 끌어내 활주를 받쳤다.
농수산물의 분류와 건조 등의 작업 공간을 넉넉히 확보하기 위해서일 것이다.

삶도 공부도 부러운 집성촌 장흥 방촌 위씨 마을

꼿꼿한 충절의 고향

노론 가문의 호연재

동춘당과 은진 송씨 고택

창살이 아름다운 소대헌 사분합문
회덕 동춘당 바로 옆에 있다.

대전 회덕과 은진 송씨

접근성과 희소성은 양립하기 힘든 가치다. 인간은 천성이 간사해 쉽게 접근할 수 있으면 귀한 줄 모른다. 한편 인간은 천성이 게을러 접근하기 어려우면 알려 들지 않고, 알지 못하면 귀한 줄도 모른다. 이래저래 대부분의 인간은 대개의 경우 사람이든 물건이든 귀한 인물, 귀한 물건인 줄 모르고 산다. 그냥 당연하게 두고 지내다가 없어져 봐야 아쉬운 줄 안다. 그래서 든 자리는 몰라도 난 자리는 안다고 했던가! 누구나 쉽게 접근할 수 있는 회덕 동춘당이 딱 그렇다. 대전광역시 대덕구 도심 한복판, 접근성은 더할 수 없이 높다. 그러나 동춘당 송준길 선생의 학덕은 범접하기 어렵다. 건물 동춘당은 접근성이 높아 귀한 줄 모르고, 인물 동춘당은 접근하기 어려워 역시 귀한 줄 모른다. 아, 건물도 사람도 동춘당이니 헷갈리기 십상이니, 건물은 동춘당, 인물은 선생이라 칭하자.

회덕, 올챙이 방송기자 시절부터 매우 익숙한 지명이다. 회덕인터체인지, 경부고속도로에서 호남고속도로가 갈려나가는 지점이라 연휴 끝이나 명절 끝이면 항상 어마어마하게 차들이 밀리는 지점이었다. 그래서 회덕하면 차 밀리는 곳, 이런 등식이 뇌리에 깊이 박혀 있었고, 명절이나 연휴마다 고속도로상황을 알리는 중계차에 출연해야 하고, 스스로 운전도 하는 필자로서는 당연히 회덕의 이미지가 별로 좋지 않았다. 그런데 원래 회덕(懷德)은 품을 회(懷) 큰 덕(德), 덕성을 품은 고을이라는, 아주 좋은 뜻이란다. 그 회덕에 송촌동(宋村洞)이 있다. 송씨 집성촌이라는 뜻이다. 송씨와 회덕의 인연은 언제 어떻게 시작됐는가?

은진 송씨의 회덕 입향조(入鄕祖)는 고려말 송명의(宋明誼)다. 그러나 송씨가 '회송'(懷宋, 회덕 송씨)이라고 칭해질 만큼 회덕에 크게 자리잡은 것은 송명의의 손자 쌍청당 송유(雙淸堂 宋愉:1389~?) 때부터다. 송유는 고려 말 인물로 4살 때 아버지가 죽고 홀어머니 아래 자랐다. 무예를 즐겨 일찍 호분위(虎賁衛) 부사정(副司正)에 오르나, 23살 때 고향 근처인 회덕으로 내려왔다. 태종 이방원이 계모인 신덕왕후 강씨(康氏) 위패를 태조묘(廟)에 함께 모시지 않은 데 대한 항의였다 한다. 송유는 원일당(源日堂)을 지어 어머니 고흥 유씨를 모시고, 사당과 7칸 짜리 독서당 쌍청당을 지어 조상을 모시고 책을 읽었다. 이후 친척이 모여 마을을 이루니 '송촌(宋村)'이다. 쌍청당은 홑처마와 팔작지붕을 네모기둥으로 받치고, 전면 3칸, 옆면 2칸으로 오른쪽 2칸은 대청, 왼쪽 1칸은 온돌방이다. 민간주택으로서는 드물게 단청을 했다. 단종 복위를 시도하다 죽은 사육신의 한 사람 박팽년(朴彭年)은 '쌍청당기문'에서 말했다.

"천지 사이에 바람과 달이 가장 맑은데, 사람의 마음이 신묘함도 이와 다를 바 없다. 다만 드러난 모습에 구애되고 물욕에 더럽혀져서, 본체를 온전하게 보전하지 못하는 데서 다를 뿐이다. 연기와 구름이 모여들어 온누리가 침침하다가도, 맑은 바람이 이를 쓸어내고 밝은 달이 공중에 떠오르면, 위와 아래가 뚫리고 맑아져서 티끌만한 점철도 없어지니, 오직 마음을 온전하게 지켜 더럽힘이 없는 자만이 이와 같이 될 수 있다."

회덕의 은진 송씨 종택은 선생의 5대조 송요년(宋遙年)이 15세기 후반 처음 짓고, 현재는 1835년 마지막 중건된 모습이다. 송요년은 당시로서는 드물게 71살로 장수하는데, 51살에 사위 강귀순과 함께 대과에 급제했다. 좋게 말해 마음먹으면 끝장을 보는 의지 강한 인물이고, 나쁘게 보면 집착이 심한 옹고집이었던 듯하다. 말을 타고 먼 길을 가다가 낙마한 후유증으로 이듬해 사망했다고 전하는

동춘당 종택 사랑채
정면 6칸에 왼쪽 끝에는 안채로 들어가는 대문간이 달렸다. 기둥마다 주련이 달렸는데,
초서 글씨에 색깔까지 많이 바래 해독하기 어려운 점이 아쉬웠다.

동춘당(同春堂) 보물 209호

크지 않고 아담해 선생의 겸허한 자세를 보여준다. 문제는 영어 번역 'Treasure No. 209'인데,
얼른 보면 그럴싸한 번역이지만 전혀 아니다. 말도 안 된다. 문화재 가운데 '보물Treasure' 아닌 것이 어디 있으며,
개인의 보물Private Treasure이나 가문의 보물 Family Treausure이 아니고 국가가 지정한 문화재는 모두
'국가의 보물'이니 National Treasure라 해야 맞다. 굳이 현재의 '국보'와 '보물'을 구별해 쓰려면
'National Treasure' 1급, 2급으로 구분할 일이다.

데, 당시로서는 노인 중의 상노인인 70 나이에 말을 탔다니 정말 의지와 성정이 대단한 사람이었던 모양이다.

종택은 충청에서 보기 드문 'ㄷ'자형 안채, 바깥에 'ㅡ' 자형 사랑채를 배치하고 담장으로 연결해, 전체는 튼 'ㅁ'자 모양이 되었다. 정면 6칸의 사랑채는 큰사랑과 작은 사랑에 별도의 마루방이 붙었고, 안채 서쪽 날개채는 안방과 부엌, 마루 등이 겹쳐진 양통집이다. 사랑채와 안채 사이에 내외담이 있어, 안내판에 따르면 공간을 '절묘하게' 분리했다. 안쪽 높은 곳에 '송씨가묘(宋氏家廟)' 현판이 붙은 사당이 2개 있는데, 불천위(不遷位) 별묘를 위에 모시고, 일반 가묘는 약간 비껴 내렸다. 불천위 별묘는 부조묘(不祧廟)라고도 한다.

불천위는 4대 봉사, 고조부까지 제사지내는 대원칙이 적용되던 유교 봉건사회의 유제다. 4대 봉사 체제에서는, 주손이 죽으면 다음 주손이 사당의 신위 가운데 가장 오래된 5대조의 신위를 꺼내 땅에 묻는다. 그런데 나라에 큰 공을 세운 인물에 대해서는 조정에서 공론을 거쳐 신위를 땅에 묻지 말고 대대손손 기제사를 지내도록 정하는 경우가 있다. 이 신위를 가리켜 옮기지(遷) 않는(不) 신위(位)라 해서 불천위(不遷位)라 한다. 불천위 제사를 모실 때 그 가문을 '종가(宗家)'라고 표현하고, 그 장손(長孫)을 종손, 종손의 부인을 종부라 칭한다. 불천위 제사를 모시지 않는 집안의 장손은 주손(冑孫)이라 부르는 것도 알아둘 만하다. 그러므로 3대 종손, 4대 종손은 있을 수 없다.

'송씨가묘(宋氏家廟)'
일반적으로 사당은 한 채지만 이 종택은 사당이 두 채다. 사진 왼쪽 솟을대문을 통해 직진하면 불천위 사당.
4대 봉사(奉祀)를 위한 4대의 위패를 모신 사당은 오른쪽 아래에 비껴 서 있다.

동춘(同春), 살아있는 봄과 같아라

　동춘당은 선생이 관직에서 물러나 스스로 공부하면서 손님을 맞고, 한편 후진을 양성하기 위한 강학 공간이다. 낮은 기단 위에 사각으로 다듬은 주초를 놓고 정면 3칸의 자그마한 겹집에 팔작지붕을 얹었다. 네 칸 마루와 두 칸 방은 사이의 분합을 들어올리면 통으로 쓸 수 있다. 바깥에는 난간 없는 장마루를 두르고, 영쌍창을 달았는데 툇마루 쪽은 민가에 보기 드문 삼중 창호다. 온돌방 부분은 상류계층 집에서만 보이는 머름을 댔고, 대청 앞 띠살문은 여름에 활짝 열 수 있다. 현판은 선생의 평생 동지요 친구며 가까운 친척형인 우암 송시열의 글씨다.

송시열은 물론, 영의정을 지낸 김수항, 김창흡 부자 등 당대 날리던 명사가 남긴 방문기가 동춘당 안에 걸려 있다.

선생은 일찍이 19살에 생원과 진사 양과에 합격했으나 대과 급제에는 거리가 있었다. 저서도 〈어록해(語錄解)〉, 〈동춘당집(同春堂集)〉 단 두 권, 대단한 학문적 업적을 남기지도 못했다. 그러나 병조판서로 효종의 북벌론(비현실적인 허망한 꿈이었지만)을 추진하고, 대사헌, 성균관 좨주(祭酒), 이조판서 등 고위직을 두루 거쳐 사후에는 성균관 문묘에 배향된 동방 18현의 1인이 된다. 비결은 무엇일까? 우선 본인의 처신이 '동춘(同春)', 봄과 같이 온유하고 겸허했다. 노론의 영수 우암을 강력히 지지하면서도 남인과 소론에 대한 악형에 일관되게 반대하고, 여러 차례 우암과 소론의 영수 윤증 부자와의 화해를 시도했다.

초여름, 분홍빛 꽃이 화려하게 만개한 배롱나무가 방문객을 맞는다.
배롱나무는 껍질 없이 매끈한 몸매를 하고 있는 모습이 청렴결백한 선비를 상징한다 하여
서원이나 정자 옆에 많이 심었다.

동춘당 내부
방과 마루는 분합을 들어올리면 전체를 통으로 쓸 수 있도록 돼 있다. 건너편 벽 쌍창 아래 머름이 눈에 들어온다.

인적 네트워크가 결정적으로 중요했다. 우암과는 친가 은진 송씨의 척분도 있었지만, 할머니끼리 자매간인 진외(陳外家, 아버지 외가. 어머니 외가는 외외가라 하고, 부인의 외가는 처외가다.) 6촌간이라 어릴 때부터 항상 붙어 다녔다. 또 예학의 정맥 사계(沙溪) 김장생이 선생의 외조부 김은휘(金殷輝)의 조카니, 선생과는 외종숙인 인연으로 일찍부터 사계의 문하에 들었다. 아버지 송이창(宋爾昌)의 외조부가 병조판서를 지낸 이윤경(李潤慶)에, 선생의 장인 정경세(鄭經世)는 동인의 영수인 서애(西厓) 류성룡(柳成龍)의 수제자, 처남댁은 영남 유학의 태두격인 회재(晦齋) 이언적(李彦迪)의 증손녀였다. 언급된 인물 가운데 이언적, 김장생과 김집 부자, 송시열, 그리고 선생 본인까지 5분 모두 성균관 문묘에 배향되니, 오늘날로 치면 노벨상으로 인맥을 메운 셈이다. 참으로 어마어마한 인맥이다.

동춘당 내부에 걸린 방문기
왼쪽으로부터 화양노인 송시열, 김수항, 김창흡 등 쟁쟁한 인물들이 방문기를 남겼다.

여기까지는 가문의 선택이요 본인의 선택은 아니었는데, 선생의 인맥에 방점을 찍은 것은 선생 자신의 선택이요 안목이었다. 제자 가운데 가려 사위로 삼은 민유중(閔維重)은 호조판서가 되고, 민유중의 딸 즉 외손녀가 숙종의 계비(繼妃) 인현왕후가 된다. 그리고 공조판서가 되는 외손 민진후의 5대손에 명성황후가 탄생한다. 선생의 증조부부터 본인에 이르기까지 대과 급제의 기록은 없다. 실력에 비해 시험 운이 없는 것인지도 모른다. 그러나 필자도 나이들고 보니, 책상위에서 펜대 굴려 글 쓰고 기획안 그리는 것은 약간 머리 있고 부지런하면 그리 어려운 일이 아니었다. 인간이 하는 일 가운데 정말 어려운 것은 책상에서 일어나 남의 마음을 읽고 남을 내 뜻에 맞게 부리는 일이었다. 그러니 대과 급제 않고도, 살아 현달하고 죽어 명예롭고 자손 번창한다면 또한 본받을 만하지 않을까?

남존여비의 시대 호연재(浩然齋)
여시인의 호방한 시세계

동춘당을 나와 동쪽으로 걸음하면 시비(詩碑)가 하나 서 있다. 동춘당 선생의 증손부 안동 김씨 부인의 시비인데, 아호가 호연재(浩然齋)다. 호연재라, 남녀 차별이 극심한 조선 후기, 얼마나 답답했으면 여류 시인이 스스로를 호연재라 불렀을까? 시비에 새겨진 시제는 '야음(夜吟)', '밤에 읊다'다.

月沈千嶂靜 泉暎數星澄 (월심천장정 천영수성징)
竹葉風煙拂 梅花雨露凝 (죽엽풍연불 매화우로응)
生涯三尺劍 心事一懸燈 (생애삼척검 심사일현등)

274

調帳年光暮 衰毛歲又增 (조장연광모 쇠모세우증)

달빛 잠겨 온 산 고요한데

샘에 비낀 별빛 맑은 밤

안개바람 댓잎에 스치고

비이슬 매화에 엉긴다

삶이란 시린 석차 칼인데

마음은 한 점 등불이라

서러워라 또 한해 저물거늘

흰머리에 나이만 더하누나

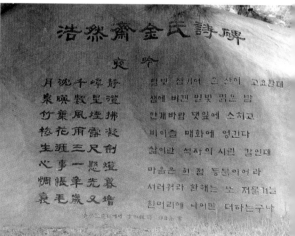

동춘당 선생의 증손부 안동 김씨 호연재(浩然齋) 시비

야음은 여성이 밤에 읊은 시라기에는 너무 비장하고, 호연재는 여성의 아호라
기에는 너무 호탕하다. 호연재 안동 김씨는 17세기에서 18세기로 넘어가는 여류
문학사의 공백을 메꾸어 줄 만한 뛰어난 여류 시인이다. 혹자는 이매창, 허난설
헌을 잇는 대가로 높이 평가한다.

清夜消消達五更 半生自累眼中明 (청야소소달오경 반생자루안중명)
盛衰不在勉非勉 善惡有關誠未誠 (성쇠불재면비면 선악유관성미성)
言不慎機知自取 德難忍苦悔由生 (언불신기지자취 덕난인고회유생)
如今老至猶無行 何面他時見父兄 (여금노지유무행 하면타시견부형)

맑은 밤 초초히 오경에 사무치니
반생의 허물 눈에 더 밝히네
성쇠는 힘쓴다고 되는 게 아니나
선악은 성심에 좌우되는 것
말씀은 기틀만 갖추면 스스로 취해지나
덕은 괴로움을 못 참으면 뉘우치게 되리라
이제 늙어 여기 이르렀으나 행한 게 없으니
어느 낯으로 다른 때 부형을 뵈오리

- 김 호연재, '자회(自晦)'

호연재는 답답하고 근심이 많았던 것같다. 스케일은 크고 흉중에 큰 뜻을 품
었으되 자유분방한 친정과는 달리 시집은 꽉 막혔던 모양이다. 시어에서도 그의

소대헌 또는 호연재 사랑채
사진 왼쪽이 정면 5칸의 큰사랑, 오른쪽 일부만 나온 건물이 정면 7칸의 작은사랑이다.
자연석으로 기단을 쌓고 잘 다듬은 돌로 주초를 놓았다. 가운데 장대석계단을 오르면 안채로 통하는 대문이다.

호연지기가 잘 드러나, '건곤' '초연' '삼척검' '성쇠' 등 남성적 시어를 자주 구사
했다. 괴로운 현실에서 벗어나기 위해 자주 술을 마셨고, 담배도 많이 피웠다. 담
배를 '근심스런 창자를 풀어주는 약(願將此藥解憂腸)'이라고 불렀을 정도였다. 결국
호연재는 42살에 죽는데, 한 살 아래인 남편 송요화는 그로부터 42년을 더 살고
83살에 죽는다.

醉後乾坤闊 開心萬事平 (취후건곤활 개심만사평)
悄然臥席上 唯樂暫忘情 (초연와석상 유락잠망정)

취한 뒤에는 천지가 넓고
마음을 여니 만사 태평일세
초연히 자리에 누우니
오직 즐거워 잠깐 정을 잊네

- 김 호연재, '취작(醉作)'

　호연재의 시가 알려진 것은 증손부 청송 심씨 덕분이다. 동춘당 선생의 증손부인 호연재 안동 김씨가, 본인의 증손부 청송 심씨 덕에 후세에 알려지는 것도 기연이라면 기연이다. 청송 심씨는 68살에, 청송 군수로 부임하는 아들 송규희를 따라가 시증조모 호연재의 한시 192제 237수를 〈증조고비시고(曾祖考妣詩稿)〉로 필사했다. 가전되던 호연재 시는, 1977년 간행된 〈호연재시집〉에 72제 91수가 소개되면서 세상에 알려졌다. 그의 시는 가부장적 세계에 대한 끊임없는 저항의식, 자연의 아름다운 순간에 대한 섬세한 묘사, 이상 세계에 대한 환상적 동경 등 몇 가지 특징이 있다.

　남은 시는 모두 출가한 1699년 이후의 것들이다. 그녀는 어릴 때부터 자유롭게 시작을 하던 가문에서 자랐다. 친가는 남녀노소 적서의 차별 없이 모두 시를 함께 짓고 수창했다고 한다. 심지어 서모 이옥재조차 시인으로 이름을 남겼다. 그러나 시가는 유교적 가부장적 유교 윤리와 규범이 철저하게 시행되는 폐쇄적

호연재 좁은 뒤퇴
아마 여시인은 어른들 눈에 띄지 않게 뒤퇴에 앉아, 즐기는 담배를 태웠을 것이다.

노론 가문의 호연재 동춘당과 은진 송씨 고택

인 노론 집안이었고, 여성은 가부장 질서에 순응해야만 했다. 그의 유고로는 친정마을 오두리를 추억한 〈오두추치(鰲頭追致)〉, 〈호연재 유고(浩然齋遺稿)〉 그리고 스스로를 다잡는 〈자경편(自警篇)〉 세 권이 전해진다.

「소대헌? 오숙재?」
아니 「호연재 고택」!

몇 걸음 더 가면 당호도 재미난, 소대헌(小大軒) 고택이 나온다. 당호를 직역하자면 '작은집큰집'인데, 실제로도 그렇다. 크고 작은 사랑채 2동이 나란히 서있는 재미난 배치다. 대문을 들어서 왼쪽이 큰사랑채인 소대헌, 오른쪽이 작은사랑채인 오숙재고, 그 뒤 중문을 지나면 안채다. 큰사랑채에는 넓은 대청과 온돌방을 배치하고 방 사이에 미닫이를 달았다. 작은사랑채는 오른쪽 끝 퇴를 한 단 높여 아궁이에서 작업할 때 편의를 도모하면서 운치도 살렸다. 큰사랑에 너른 대청을 둔 특이한 구성은 이 집안의 넓고 두터운 인맥과 활발한 교류를 말해준다. 작은사랑 왼쪽 끝에 안채로 통하는 문이 달려 있다. 동춘당 선생의 손자 송병하가 분가하면서 살기 시작해 현재 11대손까지 살고 있는 집인데, 집이름 즉 당호(堂號)가 논란꺼리다. 원래 동춘당의 증손 송요화의 아호를 딴 소대헌, 고손 송익흠의 아호를 딴 오숙재, 또는 20세기 말 후손의 이름을 딴 송용억 고택 등으로 불렸으나, 최근에는 여시인의 아호에서 호연재 고택으로 부르는 경향이 있다. 그게 옳을 것이다. 동춘당도 동춘당 선생이 아니면 동춘당이 아니듯, 집은 집을 가장 빛낸 사람 이름으로 불려야 하지 않겠나?

소대헌? 호연재!

꽉 닫혀있는 문과 두툼한 머름에서 호방했던 여시인 호연재의 답답한 심경을 공감한다.

노론 가문의 호연재 동춘당과 은진 송씨 고택

핍박 받는 백의정승
논산 명재 고택

명재 고택의 명물 질서 정연한 장독대 배치를 보라

요즘 젊은 사람들, 엄친아 엄친딸 이야기 들으면 짜증난다고 한다. 우리 주인
공이 바로 18세기 조선을 대표하는 엄친아였다. 명문의 후손으로 태어나, 당대
잘 나간다는 대학자, 고관대작을 모두 선생으로 모셨다. 그중에서도 가장 대단하
다는 선생에게 배운 지 몇 년 되지도 않아 선배들 제끼고 수제자로 꼽혔다. 과거
도 보지 않는데 벼슬 하라고 임금이 성화부리더니, 나이 70이 넘어 80 되도록 임
금 셋이 교대로 독촉이다. 벼슬 사양하는 상소만 70번 올렸단다. 관복만 입지 않
았지 정승급이라 '백의 정승'이라 불리고, 조정에 나간 적도 없는데 한 정파의 영
수로 군림한다. 80줄에 접어드니 제자들이 돈 모아 몇 백년 버틸 집을 지어바친
다. 몸이 죽으니 얼굴 한번 본 적 없는 임금이 친히 제문을 지어 보낸다. 죽은 지
백 년, 난중에도 재난이 후손을 피해가고, 200년 후에는 전쟁이 났는데 동네 주
민들이 그 집 폭격을 말릴 지경이다. 진정한 엄친아다.

　필자도 젊은 시절 한때 엄친아 소리 듣고 살았지만 이건 너무 하다. 적은 나이
가 아닌 필자도 이런 사람 접하면 슬며시 화가 난다. 도대체 누구길래, 전생에 나
라를 몇 번이나 구했길래. 세상 정말 불공평하다. 그러나 불공평하다고 치부해버
리면 마음이야 편하겠지만, 내게 무슨 도움이 되고 세상에 무슨 발전이 있을까?
불공평하다고 불평하기보다는 그의 생에 내가 또는 우리들 평범한 사람이 비슷
하게라도 따라 할 수 있는 대목은 혹시 없는지 찾아보는 게 발전하는데 도움되지
않을까? 주인공은 18세기 유학자요 소론의 영수 명재 윤증이다.

만개한 배롱나무 꽃

충남 논산 노성면, 배롱나무가 심어진 연못과 어우러진 운치있는 고택이다. 야트막한 노성산을 진산으로 더 작고 더 둥근 야산을 뒤로 베고, 왼편으로 더 낮은 언덕이 뻗어내려온다. 야산은 옥녀요 왼편 언덕은 거문고니 옥녀탄금형의 명당이다. 그러면 그렇지, 이런 명당을 깔고 먹고 자고 살았으니 그런 복락을 누리지 않았을까? 근데 그것도 아니란다. 제자들이 이런 명당에 좋은 집을 지어줬지만 정작 명재는 이 집에서 며칠 살지도 않았다. "내게는 과분해"하면서 가끔 점검만 할 뿐 평생 살던 초옥을 떠나지 않았고, 남은 유족들이 명재가 남긴 유산-복을 누리게 된다. 그래서 어떤 사람은 명재 고택은 명재가 살지 않았기에 더욱 감동이라 한다. 이 대목은 안동 하회를 대표하는 인물 류성룡 종가 충효당과 아주 비슷하다. 충효당은 류성룡 사후 제자들이 돈 모아 집을 지어 유족에게 바친 케이스다.

멀리서 본 명재 고택
풍수들은 나지막한 뒷산이 옥녀봉이고,
고택의 지세는 옥녀탄금형이라 풀이한다.

이제 우리 주인공에 대해 조금 알아보자. 명재는 조선조 왕비를 5명이나 배출한 왕비족 파평 윤씨다. 할아버지 윤황과 아버지 윤선거가 모두 과거에 급제해 할아버지는 실제 대사간, 아버지는 영의정을 추증받았다. 윤순거, 윤문거 등 아버지 3형제가 모두 당대 명필로 이름을 날렸으니 좋은 혈통을 타고난 셈이다. 아버지 윤선거는 기호학파의 원조격인 우계 성혼의 외손에 김집의 제자였고, 명재 본인은 아버지 윤선거와 승지를 지낸 장인 권시를 거쳐 김집과 송시열에게 배웠다. 송준길을 제외하면, 당대 기호학파 또는 서인의 주요 인물 가운데 직접 인연 맺지 않은 인물은 거의 없었고, 명재는 송시열 문하에 든 지 얼마 안 돼 '수제자'로 지목됐다. 그러나 아이로니컬하게도 뜨거운 사제 관계가 뜨거운 투쟁 관계가 되고, 집단은 노론과 소론으로 갈라져 피튀기는 당쟁을 거듭하게 된다. 발단은 북벌론자요 혁신유학자 윤휴(尹鑴)였다.

회니변설, 송시열 vs. 윤증
스승과 수제자 갈라서다

윤휴는 대사헌을 지낸 북인 계열의 윤효전의 늦둥이였다. 두 돌 전에 아버지를 여의고 편모 슬하에서 사실상 독학으로 일가를 이뤘다. 성격이 자유분방해 친교(親交)는 당색에 구애받지 않았으며, 재질이 출중해 출사한 뒤 대사헌과 판서에 올랐다. 예송 논쟁에서 주자의 해석에 반론을 제기함으로써 주자를 교조적으로 추종한 송시열 일파로부터 '사문난적(斯文亂賊)'으로 몰렸다. 윤선거는 윤휴의 독창적이고 참신한 사고를 높이 평가했는데, 때문에 송시열과 윤선거의 오랜 친구 관계까지 무너진다. 송시열은 윤선거도 윤휴 동조자라 오랫동안 의심하다가, 급기야는 강화도에서 죽지 않았다는 치명적 약점을 들어 이미 죽은 윤선거를 공격했다.

甘心莝荳不知羞 覥面重來躡儵遊 (감심좌두부지수 전면중래섭준유)
莫向淸流浣衣袂 却恐衣袂浣淸流 (막향청류완의몌 각공의몌완청류)

수치를 모르고 말꼴을 먹고는
뻔뻔스레 다시와 호탕하게 노니누나
맑은 물에 옷소매 빨지 마소서
때 묻은 옷소매에 청류 더럽혀질까 두렵소

아버지의 강화도 생환을 우롱하는 시까지 지어 읊자 스승 송시열의 정치적·학문적 견해와 아버지의 명예 사이에서 번민하던 명재도 스승과 절연을 선언했다. "부친이 죽어야 될 의리는 처음부터 없었고, 부친이 살아남게 된 것은 천명"이라 반박했다. 그게 '회니변설'(懷尼辨說, 회덕 송씨와 이성, 즉 논산의 파평 윤씨의 논쟁)이었고, 노론과 소론의 분열이었다. 노론 일파는 역모 사건까지 조작하면서 '전 조선의 노론화'를 획책했고, 숙종을 비롯한 국왕들은 오락가락하면서 갈등을 부추기고 분열을 가속화했다. 명재는 어차피 문제를 해결할 수 없다는 판단으로 노론 조정에 출사를 완강히 거부했다. 다만 중요한 현안이 발생할 때마다 상소를 올려 노론의 일방적 정국 운영을 견제하며, 안전판 역할을 다하려 했다.

1680년 신유년, 숙종은 정국 안정을 위해 송시열, 박세채, 명재 세 원로를 불렀다. 송시열과 박세채는 응했으나, 명재는 질문을 던졌다.

"첫째, 서인과 남인 사이의 원독(怨毒)을 풀 수 있는가?

둘째, 3척(三戚)의 정치 개입을 막을 수 있는가?

셋째, 자기편만 중용하고 반대파는 배척하는 폐단을 시정할 수 있나?"

3척이란 여흥 민씨, 광산 김씨, 청풍 김씨의 3대 성씨로, 외척 세력을 의미한다. 당시 여흥 민씨와 광산 김씨, 청풍 김씨 3대 성씨가 왕비를 끼고 조정을 장악하고 관직을 매매하며 당쟁을 주도해 폐해가 심각하다는 인식에서 나온 질문이었다. 여흥 민씨는 숙종의 계비 인현왕후의 친정으로 노론, 청풍 김씨는 현종비 명성왕후의 친정이며 역시 서인, 마지막 광산 김씨는 숙종 원비 인경왕후의 친정으로 남인의 중심이었다. 특히 인현왕후의 아버지 민유중의 폐해가 컸는데, 아이로니컬하게도 송시열, 박세채, 명재를 초청하자는 아이디어를 숙종에게 제안한 인물이 민유중이었다. 결국 이 아이디어는 무산되고, 당쟁은 악화일로를 치달았다.

가까운 사람들이 사이가 멀어지면 훨씬 독한 원수가 된다. 전쟁의 양상도 정말 치사해진다. 워낙 서로간에 공유하는 내밀한 이야기가 많고 사소한 작은 일도 갈등을 부추기는 원인이 된다. 대기업 형제간의 경영권 분쟁이 소송으로 치닫고, 이혼이나 상속 분쟁이 외부인 보기에 더럽고 치사한 이유도 비슷하다. 같은 뿌리인 서인에서 갈라진 노론이 소론 대하는 게 그랬다. 노론이 정권을 잡고 나서는 동인, 그리고 동인에서 갈라진 북인이나 남인보다, 소론을 훨씬 더 심하게 핍박했다. 송시열이 윤선거-명재 부자와 가까웠던만큼 그에 정비례해 송시열의 보복은 치열했다. 아니 치사했다. 뭐든 트집거리를 찾아 명재를 아예 끝장내려고 일거수일투족을 감시했다. 감시의 눈을 늘리기 위해 노성향교를 명재의 집 바로 옆으로 옮기고, 교수와 학생들이 일년 365일, 한달 30일, 하루 24시간 감시하게 만들었다.

사랑채 누마루와 안채
사랑채는 담도 솟을대문도 문간채도 없이 바로 노출돼 있다.

　유교에서는 '군사부(君師父) 일체'라 한다. 임금과 스승과 아버지가 하나라는 뜻
이다. 스승에 대한 배신, 배사(背師)는 불충 불효와 맞먹는 패륜 행위로, 사회에서
매장당해 마땅했다. 불효와 배사, 양날의 칼을 놓고 한쪽을 선택한 이상 다치지
않고 넘어가기는 어려웠다. 다만 치명상만은 피해야했다. 여기서 의문이 든다.
자신과 학문적 입장이 다르다 해서 사문난적이라 비난하는 송시열도 속좁은 인
간이지만, 명재도 그렇지. 어지간하면 세상과 타협해 벼슬도 하고 스승의 심기를
살펴 온건론을 펴면 어때서 꼭 그렇게 사생결단하고 싸워야 하나? '예(禮)'가 뭐길
래? 그러나 전통 유교사회에서 '예' 이슈는 우리가 생각하듯 단순하지 않았다. 그
것만으로도 책 몇 권 분량이니 생략하고 넘어가자. 어쨌든 노론 세상에 소수파
소론으로 살아가기란 어려울 수밖에 없었다. 명재는 필사적이었다. 더는 책잡히
지 않으려고, 조심과 신중을 생활화했다. 주변에도 당부 또 당부하니 근신의 증
거가 곳곳에 손에 잡힌다.

　첫째 장독대다. 대부분의 사람은 장독대에 감탄한다. 아니 기가 질린다. 진시
황의 병마용과 규모는 달라도 비슷한 감흥이다. 그 많은 장독대가 질서정연하게
줄 서 있고, 하나하나는 햇볕을 받아 반짝거린다. 신중과 조심이 파평 윤씨의 가
풍이 돼 버린 느낌이다.
　둘째 배롱나무다. 여름이면 고택 정원과 윤씨 문중 서당 종학원에서는 배롱나
무가 만개한다. 배롱나무 꽃은 고결하지만 찔레꽃처럼 곱고도 처연하다. 껍데기
가 벗겨져 반질반질 윤이 나는 배롱나무 등걸에서 선비의 깡마른 체형과 도도한

얼굴이 겹쳐 보인다.

셋째, 고택 사랑채다. 잘 다듬은 돌로 쌓은 아래 5단 위 2단의 이중기단, 그 위에 우뚝선 사랑채는 도도하다. 주추는 각지게 깎고, 문살은 민가에서 흔치 않은 '亞'자 무늬다. 한편 지붕과 처마끝선은 한없이 부드럽다. 주인의 품성은 도도한가 부드러운가? 모난가 둥글둥글한가? 속내를 가늠하기 어렵다.

넷째, 사랑채와 안채 문이다. 틈에 골을 판 사랑채 문은 문풍지 필요없이 아귀가 꼭 맞다. 안채 뒤 바라지창의 판문의 나무 무늬는 정확한 좌우 대칭이고, 삐걱대는 법 없이 여닫긴다. 이토록 깔끔한 DNA와 외양에서 몇 가지 오해가 생겼다.

핍박 받는 백의정승 논산 명재 고택

오해 1. 옹고집에 폐쇄적이다. 숙종조 후반 이래 조선의 정치와 학문 사상계를 철저히 장악한 노론이, 자신들과 견해가 다른 명재를 '옹고집'이니 '편벽한 사고'니 하고 몰아붙인 결과일 수 있다. 또 노론의 교조적이고 격한 공격에 대응하다 외골수로 비친 측면도 있다. 사랑채 편액 '이은시사(離隱時舍)'도 그런 인식을 부추긴다. '세속을 떠나 은둔하면서 천시를 연구하는 집'이라는 뜻이니 세상을 등졌다고 공개선언한 셈이다. 결론부터 말하면 우리 주인공 명재는 옹고집도 아니고 폐쇄적이지도 않다. 벼슬만 하지 않으면 세속을 떠난 것인가? 찾는 이가 얼마나 많은데… 서인인 아버지 윤선거가 남인 계열인 윤휴의 견해를 옹호했듯, 명재도 타인 특히 후배들의 다양한 견해를 존중한 개방적 인물이었다.

사람의 성격은 의식주에서도 잘 나타난다. 고택의 구조를 보자. 명재 고택 사랑채는 적극적 개방주의다. 노론의 감시에 역으로 대응한 측면도 있다. 숨고 숨기기보다 활짝 열고 보여준다. 담도 솟을대문도 문간채도 없이 바로 사랑채다. 입구에서 사랑채 사이에는 소나무 몇 그루와 배롱나무가 꽃 피우는 정원과 연지가 있을 뿐이다. 사랑채 내부도 개방적이다. 찾는 사람이 많아 사랑채 온돌방이 좁으면 대청마루 쪽 들문을 열어 통으로 쓴다. 향교에 머무는 교수와 학생, 향교에 드나드는 이들에게, "볼 테면 얼마든지 봐. 우리 숨길 거 하나 없어."라고 외치는 듯하다.

오해 2. 명분에 집착해 현실을 외면한다. 꼿꼿한 선비에서 우리는 그런 인상을 받는다. 명재가 알면 무척이나 서운해 할 일이다. 봉제사 접빈객(奉祭祀接賓客),

판문을 활짝 연 안채 대청마루

제사 지내고 손님 맞는 것은 유가의 가장 중요한 법도다. 예송 논쟁도 상례 때 입는 상복 때문에 벌어진 일이다. 집주인은 예학의 대가로되, 허례를 싫어하고 허식을 거부한다. 제사도 묶어 지내고 제사상도 간소하다. 탕(湯)도 갱(羹)도 없고 송편도 전도 빠지니, 젯상이라야 평소 밥상보다 조금 큰 정도? 현실적, 실천적 인물, 명재의 유언을 들어보라.

> "제상에 떡을 올려 낭비하지 말 것이며,
> 일꺼리 많은 유밀과 기름 든 전도 올리지 말라"

남녀가 내외하던 시대, 안채에 앉아 사랑채를 모니터링한다. 사람이 있는지 없는지 얼마나 있는지, 어떤 사람인지 알아야 손님을 치를 수 있지 않겠나? 내외 벽 아래 한 자 남짓한 틈으로 사랑 손님의 신발이 보인다. 사랑채 뒷간으로 가는 사랑 손님이 보인다. 물론 사랑손님은 안채를 들여다볼 수 없다. 살림하는 여인 네들 편하라고 안채 기단은 낮췄다. 실용주의에 입각한 설계와 시공이다. 선조의 가르침을 좇아 후손들은 일제 때부터 양력을 썼다. 적극적으로 선택한 '실사구시'다.

오해 3. 과학기술에 어두울 것이다. 유학과 과학은 상당히 멀어보인다. 명재나 후손 입장에서는 억울한 오해다. 고택 안채와 찬광 건물은 평행이 아니다. 남북의 지붕 간격이 다르다. 설계나 시공의 실수가 아니라 의도한 것이다. 엇갈린 사선(斜線)이라 북쪽은 간격이 좁고 남쪽으로 갈수록 간격이 넓어진다. 여름에는 넓은 남쪽으로 들어온 공기가 북쪽 좁은 틈으로 빠져나가며 가속도가 붙어 시원해진다. 먹을 것을 바람 빠른 곳간채 북쪽 '찬광'에 두어 보관한다. 겨울엔 좁은 북쪽으로 들어온 차가운 북풍이 넓은 남쪽으로 흐르면서 속도가 늦춰져 바람이 유순해져 포근해진다. 음식을 남쪽에 두어 얼지 않게 보관한다. 18세기 스위스의 과학자 베르누이가 발견한 현상이다.

과학의 흔적은 또 있다. 사랑채 안, 4쪽 창호 벽장문을 양옆으로 밀어 붙인 다음(여기까지는 미닫이문이다), 바깥으로 툭 밀면 활짝 열려(여닫이문이다!), 벽장이 아파트 '베란다'처럼 트인 공간으로 편입된다. '미닫이여닫이문'은 명재고택이 유일한데, 홈과 문짝이 아주 정교하게 맞아야 제대로 기능할 수 있다. 이건 기술의 승리다. 사랑채 아래 9세손 윤하중(尹昰重)이 만든 해시계가 있다. 윤하중은 동서양 역

점점 좁아지는 지붕 간격
베르누이의 정리를 이용해 찬바람을 일으키고
오른쪽 찬광에 음식을 오래 보존했다.

찬광 뒤
크고 작은 올망졸망한 옹기와 단지들이 큰 인물 모신 큰 집의 봉제사 접빈객 수요를 말해준다.

9세손 윤하중이 만든 해시계

일영표준(日影標準), 해그림자의 표준 4글자가 오늘날의 고딕체로 새겨져 있다.

법을 대조한 〈성력정수(星曆正數)〉를 쓰고 천문학을 연구했다. 사랑채 누마루 남쪽 창의 가로세로 비율은 16대 9, 오늘날 대형 텔레비전 화면이 채택한 황금비와 일치한다. 과학의 피가 흐르지 않는다면 가능할까?

오해 4. 멋 없고 미적 감각 없다. 이런 오해만큼 우리 주인공 명재를 열받게 하는 오해도 없을 것이다. 명재는 청빈하고 검소하지만, 멋도 알고 풍류도 아는 사람이다. 고택 누마루에 올라 16대 9 창을 열고 바깥을 내다보라. 이 창으로도 그림이요, 저 창으로도 그림이 펼쳐진다. 누마루 바로 아래 앙증맞은 미니어처 석가산이 보이지 않는가? 바깥마당의 연지와 정원이 보이지 않는가? 봄이면 배롱

차경의 극치
사랑채 앞 창은 가로세로가 대형 텔레비전의 16대 9. 황금비율로 구성된 사랑채 앞으로 눈에 들어오는 광경.
배롱나무 꽃이 아름답다.

나무의 분홍빛 꽃이 화사하지 않은가? 안채 쪽 창으로는 담과 굴뚝도 나름 그림
이다. 안채 대청의 바라지창 판문의 나이테 무늬는 좌우 대칭으로 맞춰져 있다.
모두가 멋과 아름다움을 잘 알고 즐기는 안목의 소산이다.

멋쟁이 명재의 진면목은 출사하지 않은 이유에서 나타난다. 아버지 윤선거는,
원래 잘 나가는 관료였는데, 병자호란 때 식구를 데리고 세자를 따라 강화도로
들어갔다. 강화도가 함락되매 동료, 부인 등과 순절하기로 맹세했지만, 자식이
있어 윤선거는 살아 후일을 기약했다. 동료, 부인과의 맹세를 어긴 죄책감에 윤
선거는 평생 출사하지 않고 향리에 머물렀다. 명재는 6살에 어머니를 잃고, 아버
지처럼 독서와 저술, 후진 양성에 전념했다. 낭만주의자의 순애보다.

연지가 있는 명재 고택 정원
명재 본인은 고택이 '도원인가', '무릉도원에 꾸민 사람의 집'이라고 자부심이 가득했다.

고택에 위기가 없었던 것은 아니다. 100년 뒤 동학군이 고택에 불을 붙이고, 200년 뒤 6·25때는 고택에 북한군이 주둔해 미군이 폭격하려 했다. 그러나 동학군은 스스로 물러났고, 미군 폭격은 동네 출신 조종사가 극력 반대해 위기를 넘겼다. 실용주의와 과학, 멋과 풍류만으로는 안 될 일이다. 후대까지 전란을 피한 것은, '적선지가에 필유여경(積善之家 必有餘慶)'이라, 명문에 걸맞은 노블레스 오블리제 덕분이다. 낮은 담은 바깥과의 소통을 위해서며, 더 낮은 굴뚝은 가난한 이웃에 밥 짓는 연기를 숨기려는 배려다. 구례 운조루의 타인능해(他人能解) 목독, 낮은 굴뚝과 같은 맥락이다. 가을이면 사람들이 걷어가라고 큰길에 나락을 널어놓았다. 보관하던 노비 문서에서 이름을 잘라내 사실상 노비를 해방했다. 돈 만지면 초심을 잃는다고 극장 단성사를 인수하라는 제안도 거절했다.

문중 서당인 종학원, 명재의 백부인 윤순거가 문중의 아이들을 가르친 곳인데, 문과 대과 급제자 42명이 배출됐다. 복원된 종학당, 보인당, 백록당, 정수루 가운데 정수루가 안동 병산서원의 만대루를 연상케 한다. 정수루에 오르면 가까이는 연못과 배롱나무꽃이, 멀리는 병사리 저수지와 건너 마을이 눈에 들어온다. 지금도 여름방학이면 파평 윤씨는 후손들을 모아 조상의 덕을 기리고 교훈을 나눈다.

호국의 성지와 여장부
예산 한산 이씨 고택

안채 전경
중앙 대청 마루로 갈수록 기단을 높이·쌓아, 대청에 앉았을 때
문간채의 지붕이 상대적으로 낮게 보여 덜 답답하다.

현충일 다음날, 비가 내리지만 예정대로 충남 예산으로 향했다. 떠난 님들의 눈물인가? 전날 저녁부터 내리던 비가 오전 내내 계속된다. 가면서 예산의 역사를 생각했다. 백제 오산현(烏山縣)은 신라 경덕왕 때 임성군(任城郡)에 딸린 고산현(孤山縣)으로 불렸고, 고려 때 예산현이 되었다. 우리나라 대부분 지역이 조선조 들어 현재의 지명을 얻는 것을 생각하면 '예산'의 역사는 무척 길다. 그 예산을 대표하는 고택, 한말의 독립운동가 수당(修堂) 이남규(李南珪) 고택, 4대가 내리 훈장을 받고 국립묘지에 묻힌 이채로운 호국의 성지다. 그러나 의외로 충청도 토박이들 사이에서는 그리 많이 알려지지는 않은 듯, 동행한 이들도 내력을 잘 알지는 못한다.

잘 정비된 진입로에 들어서면서 집과 사람에 대한 그들의 인식이 달라졌다. 대술면 방산저수지 아래, 봉수산(鳳首山)에서 뻗은 용맥이 뒤를 받치고 앞에는 들이 펼쳐졌다. 동에서 서로 가로질러 흐르는 실개천은 방산저수지에 머물렀다가 달천과 합쳐 흘러간다. 고택 입구엔 속이 빈 커다란 느티나무가 버티고 섰다. 사랑채엔 문간채도 행랑채도 없고, 반환대(盤桓臺)라 새긴 커다란 바위와 오래 묵은 향나무가 빈객을 맞는다. '반환', '서성댄다', 중국 남북조의 대시인 도연명의 귀거래사(歸去來辭)에 나오는 말이다.

雲無心以出岫 鳥倦飛而知還 (운무심이출수 조권비이지환)

影翳翳以將入 撫孤松而盤桓 (영예예이장입 무고송이반환)

 구름은 무심히 산골짜기를 돌아 나오고,

날다 지친 새들은 둥지로 돌아올 줄 안다.

해그림자는 어스름하게 곧 지려는데,

나는 외로운 소나무를 만지며 서성대누나.

고택 입구 향나무 고목과 그 아래 반환대(盤桓臺)
반환(盤桓)은 중국 남북조 시대의 시인 도연명의 시 귀거래사에 나오는
표현으로 서성대는 것을 의미한다.

구름은 무심하고 새는 지쳤다? 雲無心以出岫 鳥倦飛而知還(운무심이출수 조권비이지환)? 어디서 들어본 구절 아닌가? 그렇다. 전남 구례 운조루 당호의 연원이 된 구절이다. 옛날 글 좀 읽은 사람들은 당호든 뭐든 귀거래사 한 구절 읊지 않으면 명함도 못 내밀었다는 말이 실감나는 대목이다. 강릉 선교장을 대표하는 열화당(說話堂)도 귀거래사의 한 자락에서 따온 당호다. 낯 간지럽지만 필자의 집안 모임도 여기서 따온 '정화계(情話契)'다.

世與我而相遺 復駕言兮焉求 (세여아이상유 복가언혜언구)
悅親戚之情話 樂琴書以消憂 (열친척지정화 낙금서이소우)

세상과 더불어 나를 잊으니
다시 어찌 벼슬을 구할 것인가.
친척들의 정다운 이야기 나누고
거문고와 서책 즐기며 우수를 떨치리라.

이 집을 짓고 경영한 주인공은 숙부인(淑夫人) 전주 이씨다. 북인의 영수로 영의정을 지낸 아계(鵝溪) 이산해(李山海)의 손자요, 수당(修堂)의 10대조인 한림공(翰林公) 이구(李久)의 부인이다. (이구가 1637년 지었다는 엉터리 주장이 있지만, 1609년 스물 넷에 죽은 이구가 1637년에 집을 지을 수는 없다.) 한림공 이구는 글씨도 잘 쓰고 시도 잘 짓고 학문도 뛰어나 19살에 진사시에 장원하고 20에 문과 대과에 아원(亞元, 次席) 합격한 준재였다. 예문관 검열에 중용되는 등 장래가 촉망되니 할아버지인 영의정 이산해의 각별한 총애를 받았다. 한림공이 먼저 죽어 할아버지 이산해가 실의에 빠져 죽었다는 이야기도 있다.

정성들여 모은 수석이 가지런히 놓인 안채 날개채
낮은 머름 위에 얹힌 4분합문이 깔끔하다.

이 집안 한산 이씨는 어마어마한 수재 집단이다. 오늘날까지 이름이 전해지는 이인(異人) 토정(土亭) 이지함(李之菡)이 시증조부며 시조부 이산해는 20에 진사, 23에 문과에 급제해 영의정에 오른 조선 8대 문장가였다. 시아버지 이경전(李慶全) 이경백(李慶百) 형제도 스물 전에 진사요 스물 갓 넘겨 대과에 급제했다. 남편 형제도 큰형 이후(李厚)가 18살에 대과 급제하고, 시동생 이무(李袤)가 26살에 대과 급제하는 등 3세에 걸쳐 5명이 소년 등과하는 대기록을 남기니, 정조가 '문수(文藪)'라는 휘호를 내렸다 한다. 조금 어려운 말인데, '수(藪)'는 '늪', 또는 '수풀'이니 '문수(文藪)'는 '글의 못 또는 수풀'이다. 이 집안에 문장가가 넘친다는 의미겠다. 정조가 내린 원래의 편액은 잃어버리고, 1986년 한학자 청명 임창순(靑溟 任昌淳) 선생의 글씨와 해설로 문수 편액을 다시 만들어 걸었다. 한산 이씨 집안이 3대에 걸쳐 5호당(湖堂)을 배출했다 하여 정조가 내린 편액이라는 설명이 붙어 있다.

숙부인의 친가는 전주 이씨- 완산 이씨라고도 하는데, 완산은 전주의 옛말이니 같은 의미다- 왕실의 후손이다. 거슬러 올라가면, 숙부인의 고조부는 성종(成宗)의 아들 이성군(利城君)이다. 이성군은 왕실용 도자기를 굽는 사옹원(司饔院) 도제조(都提調)를 역임하는 등 왕자로서는 파격적으로 정무에 참여한 인물이다. 이성군은 붕어한 임금의 어진(御眞) 즉 초상화를 그리는 작업도 주관했다 하니, 무능한 인물 투성이인 조선 왕실 사람 가운데 특출나게 다재다능한 인물이었던 모양이다. 사실 이 집을 일으킨 숙부인도 그 피를 이어받았는지 남다른 생애를 살았다.

문수(文藪) 편액

이 집안에 문장가가 많이 배출됐다고 해서 정조가 내린 편액이라는데, 원래의 편액은 잃어버리고
1986년 한학자 청명 임창순(靑溟 任昌淳) 선생의 글씨와 해설로 편액을 만들어 걸었다.

남편 이구가 스물에 죽어 청상 과부가 된 숙부인은 1636년 병자호란 때 피난을 떠났다. 이듬해 난이 끝나자 숙부인은 친정에서 마련해준 서울 집을 팔아 시조부 이산해의 묘소 가까운 충남 예산 갈막마을 산자락에 터를 잡았다. 노복(奴僕)을 불러 모아 집을 짓고, 가시덤불을 베어 황무지를 개간한 다음 부지런히 농사를 지었다. 숙부인은 집짓고 농사 짓는 틈틈이 아버지 없는 4살 짜리 아들을 가르쳐 진사를 만들었다. 그 정성도 보람없이 진사 아들이 32살에 죽었다. 시집 한산 이씨의 문제 는 하늘이 재주와 수명을 동시에 주지 않았다는 것이었다. 이산해와 이경전, 이무 는 70 넘어 장수했지만, 이경전의 형 이경백은 20살에 요절했고 이구는 24, 이후 는 28에 죽었다. 시동생 진사 이부는 대과 이야기가 없고, 이유는 아예 과거 이야 기가 없는 것으로 미뤄 더 어려 죽은 듯 보인다.

젊어 남편이 죽고, 나이들어 자식을 먼저 보내는 모진 운명에도 숙부인은 좌절 하지 않았다. 숙부인은 80을 넘도록 오래 살면서 남편도 아들도 없는 집안 살림을 주관해 집안을 일으켰다. 하나 남은 5살 짜리 손자를 길러 현감으로 세상에 내보 냈다. 남편과 아들 없는 것도 큰 문제였지만, 시댁이 주도하던 북인의 시대가 끝났 다는 것이 더 큰 문제였을 것이다. 그 위기의 가문을 잘 관리해 중흥시켰으니, 숙부 인은 당대 여걸이라 해도 지나치지 않다. 수당 이남규 선생의 〈수당집〉에 언급된 숙부인의 행장을 잠시 훑어보자.

1609년 한림공이 24살에 세상을 떠나니, 아들 진사(進士) 상빈(尙賓)은 겨우 네 살이었다. 진사공이 32살에 세상을 떠나니, 맏 손자 창근(昌根)을 일찍 잃고, (둘째) 손자 현감공(縣監公) 운근(雲根)은 겨우 다섯 살이었다. 어지러운 세상을 만나서 늙은이와 어린이가 떠돌아다니는 형편이니, 이런 때를 당하여 이씨 집안의 가통(家統)이 실오리처럼 간당간당 끊어지게 될 지경이었다. 이처럼 기울어 가는 위태로운 가세(家勢)를 부지하여 다시 가문을 일으켜서 자손들로 하여금 지금까지 변함 없이 의관(衣冠)의 반열에 참여할 수 있도록 한 것은 모두 부인의 힘이었다. 이런 일은 대장부도 하기 어려운 것인데 여자의 몸으로서 해냈으니, 그 공이 어찌 대단하다 하지 않을 수 있겠는가.

여걸의 자취는 집의 배치와 건축 곳곳에서 묻어난다. 보통의 양반가는 행랑채가 사랑채를 보호하고, 안채는 사랑채보다 안쪽에 들어 앉힌다. 이 집은 다르다. 여걸의 존재를 상징하듯 안채가 사랑채보다 더 앞으로 나와 있다. 안채를 보호하는 문간채는 당시로서는 최신 유행이라 할 우진각 지붕이다. 북방 유목민족의 건축 방식에서 유래한다고 하는데, 호란 이후 청나라의 영향이라고 알려져 있다. 팔작지붕은 위에서 보면 사다리꼴 4개가 중앙의 긴 직사각형을 둘러싼 모양인데, 우진각지붕은 긴 사다리꼴이 마주보고 양쪽 빈자리를 삼각형이 채우는 형태다. 청나라가 세력을 확장하던 시기에 세워진 한양 도성의 남대문을 비롯하여 창덕궁 돈화문 등의 지붕이 우진각지붕인 것이다. 원래 팔작지붕인 남대문도 시류에 따라 우진각으로 바뀌었다고 한다.

수당 고택의 가장 큰 자랑이자 특징을 보여주는 문간채의 위용
안채를 보호하는 문간채가 사랑채보다 더 앞에 더 화려하게 더 높이 자리하고 있다.
남존여비가 철저하던 조선 시대지만, 이 집안에서만큼은 여권 우위였던 것 같다.

문간채는 계단을 여섯 개나 밟고 올라갈 정도로 높은 축대 위에 서 있다. 숙부인은 아마도 키가 매우 작았던 듯 싶다. 키작은 숙부인은, 이 높은 축대 위에서 남녀 노복들을 때로 달래고 때로 호령하며 큰 살림을 일궜을 것이다. 문간채 대문의 아래위 인방은 휜 나무를 잘 사용한 월방의 형태다. 사람이 주로 드나드는 중앙은 아래턱은 낮아 80까지 오래 살았던 숙부인이 출입하기 편했을 것이며, 위턱은 높아 솟을대문이 아니면서도 비슷한 기능을 할 수 있었을 것이다. 혹자는 물동이를 이고 다니는 부녀자의 편의를 고려한 형태라 해석하기도 한다. 문간채 앞면 화방벽(火防壁)은, 아래는 굵은 냇돌, 위로 갈수록 작은 냇돌을 박고 황토로 줄눈을 마감해 안정적이면서도 부드럽다. 시선을 차단하는 문간채 문간을 지나 안채로 들어서면 안채의 축대는 3벌대로 나직하다. 안채는 중문 옆 행랑채, 양옆의 부엌과 대청을 포함하여 'ㅁ'자 형태로 동쪽의 부엌과 중문 옆의 광 사이가 뒤뜰 쪽으로 트여 뒷문이 바라다 보인다. 대청의 전면 지붕에는 사가에서는 흔치 않게 겹처마를 길게 달아 빗물이 들이치지 않게 했다.

고택의 안채 내부에는 매우 독특한 공간이 있다. 안방 뒤쪽에 재실(齋室)을 꾸미고 대청 서쪽에 마루를 깔아 조상의 위패를 모신다. 남편과 아들이 모두 일찍 죽어 제사 모실 주손이 없으니 사당이 없고, 사당이 없으니 숙부인이 안채에 조상 위패를 모신 것이다. 안채의 날개채는 안방과 건넌방이 대칭이다. 중앙의 대청마루가 정면 3칸으로 매우 널찍한데, 칸마다 바라지 창을 설치해 여름이면 시원한 바람을 맞을 수 있다. 날개채는 안방과 건넌방이 끝에 부엌을 두 칸 두고 부엌문과 통풍용 살창, 부엌 위 다락 광창까지 모두 대칭으로 꾸몄다. 퇴는 나무판

문간채 천정
구조재로 휜 보와 도리를 썼다. 볼 때마다 필자는 경탄한다.
세상 어디에 고급 건축물 구조재로 제멋대로 휜 소재를 쓰는 민족이 있을까?
오늘날 서양 건축학자들이 보고 배워야 할 대목 아닌가?

휜 나무로 자연미를 살린 문간 윗대
솟을대문을 앉히지 않고도 자연스럽게 가마가 넉넉히 통과할 수 있는 높이를 확보한다.

2쪽 폭으로 매우 좁다. 안채와 사랑채를 연결하는 서쪽 협문은 외부에 완전히 노출돼 있다. 협문으로 나가면 바로 화계(花階)다.

사랑채는 3벌대의 낮은 기단 위에 소박한 자연석 돌계단을 딛고 올라가지만, 정면 여섯 칸, 측면 두 칸으로 당당하다. 잘 다듬은 정사각형 주춧돌 위에 모를 죽인 기둥을 세웠다. 좌우에 넉살무늬 4분합문을 단 온돌방을 두고, 대청마루에는 띠살무늬 4분합문을 꾸몄다. 왼쪽 건넌방은 반 칸을 물러 앉히고 머름을 댄 덧문을 설치했다. 왼쪽 끝에 골방을 만들고 뒤에 아궁이를 두었는데, 나름 구색 갖춘 부엌이라 아궁이만 둘 뿐 부엌을 꾸미지 않은 대부분의 양반가 사랑채와는 다르다. 사랑채는 겉으로 보면 단순하고 단정한 건물이지만, 안으로 들어가보면

입구에서 본 사랑채 평원정
나무마다 용두목, 오륜목 식으로 이름표가 붙어 있어 이채롭다.

312

그런 미로가 없다. 왕궁의 침전처럼 양쪽 온돌방에는 협실이 몇 개씩 붙어 있고, 문달린 퇴가 비밀 통로 역할을 해서 독립 투사들의 비밀 회합 장소로 자주 쓰였다 한다. 특히 뒤쪽으로 건넌방과 연결되는 띠살무늬 좁은 외닫이 문이 있어 뒤뜰에서 안채로 다니는 비밀문 노릇을 한다. 사랑채 뒤에 퇴를 달고 부엌을 꾸민 실용적인 발상, 특이한 구조와 배치, 운영에 400년 전 숙부인 할머니의 자취가 배어 있다.

아버지, 백부, 그리고 할아버지도 없는 가운데 잘 자란 진사 아들 상빈이 어려운 세상에 조심조심 살아가려니 얼마나 힘들었을까? 노론 세상에 북인 후손이니, 넓게 만나면 자칫 역모로 몰리지는 않을까 노심초사했을 것이다. 고민하다 못해 아들은 찾아오는 많은 빈객들을 물리고 조용히 살려고 결심한다. 그때도 어머니 숙부인이 훌륭한 가르침을 내린다. 이남규 선생의 『수당집』에 실린 숙부인 행장의 일부다.

평원정 온돌 내부와 쪽방 그리고 안채 연결문
사진으로 봐도 방방이 문이 몇 개씩 붙어있고, 어느 문이 어디로 나가는지 알기 어렵게 쪽방에 쪽방이 이어진다.
여성의 세심한 설계가 아니면 쉽지 않은 구조일 텐데, 역시 노론 정권에서 북인 가문을 찾는 빈객을 보호하기 위한
장치 아니었을까? 물론 독립투사들에게도 유용했을 것이다.

집안에 옛날부터 손님들이 많았는데, 진사공이 명성이 나자 어진 사대부(士大夫)들이 다투어서 공을 사모하여 찾아왔으므로 문 밖에 사람의 발길이 끊일 날이 없었다. 진사공이 말하기를, "선비란 응당 조용히 지내면서 자신을 수양해야 할 것이니, 교제를 널리 하는 것은 무익(無益)한 일이다." 하고는, 이들을 사절(謝絶)하고 만나지 않았다. 부인이 꾸짖어 말하기를, "만일 벗을 골라서 사귄다면 어찌 무익함을 걱정하겠는가. 또 너에게 특출한 행실이 있지도 않은데 이처럼 찾아주니 영광스러운 일이 아닌가. 그런데도 사절한다니 그게 무슨 말인가." 하였다. 마침내 진사공이 세상에 나와서 교유(交遊)하게 되자, 사람들이 탄식하여 말하기를, "이 한림공(이구)이 훌륭한 아들을 두었구나. 그 어머니(숙부인)가 교육을 잘 시켰기 때문일 것이다." 하였다.

평원정 현판
추사 김정희의 절친인 이재(彝齋) 권돈인(權敦仁, 1783~1859)이 쓴
원래의 현판은 안타깝게도 6.25 전쟁 전에 도난당했다 한다.

사랑채 좌우의 방 입구에는 '청좌산거(請坐山居)' '홍엽산거(紅葉山居)'라는 편액이 붙어 있다. 해뜨는 동녘은 푸르고, 해지는 서쪽은 단풍이 든다는 것인가? 사랑채 중앙편액은 '평원정(平遠亭)'이다. 이재(彝齋) 권돈인(權敦仁)이 쓴 원래의 '평원정'편액은 안타깝게 6·25전쟁 전에 도난당하고, 지금 남은 것은 일중 김충현 선생이 쓴 것이다. 권돈인은 추사보다 3년 일찍 태어나 추사와 막역하게 교류하고, 3년 후에 세상을 떠난 인물이다. '평원'은 중국 북송 시대의 최고의 화가요 이론가 곽희의 『임천고치(林泉高致)』 〈산수훈(山水訓)〉에 나오는 말이다. 그림을 보는 이의 심리를 예리하게 간파하고 이론을 전개해, 오늘날까지도 산수화론의 가장 창의적이고 정교한 이론서로 꼽힌다고 한다. 왜 하필 '평원'인가?

　　　山有三遠 (산유삼원)
　　　自山下而仰山顚 謂之高遠 (자산하이앙산전 위지고원)
　　　自山前而窺山後 謂之深遠 (자산전이규산후 위지심원)
　　　自近山而望遠山 謂之平遠 (자근산이망원산 위지평원)
　　　高遠之色淸明 深遠之色 重晦 (고원지색청명 심원지색 중회)
　　　平遠之色 有明有晦 (평원지색 유명유회)

　　　산에는 삼원이 있으니
　　　산 아래에서 산 정상을 바라보는 것은 높은 원경 즉 고원(高遠),
　　　산 앞에서 산 뒤를 들여다 봄은 깊은 원경 즉 심원(深遠)이며,
　　　가까운 산에서 먼 산을 바라봄은 수평 원경 즉 평원(平遠)이라 한다.
　　　고원의 색은 맑고 밝으며 심원의 색은 어둡고도 어두우며
　　　평원의 색은 밝기도 하고 어둡기도 하다.

평원정 좌우 방문 위에 붙어 있는 청좌산거, 홍엽산거 편액

高遠之勢突兀 深遠之意重疊 (고원지세돌올 심원지의중첩)

平遠之意沖融 而縹縹緲緲 (평원지의충융 이표표묘묘)

其人物在三遠也 高遠者明瞭 (기인물재삼원야 고원자명료)

深遠者細碎 平遠者沖澹 (심원자세쇄 평원자충담)

明瞭者不短 細碎者不長 (명료자불단 세쇄자불장)

沖澹者不大 此三遠也 (충담자불대 차삼원야)

고원의 기세는 우뚝 솟은 듯하며,

심원의 뜻은 겹겹이 포개져 있고,

평원은 평안하고 화락하되 아득하고 넓어 가없다.

사람이 삼원에 있으면 고원에서는 밝고 또렷해지며,

심원에서는 가늘고 자잘하며, 평원에서는 맑고 깨끗하다.

밝고 또렷하면 짧지 않고, 가늘고 자잘하면 길지 않고,

맑고 깨끗하면 크지 않으니 이것이 세 가지 원경이다.

요약하면 '평원'은 가까운 산에서 먼 산을 볼 때 평면적으로 전개되는 차분하고 평화로운 모습으로 고요한 분위기다. 숙부인이 사랑채를 평원정이라 한 뜻이 조금은 짐작이 된다. 그러나 숙부인 할머니의 바람과는 달리, 만만찮은 고난과 풍파가 집안에 닥쳤다. 시조부가 영수로 떵떵거리던 북인의 시대는 끝나 서인 특히 북인을 심히 핍박하던 노론이 득세하고, 이구와 아들, 장손까지 3대가 일찍 세상을 떴으니 말이다. 거기서 끝이 아니었다. 며느리 평산 신씨마저 먼저 세상을 떠나니 참으로 드센 운명이요 사나운 팔자였다. 그러나 숙부인은 오뚜기처럼 일어섰다. 아버지 없는 아들을 키우고, 아들이 먼저 세상을 떠나자 어린 손자를 키워 친정이 있는 서울로 다시 올라오니, 찾는 이가 줄을 이어 외롭지 않았던 것이다. 일찍 죽은 남편, 아들과 손자 3대의 지기들, 진신(縉紳)과 문학(文學)들 앞에서 숙부인은 당당히 자랑스레 외친다.

"미처 죽지 못하고 살아남은 이 사람이 오늘 이처럼 너희 가문의 장한 기상(氣像)을 다시 보게 될 줄은 몰랐다."

문을 활짝 열어젖뜨린 평원정
숙부인도 이렇게 열어 놓고 살고 싶었을 것이다. 그러나 전통시대,
남성 가장이 없는 집은 열어두고 살 수가 없었으니 노부인은 무척 갑갑했을 것이다.

이 집만 유별난 게 아니다. 바로 앞에서 다룬 회덕 동춘당의 은진 송씨도, 논산 파평 윤씨도 모두 유별나다. 충청도가 독특한 곳이다. 지명부터 독특하다. 충성 충(忠), 맑을 청(淸), 양반 동네 아니랄까봐 노골적으로 무거운 의제를 강요한다. 경기는 서울 가까운 땅, 황주와 해주에서 따온 황해는 누른 바다, 강릉과 원주에서 딴 강원은 강과 들, 경주와 상주에서 받은 경상도는 '기쁜 일을 높이다', 전주와 나주에서 받은 전라도는 '온전한 비단', 대충 이 정도다. 충청도도 충주(忠州)와 청주(淸州)에서 받은 이름이지만 하필이면, 충성 충 맑을 청 '맑은 충성심'이다.

충주, 청주는 오래된 고을이다. 신라가 3국을 통일하고 보니 신라의 수도 서라벌 금성이 너무 동남쪽 외진데 붙어있어 통치에 너무 불편한 것이다. 그렇다 해서 도읍을 중심부로 옮기자니 너무 비용도 많이 들고, 왕족들이 오랜 터전을 떠나려 하지 않는다. 그래서 타협책으로 고구려, 백제의 왕경귀족(王卿貴族)을 고구려, 백제의 도읍지에서 적당히 옮겨 살도록 한다. 옛 근거지에서 분리해 세력을 약화시키면서, 서라벌에서 아주 멀지 않되 좀 떨어진 곳에 두어 직접 위협을 피한다. 물론 신라의 하급 귀족을 붙여 감시도 강화한다.

북원경(北原京, 강원도 원주) 중원경(中原京, 충주) 서원경(西原京, 청주) 남원경(南原京, 전북 남원) 금관경(金官京, 경남 김해)의 5소경 발상의 핵이다. 이런 심모원려를 발휘했다니, 신라 그 작은 나라가 통치술만큼은 상당했다고 봐야겠다. 어쨌든 충청도의 어원은 그렇다. 그러나 사람들은 충청도 어원과 상관없이 충청도 하면 충청북도보다 충청남도를 떠올린다. 공주, 부여를 시작으로, 천안, 아산, 홍성, 청양, 서천, 보령, 예산, 논산, 서산 줄줄이 충남이다. 제천, 괴산, 단양을 먼저 떠올리지는 않는

뒤에서 본 고택
앞과 뒤를 구분하기 어려울 정도로 고택은 빈틈없이 단정하다.

다. 묵직한 의제를 노골적으로 들이대기는 충남이 더하고 시군 단위도 그렇다. 예산(禮山), 논산(論山)을 보라! 합치면 예론(禮論)이니, 조선조 예송(禮訟) 논쟁의 본산이 충청도일 수밖에. 거슬러 올라가면 충청도는 사계 김장생, 김집에서 시작해 우암 송시열, 동춘당 송준길로 이어지는 서인과 노론의 터전이다.

그 충청도에서, 이 집의 내림은 유별나다. 가문의 정신적 지주 이산해가 서인에 강경하게 맞선 북인의 영수였고, 노론이 득세한 뒤 보복을 받아 북인이 몰락한 뒤에는 남인 계열로 편입된다. 실학자 성호 이익(星湖 李瀷)의 조카 이광휴(廣休), 용휴(用休), 병휴(秉休), 종손자인 공조판서 이가환(家煥), 삼환(森煥), 철환(喆煥) 그리고 종증손인 이재위(李載威) 등이 예산의 덕산현 고현내면(古縣內面) 장천리(長川里)에 자리잡은 것이 계기가 되었다. 신유박해 때 외삼촌 이가환과 함께 순교한 조선 최초의 영세 천주교도 이승훈이 연결 고리로 작용했다.

이승훈은 다산 정약용과는 처남매부 사이로, 성호 이익과 다산 정약용이라는 조선 실학의 양대 거목의 연결고리가 된다. 다산은 경기도 남양주 마재에서 태어났지만 스스로 퇴계 이황 – 성호 이익의 학맥을 이은 것으로 자처했다. '삼가 목재 이삼환 선생에게 보여 드리다(奉示木齋李先生[森煥])'라는 시를 남길 정도로 예산 장천리 이익 집안 사람들과 깊이 교류했다. 조선조 최고의 명필 추사 김정희 역시 실학자로서 예산 신암면 용궁리에 뿌리를 두고 활동했다. 호조·공조판서를 지낸 공주의 권이진(權以鎭, 안동 권씨), 병조참판을 지낸 청양의 채팽윤(蔡彭胤, 평강 채씨) 등도 성호학파다. 충청도 남인들은 살아남았다. 끝까지 소수파의 충과 청을 고집하면서.

4대에 걸친 호국 정신
충성 충 맑을 청으로

고택의 나무와 꽃도 모두 각자의 의미를 가진다.
독야청청하든지 아니면 피를 토하든지.

한산 이씨는 조선조 문과 급제 195 명을 낸 대성이다. 궁내부 특진관(차관급, 요즘의 청와대 수석?)을 지낸 수당은 1905년 을사늑약이 체결되자 항일 의병에 참여해 홍주(지금의 홍성) 전투에 장남 이충구(당시 33세)와 함께 선봉이 되었다. 겉으로는 대칭으로 보이나 내부는 미로처럼 얽힌 사랑채는 비밀 회의와 거사 준비에 제격이었을 것이다. 이후 부자가 왜병에 붙잡혀 한 달 동안 모진 고문을 당하고 결국 선생과 아들, 가마꾼까지 한날 한시에 왜군의 칼날에 스러졌다. 손자 이승복도 만주에서 독립운동을 했고, 증손자 이장원 소위는 6·25 당시 원산 전투에서 산화했으니(당시 22세) 여장부 할머니의 정신을 제대로 이어받았다 하겠다. 수당이 고종에 올린 상소문 일부를 옮겨본다.

멸망을 두려워하기 때문에 더욱 멸망을 재촉하니

그 존립이 구차한 것이요,

죽음을 두려워하기 때문에 죽음을 재촉하니

그 삶이 구차한 것이다.

안채 동편의 아름다운 박공
기와만으로 나무를 표현했다.

권력 암투와
기우는 국운

누명 벗고 재기한

안성 해주 오씨 종택

안성 해주 오씨 정무공파 사당 입구

경기도 안성 덕봉리(德峯里)는 주민의 90% 이상이 해주 오씨인 철저한 집성촌이다. 충정공 오두인(吳斗寅)을 모신 덕봉서원(德峯書院)이 있고, 선조의 묘역과 종택이 잘 보존돼 있으며, 잘 지은 문중 재사까지 들였다. 넉넉한 고문헌을 바탕으로 〈마을지〉까지 일찌감치 발간한 '범절' 있는 동네, 수도권에서는 보기 매우 힘든 특이한 곳이다. 진산(鎭山)인 고성산(高城山, 298m)이 크게 높지는 않지만 뒤를 받치고, 좌청룡 바리봉, 우백호 배미큰봉이 양옆을 포근히 감싸며 조산(朝山)격인 대덕산이 멀리 앞에 보인다. 풍수를 잘 모르는 필자 입장에서는 괜찮은 자리라 느껴지는데, 말 거들기 좋아하는 지관들이나 풍수들이 지금까지 별로 언급하지 않은 점은 이상하기만 하다. 왜 풍수를 거론하지 않을 수 없는가 하면, 남들이 안 하니 나라도 하자는 생각도 있고, 이 가문만큼 낮은 데서 크게 치솟아 올라온 가문도 별로 없으니 풍수의 덕이 없다고 보기 어렵다고 느껴지기 때문이다. 해주 오씨의 비상은 가문이 안성 덕봉리에 처음 자리잡은 시점에 시작되었다.

중국이 원래 고향인 해주 오씨는 고려에 건너와 황해도 해주에 오래 살았고, 조

오정방 고택 전경
사랑채가 안채로 연결되고, 사잇담이 안채로의 시선을 차단한다.

선조 들어서는 경기도 용인, 기흥 지역에 세거한 것으로 추정된다. 오씨가 덕봉리에 정착한 것은 1525년(중종 20) 유세창(柳世昌), 유세영(柳世榮) 무리의 고변무고사건이 결정적 계기가 된 것은 분명하다. 1525년 3월, 전 내금위(內禁衛) 유세창 등은 중종이 광릉에 거동하는 기회를 이용해, 보제원(普濟院)에서 대신을 살해하고 정권을 장악하려 하였다. 내금위는 임금의 호위와 궁중을 지키기 위해 친위 부대로, 반란으로 집권한 태종 이방원이 자신의 측근 수하병사들로 처음 설치했다. 보제원은 여행자에게 무료숙박을 제공하고, 의지할 곳 없는 병자를 치료하던 구휼기관이며, 은퇴한 관리를 위한 축하연[耆老宴]을 베풀던 장소로 흥인문 밖 3리에 있었다.

그러나 중종이 3월 8일 예정보다 일찍 거동하면서 기회를 놓친 유세창 일당은 3월 말 반송정(盤松亭)에서 열리는 무과 전시(武科殿試)를 2차 거사일로 잡았다. 서울 서대문 밖 의주가도(義州街道) 서쪽, 지금의 독립문 자리에는 원래 중국 사신이 머무르는 모화관(慕華館)이 있었다. 그 북쪽에 반송정 정자가 있었고, 오래된 소나무숲이 장관을 이뤘다 한다. 주모자 유세창 형제는 반란을 계획했다가 사실이 밝혀지면 죄를 받을까 두려워, 오히려 거짓으로 역모를 날조해 고변했다. 원래 왕조 시대에는 역모가 가장 중대한 범죄였지만, 반란으로 집권한 왕일수록 역모에 예민했고

오정방 고택 앞 연지의 백련과 고택 뒤 꽃양귀비가 비를 맞아 처연하게 피었다.

신료들도 역모라면 무조건 펄펄 뛰었다. 엉성하게 조작된 역모 사건에 60여 명이 연루돼, 국문 과정에서 7명이 죽고 16명은 대역죄로 능지처참됐다.

해주 오씨 가문이 엉뚱하게 화를 뒤집어썼다. 오현경(吳賢卿)과 오경운(吳慶雲) 부자는 장형(杖刑)을 받고 경남 산음과 안음으로 유배됐다가 세상을 떠나고, 동생 오필경 부자는 아예 주살당했다. 오경운의 부인 풍산 심씨는 시아버지와 남편의 시신을 수습해 덕봉리 친정 동네에 장사지낸 뒤, 한편 시묘하며 한편 어린 두 아들을 키웠다. 당시 워낙 세도가였던 풍산 심씨네는 지관을 천시했는데, 심씨 부인은 지관들을 잘 대해주었고 그래서 지관이 골라준 명당에 시아버지와 남편을 모실 수 있었다는 이야기가 전해온다. 어쨌든 심씨 부인은 친정의 도움으로 할아버지, 아버지 없는 10살, 7살의 수천(壽千), 수억(壽億) 형제를 신중하게 말하고 행동하도록 엄하게 잘 가르쳤다.

/ 여성의 힘,
/ 역적의 후손에서 명문가로

시간이 흘러 유세창의 역모 고변은 거짓으로 판명되고 오현경 부자도 억울한 누명을 벗고 관직도 전생서 주부(典牲署 主簿), 사온서(司醞署) 직장(直長)으로 회복되었다. 전생서는 궁중의 제향(祭享)·빈례(賓禮)·사여(賜與)에 쓸 가축을 기르고, 사온서는 궁중에 술과 감주 등을 마련하는 관서니 비록 직급은 낮아도 명예가 회복된 것이 중요했다. 아들 수천, 수억 형제도 무과에 급제해 출사하면서 인정받았다. 수천의 아들 정방(吳定邦)이 무과에 장원 급제한 것이 결정적 변곡점이었다. 정방을 인견(引見)한 병조판서 율곡 이이(李珥)가 영재를 얻었다고 칭찬했을 정도였다.

해주 오씨 정무공파 재사 봉선문
해주 오씨 정무공파의 큰일을 하는 재사의 정문이다. 어지간한 왕릉의 정문을 방불케 한다.
현대에 와서 해주 오씨가 얼마나 사회에서 큰 역할을 하는지 보여주는 예다.

누명 벗고 재기한 안성 해주 오씨 종택

정방은 임진왜란 당시 군공을 세워 전란 후 전라도, 경상좌·우도, 황해도 병마절도사로 일했다. 이괄의 난 때는 인조의 호종대장으로 현달(顯達)하여 가문의 명성을 떨쳤다. 호종대장은 왕이 궁궐 밖으로 행차할 때 호위를 총괄 책임지는 자리니 임시 경호실장 격이다. 정방은 정무공이란 시호까지 받았으니 율곡의 사람 보는 눈이 대단하다 하겠다. 심씨 부인의 부덕(婦德)과 효열(孝烈)이 멸문지화(滅門之禍)의 위기에서 가문을 일으키고 명문가로 발전할 수 있는 원동력이 된 것이다. 후손들은 2015년 영모각(永慕閣)을 건립해 심씨 부인의 위대함을 기리고 있다. 예산 수당 고택에서도 전주 이씨 부인의 리더십이 위기의 가문을 일으켰는데, 정무공 고택도 결코 덜하지 않다. 아무리 남존 여비의 봉건 사회라 해도, 여전히 여성의 힘은 겉으로 드러난 이상으로 강하다. 국난사양상 가난사현처(國難思良相 家難思賢妻). 이때부터 안성 덕봉리의 주인은 풍산 심씨에서 해주 오씨로 바뀐다. 마치 안동 하회가 허씨에서 안씨를 거쳐 풍산 류씨 세거지로 바뀌듯. 조선 중후기에 해주 오씨는 대과 특히 무과 급제자를 대거 배출해(문과 18명, 무과 107명) 명문으로 이름을 떨쳤다.

퇴전당, 온전하게 물러나다

조선 시대는 왕의 묘호(廟號)도 그렇지만, 신하에게 내린 시호도 인플레이션이 심했다. 원래 중국의 귀족 작위는 공후백자남, 공이 맨 위고 다음 후, 백, 자, 남 순서다. 중국 주나라를 개창한 무왕의 아버지 문왕이 서백(西伯), 실크로드를 개척한 장건이 박망후(博望侯)였고, 삼국지의 관우는 수정후(壽亭侯)였음을 비교하면 알 수 있다. 한편 조선은 심하게 중국 눈치를 봤고, 공(公)을 부원대군(大君)으로, 후·백은 부원군(府院君)·군(君)으로 바꿔 불렀다.

정무공파 종택은 1515년 경 처음 건립된 이래 정무공 오정방, 경상도관찰사 오숙 4형제와 판서 오두인 등 영현(英賢, 명사)을 여럿 배출한 명당이다. 원래 100여 칸 건물이었다 하니 별도의 행랑채 문간채 등이 외부와 경계를 형성했을 것이다. 현재는 문간채 안채 겸 사랑채 그리고 사당으로 구성돼, 영의정에 판서를 여럿 배출한 명문의 종가로서는 규모가 작다. 사랑채 누마루는 바닥높이가 옆방과 같아 소박한 느낌을 주는 한편, 큰 시련을 겪은 집주인의 근신하는 태도를 보여준다.

사랑채는 건축주 정무공의 아호인 퇴전당을 당호로 썼다. 퇴전당 측면 툇마루에는 난간을 두르고 '亞'자 무늬를 넣었다. 기둥은 모두 8각기둥이다. 원주 즉 둥

오정방 고택 퇴전당과 사잇담
사랑채와 안채를 가리는 기능적인 사잇담이다.
사랑채와 안채를 엄격하게 구분하지도 않고 툇마루를 통해 연결하면서,
그러나 시선과 생활 영역은 충분히 차단하고 있다.
'동선'이라는 다분히 현대적 공간 개념은 집주인이 원래 무관이었기에 가능한 것이 아닐까 추측해 본다.

오정방 고택 사랑채 퇴전당(退全堂) 편액
오른쪽 구석에 작은 글씨로 '우암 선생 필적(尤庵先生 筆跡)'이라고 적혀 있다. 우암 송시열의 글씨라는 뜻이다.
묘소 근처 신도비는 비문은 이경석(李景奭)이 짓고 글씨와 전액(篆額)은 당대 명필 김수증(金壽增)의 솜씨다.

근기둥은 궁궐이나 사찰에서 쓰였고 반가에서는 4각 기둥을 썼는데, 근신 또 근신하던 당주들에게 계자도 없는 '亞'자 무늬 난간과 8각 기둥이 그나마의 멋이요 호사였을 것같다. 바깥 큰사랑에 걸린 퇴전당(退全堂) 편액에는 오른쪽 구석에 작은 글씨로 '우암 선생 필적(尤庵先生 筆跡)'이라고 적혀 있다. 당대 집권 세력인 노론의 영수 우암 송시열의 글씨다. 당시 경기, 황해, 호남, 기호(畿湖) 지방 어지간한 집은 우암 글씨 한두 장 없으면 양반 축에 끼지도 못할 정도였다.

퇴전당(退全), 온전하게 물러나라, 증조부 형제가 누명을 쓰고 비명에 세상을 뜬 이 집안에는 특별한 의미로 다가온다. 무관에게는 세 불리하면 전력을 오롯이 간직해 후일을 기약하는 퇴전이 임전무퇴만큼이나 중요할 것이다. 됭케르크에서 눈물을 머금고 후퇴했다가 노르망디에 상륙한 2차 대전 당시 영국군처럼. 정무공은 당대에 두 번이나, 피난길에 오른 임금의 호송대장으로 활약했다. 짧은 기간에 명예만 회복한 것이 아니라 왕실의 신임까지 회복했으니 얼마나 피눈물 나는 노력을 했을까? 가문의 아픔과 인고의 세월이 안쓰럽기까지 하다.

오정방의 손자 두인(斗寅)은 진사시와 별시문과에 연속 장원하고, 참판, 경기·평안관찰사를 거쳐 공조판서가 되었다. 두인은 숙종 때 인현왕후(仁顯王后) 민씨가 폐위될 위기에 처하자 스스로 80여 명의 소두(疏頭: 공동 상소의 대표)가 되어 불가 상소를 올렸다. 이른바 기사진신소(己巳搢紳疏)다. 숙종이 크게 노해 국문하고 의주로 유배보내니, 66살의 두인은 견디지 못하고 세상을 떠났다. 그러나 이후 숙종은 그를 영의정에 추증했다. 묘소의 신도비문은 농암(農巖) 김창협(金昌協)이 짓고, 현종의 부마인 아들 해창위(海昌尉) 오태주(吳泰周)가 글씨를 썼다. 이로써 해주 오씨는 누명을 쓰고 분사한 이래 4대 만에 명예와 권력을 완전히 회복했다.

정무공 종택, 개혁적 실용적 배치

선비나 문반의 고택 가운데는 충남 논산 명재 고택(明齋古宅)이나 경북 안동 내앞 의성 김씨 종택 정도가 개혁적인 시도가 눈에 뜨이는 사례다. 그 외에는 문반보다 무반의 집이 구조나 배치, 세밀한 인테리어 등 기능적으로 더 우수하다는 느낌을 받는다. 대표적인 예가 무관 유의주가 지은 구례 운조루다. 이 집도 그렇다. 사랑채 건넌방 앞의 툇마루를 이용하여 안채와 사랑채를 연결시켜 단일채로 구성한 독특한 구조다. 'ㄱ'자형 몸채에서 'ㅡ'자형 부분을 길게 연장하고 중간에 사잇담을 두어 안채 영역을 감싸고 안팎을 나누는 수법은 창덕궁 연경당과 비견된다.

안채와 사랑채 문을 두어 공간의 다양성을 살리고 남녀 공간을 '적당하게' 구분한다. 안채와 사랑채를 '엄격하게' 구분하던 17세기 사대부 가옥의 일반 경향과 다르다. 또 사랑채 전면의 팔각기둥과, 채광 및 통풍을 원활히 하기 위해 부엌 앞 뒤에 달아둔 개폐 가능한 주마창이 특징이다. 치목(재목을 다듬고 손질함), 건물 배치와 구성이 빼어나고, 조선 중기 양반가의 면모를 잘 보여준다. 이왕 안성 나들이길 나선 김에 해주 오씨 집안의 많은 묘소, 웅장한 문중 재사, 덕봉서원, 백련정, 김좌진 장군의 부인 생가 등도 둘러보시라 권한다.

오정방 고택 안채 전경
대청 마루 왼편으로 달아낸 날개채 위에 다락이 있고, 다락 위로 길게 낸 광창의 창살이 유난히 가지런하다.
안, 밖 가리지 않고 집주인은 성격이 깔끔할 것만 같다.

오정방 고택 퇴전당 측면
사랑채인 퇴전당에는 그 흔한 누마루도 없고, 홑처마 지붕이다.
퇴전당 측면 툇마루에는 난간을 두르고 '亞'자 무늬를 넣었다. 기둥은 모두 8각기둥이다.
근신 또 근신하던 당주들에게 계자도 없는 '亞자' 무늬 난간과 8각 기둥이 그나마의 멋이요 호사였을 것같다.

행복한 막내?
비운의 왕녀?
남양주 궁집

남양주 '궁집' 안에 있는 용인집
한일합방론을 개진한 대가로 일본으로부터
훈장도 받고 백작 작위까지 받은 친일파 송병준의 고택이다.

공주님 살던 곳은 사가(私家)라도 남자가 드나들기 어려운가? 두 번 허탕치고 세 번째 발을 디딘다. 한번은 집에 들지도 못한 채 부슬부슬 내리는 비까지 맞았다. 오늘은 날씨가 아주 화창하니 일이 술술 풀리려나? 경기도 남양주 궁집, 조선 영조의 막내딸이며 정조의 막내고모 화길옹주(和吉翁主)가 시집가 살던 집이다. '공주'는 정실 왕후의 딸이요, '옹주'는 후궁의 딸이다. 공주, 옹주 따지다 보니 1997년 8월 영국 다이애나 왕세자빈(嬪)이 파리 센 강변도로에서 교통 사고로 사망한 뒤 언론계에서 벌어진 호칭 논쟁이 기억난다. 당시에 내려진 결론이 지금까지 통용된다. 다이애나는 '왕세자비'다.

내명부 품계인 후비빈(后妃嬪)의 원전인 중국 황실에서, 후(后)는 황제의 정실 부인 또는 승하한 선황의 정실로 황제의 모후다. 비(妃)는 왕이나 태자의 정실, 황제의 선임 후궁을 지칭한다. 빈(嬪)은 왕세자의 정실, 왕이나 황제의 후궁이다. 후와 비 사이에는 양귀비처럼 귀비(貴妃)가 있다. 한국 외교부와 한국 언론은 희한하게도, 영국 국왕은 '여왕'이라 부르면서, 끝없이 한국 괴롭히는 일본 국왕은 '천황'이라 부른다. 영국 국왕의 아들은 '왕세자', 일본 국왕의 아들은 '황태자'라 한다. 당연히 일본 국왕도 '왕', 일본의 왕위 계승서열 1위인 왕자도 '왕세자'라야 한다. 한편으로 왕의 아들은 세자니, 찰스는 왕세자고 다이애나도 왕세자'빈'이라야 맞다. 희한하게도 어이없게도 한국 언론은 찰스는 왕세자, 다이애나는 왕세자비란다. 하기야 찰스는 조롱의 대상이고, 다이애나는 연민의 대상이며, '사단장 부인은 군단장'이니! 내가 하고 싶은 말은 공주든 옹주든 왕의 딸이니, 구별하지 말고 공주로 통일해 쓰자는 것이다.

'궁집' 입구
열어젖뜨린 협문과 창문이 일관된 흐름을
보여준다. 창살과 머름의 마감, 누마루를 받친
잘 다듬은 주춧돌까지 모든 것이
명장의 솜씨다.

막내공주, 능성 구씨(綾城 具氏)에 시집가다

2016년 6월 서울 종로구 재동 헌법재판소 증축 예정지에서 18세기 건물의 흔적과 백자, 분청사기, 기와 조각 등이 발굴됐다. 전문가들은 영조의 막내딸 화길옹주가 시집가 살던 능성위궁(綾城尉宮)이라고 비정(比定)했다. 여기는 경복궁과 창덕궁 사이라 영조가 자주 들러볼 수 있다. 영조는 화길옹주의 배필을 직접 골라 시집보내면서 사위에게 바로 능성위의 봉호와 집, 전답 등을 내렸다. 이로써 영조가 그렇게 사랑하고 총애하던 화길옹주를 멀리 남양주에 살림을 보냈을까 하는 의구심에 새로운 돌파구가 열린 셈이다. 능성위 구민화(具敏和)는 대장 구선행의 손자며 호군 구현겸의 아들이다. 능성이 본관이라 능성위로 봉해졌다.

능성(綾城) 구씨는 글이나 글씨로 알려진 문반 명문은 아닐지언정, 조선조 무과 급제자 숫자가 전 성씨 통틀어 10위권 이내에 드는 무가(武家)다. 흔치 않은 희성(稀姓)으로 자손이 많지 않음을 감안하면, 굉장히 많은 무과 급제자다. 특히 조선 중기 이후 사화와 당쟁이 격화돼 글 하는 집안은 영고성쇠(榮枯盛衰)가 무상한데 반해 무가는 상대적으로 바람을 덜 탔다. 때문에 문반 집안이 무과를 택한 경우도 많았다. 이순신 장군도 증조부가 예문관 대제학을 지낸 전형적인 문반 집안이지만, 무과에 급제해 종2품 삼도수군통제사까지 오르고 충무공 시호를 받았다. 역시 문반인 해주 오씨 집안의 오정방 역시 선대에 역모로 몰려 가문이 몰락한 이후 무과로 출세해 호종공신이 되고 가문을 다시 일으켜 세웠다.

능성 구씨는 세조 때 영의정을 지낸 구치관(具致寬), 인조의 생모 인헌왕후 등을 배출하며 조선왕조 권력 핵심에서 세를 떨쳤다. 조선조에 기록된 부마(駙馬)만 7명이 나왔다. 파평 윤씨와 청주 한씨, 여흥 민씨, 청송 심씨 등이 왕비족으로 유명하다면 능성 구씨는 부마족이라 해도 과언이 아니다. 능성은 전라남도 화순군(和順郡)

가지런한 천정의 서까래
활짝 열린 앞뒷문이 정확한 각을 이루고, 뒤뜰의 독들은 더 정겹다.
다락과 벽장이 마련돼 공간을 효과적으로 활용할 수 있게 했다.

능주면(綾州面)의 옛 지명이다. 백제 때는 이릉부리(爾陵夫里)·죽수부리(竹樹夫里)·인부리(仁夫里)·연주부리(連珠夫里) 등 다양하게 불리다가, 통일신라 경덕왕 때 능성군이 되니 연원이 오래다. 고려 때는 능성, 조선 인조 때 오늘의 이름인 능주가 되었다.

왜 옹주는 무가(武家)에 시집갔을까?

한국 방송 사상 신기원을 이룬 1995년 드라마 '모래시계'에서 탤런트 이정재는 카지노 대부의 딸 역을 맡은 여주인공 고현정의 보디가드 역으로 출연하면서 스타 반열에 올랐다. 이정재는 보스의 딸을 지키며 사랑하는 감정을 갖게 되지만, 내색하지 못한 채 고현정을 위해 목숨까지 내던진다. 이 드라마 한편으로 단역 전문의 신인급 이정재는 모든 여성들이 꿈꾸는 남성으로 떠올랐고, 단숨에 스타덤에 올랐다.

'모래시계'에서 고현정과 이정재의 관계 설정은 1992년 헐리우드 영화 '보디가드'에서 빌려온 것으로 생각된다. 대통령 경호원 출신의 전문 보디가드(케빈 코스트너)와 톱 스타 여가수(휘트니 휴스턴)의 이뤄질 수 없는 운명적인 사랑을 그린 영화다. 대스타 고현정과 신인급 이정재의 관계와 조금 다른 것은, 톱 가수 역의 가수 휘트니 휴스턴의 스타성보다는 경호원 역의 케빈 코스트너가 1990년 영화 '늑대와 춤을(Dances with Wolves)'로 아카데미 작품상과 감독상을 받고 남우주연상 후보에 오른 거물이었다는 점이 조금 다르다. '노웨이아웃No Way Out', '로빈 후드', 'JFK' 등 케빈 코스트너의 인기를 업고 성공한 영화도 꽤 많다. 휘트니 휴스턴과 케빈 코스트너는 영화 이후에도 오랫동안 서로 좋은 감정을 유지했고, 2012년 휘트니 휴스턴이 약물 중독으로 갑자기 사망하자 유족들이 참석을 요청했다. 케빈 코스트너는 장례식에 참석해 유족들을 위로하고 인상적인 추모사를 남겼다.

낙성대에서 이건해온 강감찬 장군 사당
연당은 옛날 사진에는 물을 가두고 연꽃도 피어 있었는데, 보수 예산이 부족해 요즘은 물이 없다.

'눈물을 닦고 슬픔을 멈추고 가능하면 오랫동안 휘트니가 남긴 달콤한 기적을 기억합시다. 나는 한때 당신의 보디가드였지만 당신은 너무 빨리 가버렸습니다. 하지만 천국으로 가는 길에는 천사들이 보디가드가 되어 줄 것이며 신 앞에서 노래할 때도 당신은 충분히 잘할 것입니다.'

어쨌든 여성과 경호원 간에 사랑의 감정이 싹트는 경우가 꽤 많은데, 드라마나 영화에서는 극적인 효과를 높이려고 이뤄지지 않는 결말이 잦다. 그러나 현실에서는 성공한 사례도 있다. 1970년대 테러단체에 납치됐다 풀려난 미국의 언론재벌 허스트 가문의 상속녀가 자신을 경호하던 샌프란시스코 경찰과 결혼했다. 패트리샤 허스트는 인질범들의 은행강도 행각에 적극 가담하는 등 범죄 행위로 35년형이 선고됐으나 가문의 영향력을 이용해 7년으로 감형받고, 22개월만에 가석방되고 2001년에는 아예 사면받았다. 현재는 TV 시리즈에 출연하는 등 화려한 생활을 즐기고 있다. 영조도 막내딸이 머리 복잡한 문인 가문에 시집가 골치 썩기보다, 건강하고 힘 잘 쓰는 무가에 시집가 속 편하게 살기를 바란 거 아닐까?

격조높은 궁집

임금이 나라의 자재와 장인을 내려줘 지었다 해서 궁집이다. 임금의 가장 총애하는 막내딸이 살았다 해서 궁집이다. 궁집이라 불릴만큼 격조 있다. 단청만 없을 뿐 모든 게 궁궐 건물로 느껴진다. '공주 50칸', 당시 법도에 따라 칸수를 꽉 채웠다. 'ㅁ'자형 안채는 부엌 4칸, 방 3칸에 앞퇴를 한 칸 더 놓았다. 정면 가운데 안방을 두고 양편에 대청과 부엌이다. 안방 앞에서 대청으로는 동선을 퇴로 잇는다. 정침 좌우 날개는 방과 곳간을 들이고, 남행랑에는 곳간과 중문이 있다. 우측 날개채에 건넌방과 부엌이 있는데, 부뚜막에는 무쇠솥 2개가 걸려 식사 때마다 국이 올랐음을 말해준다. 부뚜막에 솥을 2개 거는 것도 음양의 조화라 해석하는 분들이 있다. 조금 과한 느낌이 있긴 한데 애교로 넘어가자. 참고로 한창 권세를 떨칠 때의 안동 김씨나 명성황후 시절의 민씨 집안 부뚜막에는 솥이 3개 걸린 예도 꽤 있다는 것만 첨언한다.

좌측 날개채에 아랫방과 광이 있고, 사랑으로 연결된다. 사랑채는 'ㄱ'자 형으로,

가로 봉창이 보이는 안채 부엌
안채쪽 담은 벽돌을 구워 단정하게 마감했다. 오른쪽 살짝 보이는 건물이 사랑채인데,
퇴가 달려있어 바로 안채로 건너갈 수 있다. 3단 석재를 받쳐 장독대를 놓고 그 뒤로 우물을 팠다.
광창 있는 곳이 부엌. 석재 기단 중앙에 배수구가 보인다.

배수구

군산집을 바라보는 계단식 관람석
이병복, 권옥연 선생 부부 생전에는 여러 차례 국제 행사도 치르고, 큰 공연도 펼쳤다 한다.
맨 앞 자리, 간단한 다과를 들며 자료를 둘 수 있게 낮은 석탁 2조가 이채롭다.

돌다리
20년 전 아파트가 들어선 이후 개울에 물이 말랐다.
원래 풍수에서 물은 재물을 말하니, 이 터도 기가 다한 모양인가?

방 두 칸 외에는 모두 마루를 깔았다. 서남쪽 끝에 돌출된, 날아갈 듯 처마선이 고운 누마루가 있다. 누마루는 한 칸, 장초석으로 주초를 놓고 잘 다듬은 장대석 기단을 얹어 품위를 더했다. 사랑채 북쪽, 안채 큰 부엌 뒷문 앞에 3단 장대석을 높이 쌓은 기단 위에 우물을 팠다. 우물의 허드렛물은 돌기단 아래 구멍으로 흘러 사랑채 뒤편으로 빠진다. 지체높은 분들이 더러운 물을 접하지 않도록 하고 악취도 피할 수 있어 장점이 많다. 고도의 건축적 배려라 할 수 있고 공력도 많이 드는 작업인데, 그런 점에서 궁집은 확실히 궁집이다. 기단 아래 숨긴 하수도라, 유럽에서는 19세기까지도 실행하지 못한 고급 건축이다.

궁집과 영조, 화길의 생모 문씨

궁집 주인인 화길은 비운의 공주다. 13살에 시집가 6년 만에 19살 꽃다운 나이로 세상을 떠났다. 생모 문씨는 사약을 받았다. 비극도 이런 비극이 없으니 봉호[和吉]와는 반대다. 그러나 살아있는 동안은 봉호대로 화길(和吉)했다. 막내로 태어나 시집가기 전에도 아버지 영조의 꿈을 받고, 시집가서도 아버지 영조의 총애를 누렸으며, 생모의 수난을 보지 않고 일찍 세상을 떠났다. 원래 대부분의 아버지가 막내딸을 사랑하게 마련이라지만, 막내딸 화길에 대한 영조의 사랑은 유별났다.

신분 낮은 무수리 소생인 영조는 자식 양육에 납득하기 힘든 기행이 많았다. 남은 외아들은 죽이고, 딸만 편애했다. 후궁도 천출을 총애해 12명 딸이 정비 소생은 하나도 없었다. 시집간 화평, 화완을 궁내에 머물게 하고, 화평이 딸을 낳다 죽자 한동안 정사를 내팽개쳤다. 또 시아버지는 며느리 근처도 가지 않던 반가의 법도와 상례를 무시하고, 과부 며느리 조씨(세자빈 현빈)를 자주 찾았다. 해 진 뒤에

부드러운 누마루 지붕의 곡선, 가지런한 서까래와 누마루를 높이 받치고 있는 잘 다듬은 주초,
무늬살이 깔끔한 분합문까지 겉으로 사가요 단청이 없다뿐 궁궐의 한 전각이라 해도 전혀 손색이 없는 사랑채다.
눈에 넣어도 아프지 않을 만큼 편애하는 왕의 막내딸,
어린 왕녀를 며느리로 받은 사가에서 손님 맞이에 얼마나 잔신경이 쓰였을지 짐작이 된다.

도 과부 며느리 처소에 찾아가 야식을 청하고, 현빈 조씨는 버선발로 부뚜막에 내려가 밤을 구워 바쳤다. 현빈 조씨는 11살에 세자빈으로 간택돼 9살의 효장세자와 가례를 맺었으나, 세자가 이듬해 요절하면서 후사 없이 청상과부가 되었다. 친정부모가 잇따라 일찍 돌아가고 남편도 없이 수절하니 영조가 안타까워한 것까지는 이해가 가지만 그래도 당시 법도는 그렇지 않았다. 현빈이 죽은 날도 삶은 밤을 소반에 얹어 두었다니 영조와 현빈의 관계는 입방아에 오를 만도 했다.

며느리 현빈의 시비, 승은을 입다

화길의 생모 문씨가 영조의 승은(承恩)을 입는 과정도 그렇다. 1751년 말, 며느리 현빈 조씨가 죽자 57살의 영조가 빈소를 찾아 현빈의 시비(侍婢)를 건드린다. 시아버지가 며느리 빈소 옆에서! 금지옥엽이 왜 천것을? 실록에 직접 언급은 없지만, 낮은 신분의 궁녀들이 승은을 입는 것은 의외로 세수간이었다. 한복 정장을 입고 재래식 화장실에서 생리 현상을 해결해보면 안다. 누가 거들고 붙잡지 않으면 아무 것도 안 된다. 그래서 왕조 시대에는 자주 세수간에서 역사가 이뤄졌다. 얼마나 냄새가 나면, 승지 윤광의가 문씨의 책봉 교지에 옥새를 누르라는 왕명을 거부했을까? 결국 영조는 윤광의를 파직하고 다른 승지에게 옥새를 누르게 하는데, 나중에 정신 차리고는 윤광의를 이조참의로 승직했다.

윤광의(尹光毅), 간단치 않은 인물이다. 영조가 즉위하던 해 정시 문과에 급제했으니 영조와는 좋은 인연으로 출발한 셈이다. 그러나 탕평책을 주장하다가 영조의 미움을 사서 삭탈관직당하고, 4년 뒤 재임용되지만 또 뭐가 안 맞아 파직당한다. 두 번씩이나 삭탈관직당한 뒤에야 영조와 주파수를 조금 맞추게 되어 어렵게

한일합방론을 개진한 대가로 일본으로부터 훈장도 받고 백작 작위까지 받은 친일파 송병준의 고택이 보인다.
용인 양지 인터체인지 자리에 있었다 하여 '용인집'이라 부른다.

발탁된 승지 자리도 후궁 첩지에 옥새 찍기를 거부하다 날아갈 위기에 처했다. 그거 한번 눈감고 찍어주지. 위기를 넘기고 이조참의로 승진한 뒤 대사간·대사성·형조참판 등을 거치며 승승장구했고, 정조 때 청백리에 선발되었다.

문씨는 모시던 웃전의 빈소에서 웃전의 시아버지인 임금을 유혹할 정도로 잔머리가 비상했고 손도 재빨랐다. 궁내 인삼을 도둑질해 쓰고, 김상로, 오빠 문성국 등과 결탁해 사도세자를 무고해 죽게 만들었다. 당시 사도세자의 죽음에는 생모인 영빈 이씨와 스승인 김상로가 등을 돌린 것이 결정적이었다. 김상로는 후에 영의정에까지 오른 노론의 권신이다. 문씨가 대가를 치른 것은 1776년 영조가 붕어하고 세손 정조가 즉위한 뒤였다. 문씨는 폐서인돼 사가로 내쫓기고 오빠와 어머니는 관노비로 내쳐지며, 국상이 끝나자 마침내 사사된다. 정조는 문씨 소생인 화길의 5년 전 장례식 비용 10만 냥까지 감사했다. 어진 임금 정조도 생부 사도세자에 대해서는 맺힌 것이 정말 많았던 모양이다.

궁집 영역의 가치와 부부 예술인의 안목

궁집 바로 옆 거대한 괴목 그늘 아래, 아랫사람들이 거처하던 초가 2채를 물리고, 그 자리에 일본 작위와 훈장을 받은 친일파 송병준의 고택(용인집)을 옮겨 세웠다. 친일파의 것이라고 무조건 부숴버리는 무지한 파괴주의보다, 잘 보존해 역사의 교훈으로 삼는 지혜가 돋보인다. 맞은 편에는 1974년 서울대가 관악으로 옮기면서 허물게 된 강감찬 장군의 낙성대 사당이 이건됐다. 서울 동숭동(지금의 대학로)에 있던 서울대학교 법대, 문리대, 용두동 사범대학 등이 관악캠퍼스로 옮길 때의 일이니 그 혜안이 얼마나 시대를 앞서는지!

궁집을 빈틈없이 채우는 귀한 소품들
이병복, 권옥연 작고한 두 원로 예술인의 안목을 보여준다.

멀찌감치에 흥선대원군과 함께 고종을 즉위시켜 안동 김씨 세도 정치를 종식시킨 신정왕후(神貞王后) 조 대비의 친정집(군산집)이 보인다. 단정하게 등돌려 선 정면 7칸의 군산집은 앞에서 보면, 계단식 객석을 갖춘 고풍 창연한 옥외 공연장이다. 실제로 외국인을 초청해 공연도 몇 차례 했다는데, 반응이 뜨거웠다 한다. 유쾌한 반전이다. 다 좋은데 아쉬운 것은 강감찬 장군 사당 앞의 물 한 방울 없는 메마른 연당이다. 그러고 보니 곳곳에 물 흘렀던 개울 흔적은 있는데 물은 흐르지 않는다. 풍수에서 바람은 막고(藏風) 물은 받으라(得水) 했는데, 20년 전 아파트가 들어선 뒤 궁집은 물길이 끊기고 연당은 말랐다. 예산 쓰든 모금하든, 물길은 잇고 연당은 채우면 좋겠다.

옮겨온 용인집, 강감찬 사당, 군산집, 경내 조성된 물길과 돌무지개 다리, 갖가지 고목까지, 궁집은, 한번 걸음으로 고려 중기에서 조선 영조와 구한말을 거쳐 왜정까지 천년 시간여행을 할 수 있는 귀한 장소다. 작고한 연극인 이병복, 화가 권옥연 선생, 부부 예술원 회원은 무의자(無衣子)재단을 설립해 귀한 유산을 넘겼다. 無衣子 옷입지 않은 자, 그러고 보니 "대인자 부실기적자지심자야(大人者 不失其赤子之心者也)"라, "대인이란 자신의 어릴 적 마음을 잃지 않는 자" 맹자에 나오는 말이 떠오른다.

공시지가 70억 큰 재산을 기울여 외골수로 역사와 문화를 다듬고 모아 보존한 두 분 선생께 감사를 드린다. 일각에서는 궁집을 폐쇄적으로 운영한다고 비판하곤 한다. 그러나 이렇게 공들여 모으고 관리한 분들의 입장에서는 아무나 들어와 함부로 어지럽히고 더럽히는 꼴을 참을 수 없었을 것이다. 복권 수입으로 문화재나 자연유산을 매입해 보전 관리하는 영국 내셔널트러스트(National Trust)를 벤치마킹하면 어떨까?

흥선 대원군 이하응의 아들을 고종으로 지명한 뒤,
안동김씨 세도 정치를 종식시킨 조대비의 친정집 일부를 옮겨온 '군산집'.
정면 7칸, 측면 2칸에 날개까지 모두 20칸 가까운 당당한 건물이다.
사진에는 보이지 않지만 사진찍는 자리에는 초승달 모양의 계단식 관람석이 큰 돌로 마련돼 있다.

나라 좀먹은 외척 세도

이천 김좌근 별서

세도가 김좌근의 이천 고택
잘 지어진 근교 별서(別墅)

따스한 햇살이 내려쬐는 포근한 6월 초의 오후, 경기도 이천의 너른 들녘 한 가운데 난 길로 잠깐 올라가니 왼편으로 깔끔한 신축 양옥들이 나타난다. 길이 끝나는 안쪽에 널찍한 터에, 큼직하고 단정한 고택 두 채가 보인다. 안동 김씨 세도 정치의 핵심 인물인 김좌근 고택으로 알려졌지만, 김좌근이 평소 살던 곳은 아니다. 김좌근의 묘소를 관리하는 재사(齋舍) 또는 별장으로 쓸 겸 해서 아들 김병기가 고종 즉위 이듬해인 1865년 지은 건물이다. 원래 행랑채와 사랑채까지 모두 99칸이었다는데, 담과 행랑채가 사라지고 안채와 별채 42칸만 남아 있다. 누군가 이 집에서 목재와 석재만 빼내 팔려다가 못다 해체하고 남은 것이라 한다.

지금은 안채와 별채가 서로 떨어졌지만, 원래 두 건물 사이에 건물이 있고, 뒤에 널마루 회랑을 달아 편하게 왕래하는 구조였다. 회랑은 없어졌어도 별채 뒤 쪽 마루는 온전해 흙을 밟지 않고 안채와 별채를 편하게 왕래할 수 있다. 안채는 부엌과 다락, 방 3개, 곳간으로 구성된 팔작지붕의 일자집이다. 3칸 부엌은 문을 들어서면 왼쪽에 퇴를 달고 오른쪽에 다락이 있다. 방 전면에 대청마루가 있다. 사랑채 터에 주춧돌이 두 줄로 나란히 남아 있는데, 원래 규모를 짐작할 만하다. 안채는 정면 8칸, 측면 2칸, 거기에 오른쪽에서 방 3개에 다락과 곳간, 부엌이 이어진다. 궁궐에서나 볼 수 있는 잘 다듬은 돌기둥으로 주초를 놓았다. 별채 역시 팔작지붕으로 멋을 냈고, 정면 5칸, 측면 2칸에 오른쪽에 한 칸 내루를 달아냈다. 안채 지붕에 학, 연꽃, 구름 무늬를 두고, 안채 벽과 담장을 기하 무늬로 장식하는 등 공든 흔

흔치 않게 단아한 별당의 창살
머름이 받친 2개의 4분합문, 창살의 문양이 비슷하지만 다르고 다르지만 비슷해 조화를 이룬다.

적이 역력하다.

이 고택에서 가장 눈여겨볼 대목은 창살이다. 궁궐 창살 뺨치게 다양하고 아름답다. 특히 머름이 받치고 있는 별당의 4분합문 창살은 감탄스럽다. 문양이 비슷하지만 다르고, 다르지만 비슷해 조화를 이룬다. 오늘날 새로 지은 한옥의 창살이 워낙 깔끔해지긴 했지만, 그럼에도 불구하고 이 정도로 잘 정제된 단아한 창살을 보기란 정말 쉽지 않다. 사람이 상주하지 않아 관리가 어려운 고택에서는 더더욱 그렇다. 기둥, 서까래, 대들보, 마루와 각종 문틀, 문살까지 목재는 크건 작건 굵건

가늘건 모두 잘 다듬어져서 흠을 찾을 수 없다. 주춧돌과 섬돌, 건물을 둘러싼 기단석까지 석재도 모두 반듯하게 잘 다듬어 정갈하다. 한말 나라는 어렵고 대원군 집정 2년차에 지었는데도, 부자 망해도 3년 간다는 말대로 여전히 안동 김씨 세도의 후광이 이 집 구석구석에서 드러난다. 다락에 오르면 야트막한 별장 담장 너머로 연못과 툭 터진 조망을 감상할 수 있다. 솟을대문과 담장, 행랑채가 통째로 없어진 것이 아쉽다.

'장동', 오랜 권력의 중심지
안동 김씨의 화려한 등장

세도 정치에 참여한 안동 김씨들은 당시에는 '안동' 김씨라 불리지 않았다. 그들은 오늘날 서울 서촌인 '장동(壯洞)'에 몰려 살면서 스스로를 '장김(壯金)'이라 불렀다. 장동은 인왕산 동쪽과 경복궁 서쪽으로 오늘날 청운효자동과 사직동 일대다. 조선시대에는 '장의동(藏義洞, 壯義洞)' 혹은 '장동'이라 불렸고, 서울의 가장 오래된 동네다. 조선 초 태종 이방원, 효령대군, 안평대군 등이 살고, 세종대왕이 태어난 권력의 산실이기도 했다.

세간에서는 세도 정치에 참여한 이른바 '장김'을 '신(新) 안동 김씨', 세도 정치에서 배제된 부류는 '구(舊) 안동 김씨'라 불렀다. 스스로 '안동 김씨'라 칭하는 사람들은 대개 세도 정치와 무관하다. 구 안동 김씨의 대표적 인물은 고려말 명장 김방경, 조선 임진왜란 때 진주성 싸움의 김시민 장군을 들 수 있다. 그런가 하면 사육신을 배신하고 단종 복위 운동을 고변해 벼락 출세한 김질(金礩), 인조 때 소용 조씨와 함께 반란을 획책했다가 멸문 지화를 당한 간신 김자점(金自點)도 구 안동 김씨다.

장동 김씨의 역사는 병자호란 때 척화신 청음(淸陰) 김상헌(金尚憲)으로부터 시작된다. 김상헌은 인물 한국사에 '한국사에서 절개와 지조'의 상징으로 소개되는 인물이다. 현대사에서 절개와 지조를 상징하는 인물이 심산 김창숙과 동탁 조지훈 시인이라면 전통시대에는 김상헌이었다.

> 가노라 삼각산아 다시 보자 한강수야
> 고국 산천을 떠나고쟈 하랴마는
> 세월이 하 수상하니 올동말동 하여라

김상헌이 청나라에 압송돼 가면서 읊은, 귀에 익은 그러나 한서린 시조다. 김상헌의 형 김상용(金尚容)도 판서와 우의정을 지낸 노신으로, 병자호란 때 빈궁(嬪宮, 세자빈)·원손(元孫, 왕의 장손)을 수행해 강화도에 피난했다가 성이 함락되자 화약에 불을 지르고 순절한 충의 열사다. 절개와 지조의 가문에서 어떻게 조선 쇠망의 원인으로 지목되는 안동 김씨 외척의 세도 정치가 나올 수 있는가? 요즘 유행하는 말로, 호부견자(虎父犬子)가 어떻게 가능했을까? 김상헌의 세 손자와 여섯 증손, 이른바 '삼수육창(三壽六昌)'이 워낙 우뚝한 인물이었기 때문이다. '삼수'는 김상헌의 세 손자 수증(壽增, 참판)·수흥(壽興, 영의정)·수항(壽恒, 영의정)이고, '육창'은 수항의 여섯 아들 창집(昌集, 영의정)·창협(昌協, 대사간·대사성)·창흡(昌翕)·창업(昌業)·창즙(昌緝)·창립(昌立)이다. 세계(世系)는 6창의 맏형 창집에서 제겸(濟謙)-달행(達行)-이중(履中)-조순(祖淳)에 이르게 된다. 김조순이 정조의 고명대신(顧命大臣)으로 사실상 순조의 섭정이 되니 안동 김씨 세도 정치가 시작되는 것이다.

별채 전경
위로 지붕에서부터 아래로 주춧돌에 이르기까지,
정면의 문과 창살 측면의 회벽까지 사진 한 장에 아름다운 한옥의 특성을 모두 보여준다.

나라 좀먹은 외척 세도 이천 김좌근 별서

김상헌은 청나라 심양에 붙잡혀 가서도 굽히지 않았다. 마침 주화론자 최명길이 심양에 붙잡혀와 조우했을 때 두 사람은 시를 주고받으며 오해를 풀고, 척화(斥和)와 주화(主和)로 서로 길은 다르나 충의와 애국의 마음만은 같다고 다짐한다. 나라가 힘이 없고 임금은 우매해도 이런 선비들이 있어 조선이 500년을 버틴 거 아닐까?

從尋兩世好 頓釋百年疑 (종심양세호 돈석백년의)

조용히 두 사람의 생각을 찾아보니
문득 백년 의심이 풀리는구나.

김상헌에게서 듣기 어려운, 얼어붙은 강물을 녹이는 따스한 말이었다. 최명길이 바로 화답했다.

君心如石終難轉 吾道如環信所隨 (군심여석종난전 오도여환신소수)

어르신 마음 차돌 같아 굴리기 어려우나,
저의 도는 때로는 고리처럼 돌기도 합니다.

김상헌은 다시 시로 자신의 심회를 토로하며 16살 어린 후배 최명길에게 충심으로 타이른다.

成敗關天運 須看義與歸 (성패관천운 수간의여귀)

雖然反夙暮 詎可倒裳衣 (수연반숙모 거가도상의)

權或賢猶誤 經應衆莫違 (권혹현유오 경응중막위)

寄言明理士 造次慎衡機 (기언명리사 조차신형기)

성공과 실패는 천운에 달렸으니

모름지기 만사는 의(義)로 돌아가야 하느니

아침과 저녁을 바꿀지언정

치마와 저고리를 뒤집어야 쓰겠나

권도(權道)는 현인도 그르칠 수 있지만

정도(正道)는 중인이 어기지 못하리

이치에 밝은 선비에게 말하노니

급한 때도 저울질 신중하시기를

　진심어린 원로 대선배 김상헌-이때 김상헌은 70을 넘긴 상노인이었고, 최명길은 50 중반의 장년이었다-의 충언에 최명길도 감사하면서 다시 화답했다.

靜處觀群動 眞成爛漫歸 (정처관군동 진성란만귀)

湯氷俱是水 裘褐莫非衣 (탕빙구시수 구갈막비의)

事或歸時別 心寧與道違 (사혹귀시별 심녕여도위)

君能惜斯道 語黙各天機 (군능석사도 어묵각천기)

고요한 데서 여러 움직임을 보아야

참되게 합의를 이루리라

끓는 물과 얼음 모두 같은 물이고

털옷도 삼베도 옷 아니던가요?

혹 일이야 때에 따라 달라져도

속마음 어찌 정도에 어긋나리오.

어른께서 능히 이 이치를 깨달으시면

말없이 각자 하늘의 이치를 지켜 갑시다

병자호란 당시 청태종 홍타이지는 남한산성을 포위해 인조의 항복을 받아냈다. 이른바 '삼전도의 치욕'이다.
우리나라 통일 왕조가 이렇게 일방적으로 항복한 예는 조선 인조가 처음이다.
자주파 사이에서 '인조 파묘론'이 나오지 않는 게 이상하다.

　원래 지조와 절개는 부러져 죽어 이름을 얻기는 쉬울지언정, 살아 뜻을 펴기는
어렵다. 지조와 절개를 강조하는 안동 김씨 가풍만으로는 권력을 누리기 쉽지 않았
을 텐데 어떻게 그게 가능했을까? 김상헌은 친가도 대단했지만, 외가가 아주 대단
했다. 안동 김씨가 김상헌 대로부터 후손에 이르면서 더욱 번성한 것은 외가의 동래
정씨 후광도 컸다고 봐야 한다. 워낙 동래 정씨가 명문거족이기 때문에 전체를 살펴
보는 것은 생략하고, 외조부 정유길의 위아래만 간단히 살펴보기로 한다. 정유길(鄭
惟吉, 1515~1588)은 1538년 약관 23살에 문과에 장원급제한 기재(奇才)로 퇴계 이황, 하
서 김인후 등과 사가독서(賜暇讀書)를 함께 했다. 이후 참판, 대사간, 경상·경기관찰사,
예조판서를 거쳐 좌·우의정을 지낸 명신이었다. 외조부 한 사람만 해도 어마어마한
경력에 인맥일 텐데 웃대 아랫대도 그만 못지 않았다.

　정유길의 증조부는 평안·전라관찰사에 이조·호조·공조판서를 지낸 좌리공신
정난종(鄭蘭宗), 조부는 예조·병조판서에 좌·우의정을 거쳐 두 차례 영의정을 지낸 정
광필(鄭光弼), 아버지 정복겸(鄭福謙)은 강화부사를 지내고 영의정에 추증되었다. 정유
길의 아들 정창연(鄭昌衍)은 좌·우의정, 손자 정광성(鄭廣成)은 형조판서, 증손 정태화(鄭
太和)는 충청·평안·경상관찰사와 좌·우의정을 거쳐 혼란한 시기 20년 동안 5차례 영
의정을 역임했다. 성품이 모나지 않고 신중하여 정적(政敵)이 별로 없었다 한다. 정태
화의 동생 정치화도 우의정, 정지화도 좌의정에 올랐다. 『국조인물고(國朝人物考)』 권3
상신편(相臣編)에서는 정유길의 증손 정태화와 그 일가에 대해 이렇게 썼다.

안채 샛문으로 나와 뒤에서 본 별채
지붕마루에서 처마로 내려오는 곡선의 형태는, 현대 수학에서 '사이클로이드(cycloid)'라 하는 곡선이다.
직선보다 사이클로이드에서 속도가 더 빨라진다고 한다. 그래서 눈이나 비가 더 빠른 속도로 굴러떨어지게 된다고.
한옥의 과학적 특성이 잘 발휘된 예다.

"무릇 큰 집안을 이어나가자면 그 보전(保全)하는 일이 어려운 법인데, 오
직 덕을 쌓은 집안은 복록(福祿)이 면면히 이어지고 대대로 명망 있는 재
상을 배출한다. 지금 세덕(世德)을 논하는 자들도 반드시 정상(鄭相, 정태화)
의 집안을 말하고, 상업(相業, 재상으로서 이룩한 업적)을 논하는 자들도 반드시
정상의 집안을 말한다. 그렇다고 보면, 선(善)을 쌓은 사람에게 하늘이 복
을 내려 주는 이치는 마치 손에 부절(符節)을 쥔 것처럼 믿을 만하다."

김상헌의 6대손 김조순은 막강한 친가와 외가의 후광에 더해 온건한 탕평책을 주청해 정조의 신임을 얻고 고명대신(顧命大臣)이 된다. 그러나 순조 즉위 초 수렴청정한 정순왕후가, 노론 벽파와 결탁해 강경하고 폐쇄적인 분파 정치를 펴면서 오히려 김조순의 입지가 넓어졌다. 순조가 15세가 되면서 정순왕후의 수렴청정은 끝나고 친정이 시작되자 섭정이 된 김조순은 정순왕후의 친정인 벽파 경주 김씨를 숙청하고 노론 시파 특히 안동 김씨를 대거 등용했다. 노론에 비판적이고 개방적인 남인도 덤으로 제거했다. 안동 김씨 세도 정치의 시작이었다. 이때까지만 해도 김조순은 권력 독점적인 세도 정치를 지향하지는 않았다. 순조 때 김조순이 관서 지방을 돌며 문란해진 3정의 실상과 대책을 보고한 내용이 남아 있다.

"신이 관서에 내려가 이미 백성의 고통을 귀로 듣고 눈으로 보았으니, 모두 사뢰지 않을 수 없사옵니다. 본도의 구환(舊還)이 경외(京外) 각 아문의 절미(折米)를 아울러 계산하면 6만 9천 3백여 석인데, 3만 9천 석은 유망(流亡)한 호구에서 받아야 할 것이어서 지적해 받을 곳이 없사옵니다. 2만 9천 석은 현재 있는 호구에서 받을 것인데, 이른바 현재 남은 호구는 바로 신미년(辛未年)과 임신년(壬申年) 난리 후에 미처 도망하지 못한 고아와 과부를 억지로 호구로 기록한 자니, 원호(元戶)와 비교할 수가 없사옵니다. 만약 법대로 징수해 받아들인다면 인족(隣族) 역시 조만간 화가 옮겨 올 것을 알기 때문에 의구(疑懼)하여 흩어질 마음을 품고 있으며, 심지어 풍년이라는 말을 원하지 않까지 합니다. 이제 아무 이로움이 없는

빈 장부(帳簿)로 포흠낸 환곡을 징수할 것으로 여겨 고할 곳 없는 자들을 더욱 독촉하여 안도(安堵)했던 자들이 도리어 도망해 흩어진다면 이는 차마 하지 못하는 정사며, 또 안정시키는 방도에 어긋날 것이옵니다. 이는 묘당이나 방백이 경솔하게 거론할 것이 아니니, 신의 뜻으로는 주상께서 탕감을 특명하시어 한 도(道)의 잔민(殘民)과 실호(實戶)가 모두 조가(朝家)에서 다친 사람을 돌보아 주듯이 하는 덕을 입게 하시오면 사의(事宜)에 합당할 듯하옵니다."

그러나 김조순의 아들 김좌근은 달랐다. 김좌근은 순조비인 순원왕후(純元王后)의 남동생이며, 순조의 세자요 헌종의 아버지인 추존왕 익종의 외숙부로 권력에 매우 가까운 위치였다. 헌종이 8살에 즉위했다가 23살에 죽고, 강화도령 철종이 18살에 즉위하니 순원왕후가 대비, 대왕대비 자격으로 두 차례에 걸쳐 수렴청정을 하게 된다. 남동생 김좌근은 '성품이 정량(貞亮, 곧으면서 맑다)하고 공평했다'는 고종실록의 평과는 달리, 권력을 쥐고 흔들 기회를 놓치지 않고, 과거에 급제한 지 4년 만에 판서가 되는 벼락 출세를 경험한다. 훈련대장과 예·형·공·호조 판서를 거쳐 영의정에 세 번씩이나 보직되니, 헌종·철종 때 안동 김씨 세도 정치의 중심이었다.

그 뛰어난 안동 김씨 피를 이어받았음에도 40 넘어 과거에 급제했으니, 가문의 내림인 글 재주 글씨 재주는 남준 셈인가? 김좌근은 대신 장김 가문에 없던 재주가 뛰어났으니 타협과 처세였다. 용돈과 노잣돈을 주고 석파란 그림을 사주는 식으로 파락호(破落戶) 흥선대원군을 후원했다. 1863년 철종이 승하하자, 흥선군의 둘째아들 명복(命福)을 고종으로 옹립하는 일을 주관해 대원군과 우호적 관계를 유지했다. 그래서 대원군 집권 이후 안동 김씨가 몰락할 때도 김좌근- 김병기 부자는 편안한 노후를 보낼 수 있었다.

뒷담 너머로 본 안채 전경
사람이 살지 않는데도 워낙 정갈해, 뒤에서도 흠 잡을 데 없다.

김좌근을 이야기하면서 '나합' 이야기를 건너 뛸 수 없다. 2018년 영화『명당』에도 등장하는 나합은 전라도 나주 영산포 태생의 기생이었다. 성은 양씨. 어려서부터 그녀가 지나가면 뭇 사내들이 넋을 잃고 보았을 정도로 미모가 빼어났다 한다. 여러 사람 홀리고 애닯게 하던 그녀가 기생이 되어 소리와 가락을 익히고 춤을 배우니 높으신 한양 양반도 홀딱 반하게 했다. 인사성까지 바르니 세상 풍류 모두 즐긴, 노회한 김좌근도 양씨의 교태에 노래에 춤에, 밤일에 미치다시피 했다. "나는 글씨 잘쓰니 달필(達筆)이고 너는 노래 잘하니 달창(達唱)이로구나." 김좌근은 당장 수레를 나주로 보내 양씨를 한양으로 데려와 살림을 차렸다.

나합은 첩이되 첩이 아니었다. 첩실이지만 지극한 굄을 받으니 권세가 정실 이상이다. "대청에 앉아 한양을 내려다보고 싶어요." 나합의 한 마디에 김좌근은 아래채 기둥을 깎아 지붕을 낮추고, 시야를 가리는 민가를 사들여 헐어 버렸다. 작은댁 나합은 방문만 열면 한양을 내려다 볼 수 있었다. 한양 도성만 내려다 본 게 아니었다. 나합은 조정과 문무 백관을 아래로 내려다 보기 시작했다. 김좌근의 권세를 빌어 나라 창고 물건을 빼내, 자기 창고를 채웠다. 김좌근이 그녀와 인사를 논하니 삼천리 수령 방백이 그 치마 아래서 나왔다. 양반들이 떼로 달려와 사또며 관찰사를 돈 내고 샀다. 나합 집에 물 길어 주던 북청 물장수가 별안간 북청 사또가 돼 고향으로 돌아갔다.

부끄러움을 모르는 자들이 나합을 '합부인'으로 부르며 아첨했다. 왕의 아버지인 대원군이나 삼정승에게나 '합하'(閤下)라는 호칭을 쓰던 시절이다. 합하, 요즘 말

지붕 끝
수키와 암키와가 가지런하고, 막새의 장식도 선연하다.
중수하면서 붙이는 막새의 무늬도 옛 무늬와 같으면 더 깔끔할 듯한데,
세심한 디테일이 아쉽다.

로 각하(閣下)쯤 된다. 김좌근이 삼정승 지낸 거물이라 김좌근이 합하인데 그 첩 양씨가 합부인이 됐다가 아예 합하가 되었다. 양씨의 고향이 나주라 '나주 합하', 줄여서 '나합(羅閤)'이라고 불렀다. 세인들은 나합이 나합(羅蛤) 즉 '나주 조개'라고 해석하며 비아냥댔다. 나합은 질투도 심해 김좌근이 다른 여자에게 눈을 돌리면 김좌근의 뺨까지 쳤단다. 그러면서도 나합 본인은 남자 욕심이 많아 빈객들 가운데 맘에 드는 남자가 있으면 김좌근 몰래 끌어들여 정을 통했다고 한다. 심지어 김좌근의 아들 김병기와도 더러운 소문이 났다.

홍선대원군이 들어서 안동 김씨 세도가 끝나자 대왕대비인 신정왕후(神貞王后) 조씨가 나합을 불러들여 죄를 물었다. 죄목은 세 가지, "천한 기생 주제에 관직을 사고 판 죄, 정1품 호칭 '합하'를 남용한 죄, 김좌근의 뺨을 때린 죄"였다. '닷새 안에 한양을 떠나라'는 판결을 받은 나합이 울고불어 김좌근이 은퇴해 살던 청수동 별장에 난

리가 났다. 이때 흥선대원군이 나서서 경복궁 중건비와 고종의 가례비 등 20만 냥을 받는 것으로 나합 추방령을 거두었다 한다. 나합은 황현의 '매천야록', 윤효정의 '대한제국아 망해라'에 실리고, 소설가 김동인의 '운현궁의 봄'과 유주현의 '대원군' 등 다양한 문학작품에 등장한다.

／ 스캔들 왕조, 정치에서 섹스까지
／ 몰락하는 왕조의 공통점은?

안동 김씨 세도가 끝난 뒤 한 선비가 탄식했다. '나합같은 사악하고 나라 망칠 년을 낳았으니, 반드시 나주의 대성에 큰 후환이 있을 것이다.' 나합을 읊은 한시가 전하는데, 반드시 소리내서 읽으라. 독음이 더 재미나니.

達唱打鈴輿便來 (달창타령여편래)
翫錢戲彌稱巨宰 (완전희미칭거재)
謨漏庫悍搔利濫 (모루고한소리람)
諸里議羅蛤沃世 (제이의나합일세)

노래 부르고 방울 두드리니 수레가 오네.
돈 놀음으로 두루 큰 재상 칭하고
나라 창고에 꾀부려 이문을 사납게 긁고,
뭇고을이 나주계집 해도 너무한다 쑥덕대네

후손들은 2009년 김좌근, 김병기 부자가 살던 경기도 이천군의 고택과 주변 땅 10만1500㎡를 서울대학교에 기증했다. 그나마 후손들이 김상용, 김상헌 대로부터 3수 6창, 김조순에 이르는 선조의 뜻의 일부라도 이어가려는 듯해서 참으로 다행스럽다. 촬영을 마치고 나오는 길, 박모(薄暮)가 깔리기 시작했지만, 석양 햇살이 더 따사롭게 느껴졌다.

건물은 어디론가 사라지고 주춧돌만 가지런히 남아있다.
원래 궁궐에서만 쓸 다듬은 돌 주춧돌이다.
주춧돌의 크기와 개수로 미루어 꽤 큰 규모의 건물이 있었다고 짐작할 수 있다.

약소국 황후의 피난

남양주 수원 백씨 고택

행랑채의 꽃담과 굴뚝

2017년 내가 몸담고 있는 경기대학교가 개교 70주년을 맞았다. 공교롭게도 경기대학교는 서울에서 시작해 35년 되던 1982년 학교 본부를 경기도 수원으로 옮겼다. 필자는 '경기(京畿)란 서울 근처의 땅을 말하니, 개교 70년 만에 학교가 서울 35년-서울 부근 35년을 채운 큰 경사'라고 홍보 문안을 썼다. 교명을 경기(京畿)로 쓰면서도 그런 유래를 들어 학교의 역사를 설명하려는 착안은 처음이었고 신기하다는 중평이었다. 최근 들어 우리 지식사회가 인문학을 강조하면서도 정작 역사와 문학, 철학에는 큰 관심이 없으니 '경기'를 그렇게 풀어가는데 대해 신기하다는 반응이 나온 것이다. 다시 경기로 돌아가서, 경기(京畿)란 서울 근처의 땅을 말한다. 일본에는 긴끼현이 있는데, 한자로는 '近畿'라 쓴다. 가까울 근에 서울 가까운 땅 기, '역전 앞(驛前 앞)' '모래사장(모래 沙場)'과 꼭같은 구조인 셈인데, 그게 일본의 언어 관행인지도 모른다.

고대 중국에서는 왕경(王京) 5백리 이내의 땅을 기(畿)라 했다고 한다. 중국은 큰나라라 경기(京畿)를 넓게 보았다. 우리처럼 작은 나라에서 경기를 5백리로 치는 것은 비현실적이다. 서울역에서 추풍령휴게소가 고속도로로 217km, 직선거리로는 거의 200km일 것이니 경기를 5백리로 잡으면 국토의 절반 이상 된다. 경기를 서울 근교 2백리로 작게 잡아도 천안쯤이나 된다. 우리 실정으로는 경기를 현재의 행정구역상 경기도를 잡는 것이 합리적이다. 장황하게 경기(京畿)를 설명한 것은, 경기 지역 곳곳에 명문대가가 흩어져 있는 사실을 설명하기 위해서다.

행랑채의 위용
사랑채처럼 보이지만 행랑채다. 행랑채가 이 정도면 사랑채가 원래대로 남아 있었다면 얼마나 대단했을까?
아쉽다.

예나 지금이나 출세한 이들은 중앙 무대에서 활동하다가 서울 근교에 집을 마련해 은퇴한다. 귀거래혜 귀거래혜(歸去來兮 歸去來兮), '돌아가자, 돌아가' 하면서 은퇴해 낙향하는 것은 시문 읊을 때뿐, 현실에서는 서울 근교 즉 기내(畿內)에 집을 마련해 은퇴하는 사람이 훨씬 많았다. 농경 사회였던 조선조에는 그런 경우가 훨씬 많아 한양 근처에 집과 농장을 마련해 정착한 다음 일가붙이를 불러들여 집성촌을 이루곤 했다.

전통 시대 집성촌 형성에는 몇 가지 방식이 있다. 첫째, 임진왜란·병자호란 등 외적의 침입이나 국내의 정치적 변화를 피하기 위해 이주한다. 경상북도나 충청북도 같은 비교적 병화(兵禍)로부터 안전한 곳에는 호남이나 경기에서 이주해온 경우가 많다. 둘째, 국왕이 하사한 토지인 사패지(賜牌地) 주변에 정착한다. 셋째, 왕실 묘역 주변에 정착한다. 넷째, 중앙 관직에서 물러난 뒤 낙향해 정착한다.

북방 유목민족의 침탈이 잦은 서북 변경 출신이나 왜구의 노략질이 심한 남쪽 바닷가 출신이면 전란이나 정변을 피해 일가 전체가 기내(畿內)로 이주했다. 벼슬이 높아 권세를 누리고 군왕의 총애를 받은 이들은 기내의 사패지(賜牌地) 즉 땅이나 임야를 하사받아 정착했다. 조선 선조가 정휘옹주가 시집갈 때 시탄(柴炭, 땔감)을 조달하라고 하사(下賜)한 경기도 의정부 사패산(賜牌山)이 사패지의 대표격이다. 다산 정약용을 필두로 한 나주 정씨가 정변을 피해 남양주 마재에 들어갔다면, 수원 백씨는 왕실의 은총을 받아 자랑스레 양주 매곡(梅谷) 마을에 입성했다.

양주는 한양에서 가까워 중앙 관직에 진출한 인물이 집과 농장을 마련하고, 토착 성씨와 혼인한 뒤 정착해 동족 부락(同族部落) 즉 집성촌을 이루는 경우가 많았다. 때문에 외부에서 유입된 다른 성씨가 상당히 많다. 양주 매곡 또는 맹골의 수원 백씨도 그중 하나다. 매곡 마을에는 350년 전 조선 중기 문신인 휴암 백인걸(休庵 白

(仁傑) 이후 아직도 수원 백씨 80여 가구가 살고 있다. 동네 이장-역시 백씨 일문이
다-의 설명으로는 농지와 임야 합해 일대 백만 평 이상이 수원 백씨 소유다.

매곡(梅谷)마을 혹은 맹골마을은 마을 가운데 우뚝한 매화나무가 동네 이름이
되었다. 백수현 고택은 마을 뒤 매봉산을 진산(鎭山)으로, 매곡리의 가장 경개좋은
반듯한 자리에 자리잡았다. 매봉산은 이 지역에서는 우뚝하지만 어지간한 지도
에도 나오지 않을 정도로 낮은 산이라(300미터나 될까?) 평지처럼 보이는 편안한 경
사다. 백수현 고택을 등지고 서면, 마을 진입로와 나란히 이름없는 작은 개울이
오른쪽에서 왼쪽으로 흐르고, 멀리 입암천은 매곡리 전체를 반대 방향으로 크게
휘감고 흐른다. 마을 앞 샘물은 가뭄에도 마르지 않고, 한겨울에도 온기가 있어
아낙네들이 그 물로 겨울철에도 빨래를 쉬지 않았다 한다. 산은 낮아 큰 바람이
없을 것이며(藏風) 물이 두겹 씩 포근히 감아 들어오니(得水), 장풍 득수에 배산임수
를 모두 갖춘 풍수학적인 길지겠다.

안채
오른쪽에 남향의 대청과 건넌방이, 왼쪽에 동향의 안방과 부엌이 보인다. 동향한 서변(西邊)이다.
장대석의 두벌대 기단과 사다리꼴로 잘 다듬은 주초를 볼 수 있다.
당시 어지간한 사대부집에서도 주초나 기단석을 각지게 다듬어 쓰는 일은 흔치 않았음을 생각하면,
얼마나 많은 공력이 들었는지 짐작할 수 있다.

4백 문장, 위기를 맞다
걸러지지 않은 말이…

수원 백씨 입향조는 휴암 백인걸(休菴 白仁傑)이다. 형제와 사촌까지 백씨 4명이 문장이 뛰어나 4백 문장이라 했다는데, 인영, 인웅, 인호, 인걸 네 종방(사촌을 종방간이라 한다) 이름을 모으면 '영웅호걸'이다. 전통시대에는 이런 이름이 많았다. 이순신 장군의 형제는 중국 3황5제에서 따온, 희신(李羲臣), 요신(李堯臣), 순신(李舜臣), 우신(李禹臣) 이다. 고려말 이백년(李百年)의 동생은 천년(千年), 만년(萬年), 억년(億年), 조년(兆年)이었다. 친형 인영은 도승지, 인걸도 지중추부사(知中樞府事)까지 올랐으나, 사촌 인웅과 인호는 산림에 묻혀 지냈다. 백인걸은 조광조(趙光祖)의 문하생으로 모재(慕齋) 김안국(金安國)에게 배우고, 송인수(宋麟壽), 유희춘(柳希春), 이이(李珥), 성혼(成渾) 등과 사귀었다. 비교적 늦은 40살에 식년문과에 병과로 급제했으나, 훈구파에 눌려 오랫동안 벼슬을 얻지 못하다가 간신히 예문관 검열에 임명됐다.

하급 관료를 전전하면서도 명종 즉위 후 문정왕후(文定王后)와 동생 윤원형(尹元衡)에 반대했고, 양재역 벽서 사건으로 안변(安邊)에 유배되었다. 윤원형이 몰락한 1565년, 68세에 재기용돼 대사간, 대사헌, 병조·공조 참판까지 올랐다. 80이 넘어 지중추부사로 일하면서는 훈구 세력의 발호에 맞서 선비 사회를 옹호했다. 국방 강화를 주장하고, 『명종실록(明宗實錄)』 편찬에 참여했으며, 청백리에도 뽑혔다. 노환으로 병세가 깊어지자 선조가 문병하고 의원과 약을 하사할 정도로 총애가 깊었으나 83살로 결국 세상을 떠났다. 사후 신도비는 우암 송시열(尤庵 宋時烈)이 글을 짓고, 동춘당 송준길(同春堂 宋浚吉)이 썼으며 청음 김상헌(淸陰 金尙憲)의 손자 문곡 김수항(文谷 金壽恒)이 전액(篆額)을 썼다. 여기까지는 여느 현란한 가문과 별로 큰 차이가 없다.

수원 백씨 가문는 기축옥사 즉 정여립 모반 사건으로 크나큰 아픔을 겪었다. '모

약소국 황후의 피난 남양주 수원 백씨 고택   **379**

이 집의 가장 큰 특징을 이루는 부엌의 벽

고미혀를 받친 고미반자로 부엌 위에 다락을 두고, 시렁을 달아냈다. 시렁 양쪽을 받치는 까치발을 자세히 보면, 당
초문양을 세련되게 고부조해 명성황후를 모셨다는 설의 근거가 된다.

반 조작 사건'이라 해야 정확할 사건에 백씨가 연루된 것이다. 백인호의 손자며 아들 유양의 막내아들 수민(壽民)이 정여립의 형 여흥(鄭汝興)의 사위였으니 빠져나갈 길이 없었다. 백유양은 1572년 친시문과에 급제해 강원도 암행어사, 대사성, 부제학, 병조참판을 역임한 잘 나가는 관료였다. 기록을 보자. "백유양(白惟讓)의 네 아들 진민(振民) 흥민(興民) 득민(得民) 수민(壽民)이 모두 학문에 재주가 있고 이름이 높은데, 하필이면 막내 수민(壽民)이 정여립(汝立)의 형 여흥(汝興)의 사위[女壻]구나!(白惟讓 有四子 曰振民興民得民壽民 皆有才譽 季壽民 娶汝立兄汝興之壻!)" 유양과 아들 4형제가 장살당하고 말았다. 큰 환난 중에 수민의 손자 둘[의립(儀立)과 의직(儀直)]이 멀리 경남 거창으로 피난해 가문을 살렸다.

그보다 더 큰 아픔은 골육상쟁이었다. 백유양 5부자가 참변을 당한 과정에 사촌 유함(惟咸)이 작용한 의구심이 제기된 것이다. 유함은 백인걸의 막내아들로, 이조정랑(정5품), 직제학(정3품)이 최고 직위니, 참판(종2품)을 지낸 유양보다 관운이 못했다고 볼 수 있다. 발단은 다른 데 있었다.

가지런한 서까래 아래 활짝 열어젖뜨린 사분합 들창문
깔끔하고 간결한 문살. 창살이 고급스런 취향을 잘 보여준다.
오래 사람이 살지 않고 제대로 관리되지 않은데도 이 상태를 유지하는 것은 애초에 아주 잘 만들었기 때문이다.

백인걸(白仁傑)에게 과년한 딸이 있었다. 백인걸이 하루는 조카 백유양에게

"혼기가 지난 네 (사촌) 여동생이 혼처를 못 정했다. 의령 감(義寧 監)을 사위 삼으려는데, 네 생각은 어떠냐" 물었다. 유양은 "의령 감은 종실(宗室)의 서자(庶子)지만, 어미와 숙모가 모두 장터(市井)의 장옷짜리입니다. 비록 (사윗감은) 금지옥엽일지라도 차마 내 누이를 장터 여자의 며느리가 되게 할 수 있겠습니까? 숙부께서는 혼인하지 마소서" 대답했다. 인걸은 듣지 않고 결국 의령 감을 사위로 삼았다. 의령 감은 이미수(李眉壽)의 아들 윤조(李胤祖)로, 성종의 증손격이다.

혼인 후 그 여동생이 유양의 말을 모두 남편 이윤조에게 옮기니 유양에 대한 감정이 좋을 리 없다. 특히 이윤조와 여동생 사이에 난 아들 춘영(春英)은 악감정을 품고 유양(惟讓) 부자(父子)를 원수(怨讐)같이 보는데 기축옥사가 일어났다. 춘영은 외숙(外叔) 백유함(白惟咸)과 더불어 무근(無根)한 이야기를 만들어, 안으로 임금 측근의 내시를 교사해 참언(讒言)으로 틈을 들이고 밖으로는 안옥(按獄)하는 대신과 결탁하여 화단(禍端)을 얽었다. 결과 기축년에 유양을 죽이고, 이듬해 경인년에는 내관(內官) 이몽정(李夢鼎)등을 시켜 비밀리에 임금에 아뢰었다. "궐밖에서는, 길삼봉(정여립)의 거처를 모두 (백유양의 아들인) 백진민 네 형제가 자세히 알고 있다고 말합니다." 결국 진민 네 형제를 잡아 오라는 왕명이 내렸다.

사형제는 잡혀가면서 "아버지가 이미 죄없이 억울하게 죽었는데 살아도 죽은 것만 못하니 죽은들 어찌 한이겠느냐? 다만 불칙한 악명을 지니고 지하로 돌아가니 원통하구나" 말했다. 국문(鞫問)에서도 네 형제는 "아버지가 모르는 일을 아들이 어찌 알겠사오며 엎어진 둥지의 알이 온전하겠습니까? 유죄 무죄는 하늘이 아는 바이니 오직 빨리 죽고 싶을 뿐입니다" 하니 듣는 자들이 눈물을 흘렸다. 수원 백씨 중앙종친회 홈페이지 자유게시판에 인용된 기축별록(己丑別錄) 을병조경록(乙丙照鏡錄)의 기록(記錄)이다. 결국 백유함과 생질 춘영이 백유영 5부자의 죽음에 책임이 있다는 이야기다.

행랑채의 꽃담
아래는 자연석으로 위는 기와로 꽃담을 만들었는데,
자연석도 아래는 큰돌 위로 올라갈수록 크기를 줄여 균형감과 안정감을 준다.
옆에 굴뚝의 높이와 기와로 이은 품새가 궁궐 건축의 수법이다.

협문
아마 사랑채가 있었다면 사랑채에서 행랑채를 거치지 않고 안채로 들어가는
핫라인 구실을 했을 것이다.

백수현 고택은 전하는 바로는 고종 왕비인 명성황후가 만일의 사태에 대비하여 피난할 집으로 지었다고 하는데 지금은 안채와 행랑채만 남아 있다. 명성황후 피신설이 그럴싸한 것은, 우선 집이 사대부 제택(第宅) 중에도 격조높게 정성들여 잘 지어졌기 때문이다. 말끔하게 다듬은 화강암의 안채 두벌대 설치, 사다리꼴로 다듬은 주초, 고급스런 문살과 문고리 치장이 그렇다. 다음으로 이곳은 한양에서 보면 명성황후의 고향 여주와 정반대 방향이라 명성황후의 종적을 찾는 이를 따돌리기 좋았을 법하다. 당시 기준으로는 서울에서 꽤 떨어져 있지만, 또 마음먹으면 멀지만도 않다. 특히 서울로 들어가려면 반드시 거쳐야 하는 길목이다. (오늘날에도 도처에 군 부대가 진치고 있다.)

‘ㄱ’형의 안채와 ‘ㄴ’형의 행랑채, 마당을 가운데 두고 튼 ‘口’형의 집이다. 안채는 대청과 건넌방을 남향으로, 안방과 부엌이 동향한 서변(西邊)이다. 대청은 툇마루가 있는 칸 반 통의 2칸인데, 문얼굴을 놓고 사분합을 달았다. 뒷벽에 머름을 드린 문얼굴에 바라지창(廣窓) 사이 뒷산이 보인다. 대청 동편의 건넌방은 칸 반 크기다. 안방과 부엌은 각 칸 반 통의 2칸 짜리로 시골서는 드물게 널찍하다.

부엌의 크기와 다락·벽면 구성, 부엌 서쪽에 달아낸 2칸 가운데 1칸 찬방이 집의 특색이다. 부엌 위로 고미혀를 받친 다락을 두고, 작은 분합의 광창을 내고 안마당 쪽에 선반을 멍에에 맸다. 선반 아래 부엌벽은 판벽에 널문짝을 달았다. 나머지 칸은 머름을 드리고 붙박이 살대를 박아 광창을 넣었다. 행랑채는 남면 7칸 꺾어서 동변 7칸, 합이 14칸인데, 남면 1칸이 중문으로 열려 있다. 중문 서쪽 방들은 사랑방처럼 만들었으나 단칸통이고, 부엌 1칸이 달려 있다. 중문 동쪽에 마굿간과 마부 방을 두고, 꺾은 자리에 부엌 2칸, 뜰아랫방 2칸, 곳간과 2칸 내고(內庫)를 차례로 들였다.

창과 머름
머름은 지체 높은 분들이 방에 비스듬하게 누운 채 창을 열어
방바닥의 일은 보이지 않고 아랫것을 부릴 때 유용했다.

안채·행랑채 밖에 사랑채 터가 남아 있다. 마을 사람들은 매봉산에서 내려와 마을 앞을 흐르는 개울까지 백수현 고택의 터가 이어졌다 한다. 사랑채와 별당채가 남아 있다면 정말 명품이었을 것이다. 집 앞에는 다듬다 만 주초들이 뒹굴고, 꽤 오래 사람이 출입하지 않아 마당에는 잡초가 무성하다. 고택은 현대 생활에 불편하기 때문에 거주자 없이 관리할 때가 많은데, 사람이 살지 않는 집은 죽은 집일 수밖에 없다. 예산이 많이 투입되는 경기도 일원의 고택이 영호남의 고택보다 상대적으로 보존 상태가 좋지 않은 이유는, 사람이 기거하느냐 아니냐의 차이로 느껴진다. 이 칼럼이 신문에 게재된 직후 경기도가 2020년 예산 11억원을 편성해 땅과 건물을 매입해 직접 관리하기로 했다니 반가운 일이다. 칼럼 쓰는 보람이 있다.

이 집을 둘러싸고 소송이 벌어졌는데, 판결이 재미나 간단히 소개한다. 2016년 10월 고택에서 100미터 떨어진 언덕배기(풍수상 우백호 자리)에 2층 단독주택 10채를 짓겠다면서 누군가가 국가지정문화재 현상변경허가를 신청했다. 문화재청이 문화재와의 일체성을 훼손한다는 이유로 거부하자 이듬해 건축주가 소송을 제기했고, 법원은 1년만인 2018년 1월 문화재청의 결정이 옳다고 판결했다. 판결의 근거 규정은 풍수지리를 인정한 문화재청의 예규였다. '풍수 지리 및 민속 신앙 등 지역의 인문학적 특성과 관계된 문화재의 경우, 청룡·백호·안산·주산에 해당되는 지형 및 수계와 인접 마을 등을 일체적 관점에서 검토할 것'.

건축주는 ① 건축 행위로 우백호가 훼손된다면 성토(盛土)하고 나무를 심어 비보(裨補)할 수 있으며 ② 고택 가까이에 허용된 민가·음식체험장·비닐하우스보다 더 먼

망와

강희21년, 즉 1681년이라 쓰여 있어 17세기에 건축된 것이라고 주장하는 견해가 있다.
그러나 마모도로 볼 때 17세기까지 거슬러 올라가지는 않을 것으로 보인다는 견해도 만만찮다.

곳에 주택 건축을 금지할 이유가 없다고 주장했다. 그러나 법원은 ① 훼손한 뒤 복원하느니 애초에 훼손하지 않는 것이 옳다, ② 고택 바로 주변은 생활 공간이니 일정한 규제 아래 건축이 허용되나, 건축주가 원하는 우백호는 담장이라 훼손할 수 없다, ③ 그리고 문화재 주변 경관의 보존 유지라는 공익이 건축의 이익보다 훨씬 크다는 문화재청의 주장을 지지했다. 판결조차 풍수를 완전히 무시하지 않는다!

수원 백씨는 다재다능하다. 백인걸의 증조부 이래 조선조 문과 급제자가 64명에, 무과 급제 101명이다. 요즘 드라마화된 '마의(馬醫) 출신 어의(御醫) 백광현'도 넓게 보면 수원 백씨의 작은 집 임천 백씨 출신이다. 현대에도 세계적 비디오 아티스트 백남준, 백병원 설립자 백인제, 3·1 운동 당시 민족 대표 33인의 한 명인 백용성 스님, 6·25의 명장 백선엽, 백인엽 등 다양한 인물을 배출했다. 고택을 둘러보다가 싫증나면, 동네 카페에서 진한 매실차 한 잔을 즐기는 것도 괜찮을 것이다.

망국의 장수,
그 운명은?

이천 어재연 생가

어재연 생가 사랑채
초가집으로서는 이례적으로 웅장한 석축 기단위에 조성했다.

고려 태조 왕건이 후백제와 마지막 일전을 치르기 위해 출정길에 올랐을 때의 일이다. 고려군이 장마로 물이 불어난 복하천(福河川)을 건너지 못해 곤경에 빠졌다. 현지인의 도움으로 무사히 강을 건너 후백제군을 격파하니 왕건이 그 현지인 '서목'의 도움에 감사하며 내린 지명이 이천(利川)이다. '이섭대천(利涉大川)'이라는 주역(周易)의 괘사(卦辭)에서 따왔다 한다. 경기도 이천시 창전동 이천시민회관에 그 기념비가서 있다. 복하천은 길이 35km의 남한강 지류로, 용인시 처인구 양지면 제일리에서발원해 여주시 흥천면(興川面)에서 남한강 본류와 합류한다. 청미천(淸渼川)과 함께 이천평야를 발달시키고 맛있는 이천미의 젖줄이 되어 왔다. 일제강점기 때만 해도 이천 지역에서 생산되는 쌀을 실으러 배들이 드나들었지만, 지금은 수량이 줄고 하상(河床)이 높아져 운행하지 못한다.

이섭대천, 큰 강을 건너면 이로우리라. 주역 여러 군데에서 14번이나 반복적으로 등장하는 문구다. '큰 강'(大川)은 인생의 '곤경' 내지는 '위험'을 상징한다. 학문과 덕을 쌓아 마음을 굳게 하고, 육체를 단련해 강건한 몸을 기르는 것은 준비 과정이다. 준비가 끝났다면 험난한 과정이라 할 수 있는 큰 강을 건너야 비로소 큰 공을 세울 수 있으며 천하를 이롭게 한다. 서양식으로 표현하면 High Risk, High Return이다. 옛날 중국 사람은 강 건너는 것을 산을 넘는 것보다 훨씬 어려운 일로 생각하였다. 양자강이나 황허강(黃河), 랴오허강(遼河) 같은 큰 강은 고대 중국인에게는 바다 이상으로 건너기 어려운 장애물이었다. 오죽하면 강남과 강북(양자강을 기준으로), 하남과 하북(황허강을 기준으로)으로 지역을 구분했을까?

강폭 8km의 황하
황하는 한번 범람하면 한반도 크기의 땅을 물바다로 만들어,
중국의 역대 왕조는 치수(治水)가 최대 역점 사업이었다.

큰 강과 같이 지극히 돌파하기 어려운 장애물을, 멀찍이 떨어져서 상황(狀況)을 살펴야 하는가 아니면 나를 따르라 하고 건너야 하는가? 주역의 괘사(卦辭)는 이섭대천을 대체로 좋은 뜻으로 해석한다.

> 渙 亨 王假有廟 利涉大川 利貞 (환 형 왕격유묘 이섭대천 이정)
> 풀리는 형국이다. 왕이 종묘에 이르니, 큰 내를 건너는 것이 이롭다. 그러니 적극 나서라!

'假'는 '거짓 가'로 보통 읽지만, 여기서는 '이를 격'으로 읽는다.

> 中孚 豚魚 吉 利涉大川 利貞 (중부 돈어 길 이섭대천 이정)
> 진실한 믿음(中孚)은 복어[豚魚] 다루듯 조심해야 길하고, 이섭대천은 이롭다. 적극 나서되 신중하라!

> 益 利有攸往 利涉大川 (익 이유유왕 이섭대천)
> 그 세계를 찾아 나아가야(有攸往) 이롭고, 큰 강을 건너야 이롭다. 주역에서는 설상가상의 악운을 지나, 금상첨화(錦上添花)의 대운으로 바뀌는 때를 익(益)이라 한다. 혼란과 어려움을 견뎌내고, 수습하고 투자하고, 준비해야 한다. 마침내 성공해 이익과 번영을 누리는 시기가 익이다. 익을 맞기 위해 찾아나서야 하고 큰 강을 건너야 한다. 준비가 되었으면 망설이지 말고 돌파하라. 지혜로운 자는 때를 잃지 않고, 주저 않고 결단을 내리는 법이다.

고대 한반도에서 신라는 고구려, 백제에 비해 영토도 좁고 인구도 적고 대륙의 선진 문물을 받아들이는데도 늦어 국력이 가장 약했다. 심지어 초기에는 가야에 눌려 지낼 정도였다. 그 신라가 남으로 낙동강을 건너 가야를 병합하고, 북으로 남한강을 건너 한강 하류 지역을 차지하고, 임진강을 건넘으로써 삼국을 통일했다. 고려 말 이성계는 위화도에서 군을 물려 과감하게 대동강 건너 개경으로 나아갔고, 조선을 건국했다. 고대 로마의 카이사르는 '주사위는 던져졌다'고 외치며 루비콘 강을 건너 로마의 정권을 잡았다. 그러나 조선은 그러지 못했다. 강을 건너지 못하고 바다를 건너지 못하고, 반도에 갇혀 있다가 임진년, 병자년의 치욕을 당했고, 20세기초 마침내 패망했다.

이천 율면 어재연 생가

이천시 율면(栗面), 이천시와 경기도 안성시 일죽면, 충북 음성군 삼성면, 생극면의 경계가 맞닿은 지역이다. 옛날에는 밤이 많이 나서 율면이라 불린 모양인데, 너른 들과 청미천, 석원천의 풍부한 물로 예로부터 맛좋기로 소문난 이천쌀의 주산지가 바로 여기다. 멀지 않은 음성군 삼성면 마이산(472m)에는 망이산성[望夷 또는 마이(馬耳)]이란 백제 성터가 있다. 망이산성은 꽤 중요한 성이었는지, 내부 면적이 10만㎡나 되고 정상에는 동서 22m, 남북 12m 봉수대 흔적까지 있다. 1978년 이후 여러 차례에 걸친 단국대팀의 발굴 조사를 통해 성벽을 돌출시킨 치성(雉城) 5곳, 문터 4곳, 건물터 8곳이 확인돼 최근 남서쪽의 성벽 일부와 치성 두 곳이 복원됐다.

백제 갑옷을 비롯해 신라, 고려, 조선 시대 철제류, 토기, 총자, 백자편 등 다양한 시대의 다양한 유물이 출토돼, 비옥한 곡창을 놓고 벌어진 3국 시대부터의 치열한

잔교로 통행하는 단양 적성산성 부근의 남한강 강안과 단양대교.
강 양안이 사실상 수직절벽인 임진강
3국 중 가장 약소국이었던 신라는 두 차례 큰 강을 건넘으로써 한반도의 주인이 되었다.
단양대교는 길이는 440m로 별로 길지 않지만, 교각 높이는 103m로 국내 최고다.

쟁패전을 짐작할 수 있다. 이천시 율면 산성1리, 자연부락명은 돌원인데 거기에 함종 어씨(咸從 魚氏) 집성촌이 있다. 시조(始祖)는 고려 명종 때 난을 피해 도래한 오늘날의 중국 섬서성에 해당하는 풍익현(馮翊縣) 출신의 중국인 어화인(魚化仁)이라 한다. 함종, 생소한 지명이라 사전을 찾아보니 평안남도 증산군 함종리라 돼 있다. 증산군은 원래 '강서대묘'로 유명한 강서군이었는데, 1958년 행정개편으로 다시 온천군이 되었다. 율면 어씨 집성촌 맨 오른쪽 안 깊은 산자락에 소박한 초가집이 한 채 있으니, 기울어가는 조선말 비운의 장군 어재연의 생가다.

최근 복원된 음성 망이산성 성벽과 내부 저수지
망이산성은 저수지를 둘 정도로 규모가 컸다. 백제 갑옷을 비롯해 신라, 고려, 조선의 유물이 출토돼,
비옥한 곡창을 놓고 벌어진 치열한 쟁패전을 짐작케 한다.

초가는 소박한 이미지다. 초야에 묻힌 인물이나 은퇴한 거물이 소박한 삶을 위해 권세를 과시하지 않고 민초와 어울리기 위해 초당을 선택한다. 그러나 어재연 장군의 생가는 소박한 초가가 아니다. 초가라지만, 경사지를 평탄하게 하기 위해 석축을 높이 쌓은 전면은 웅장하기까지 하다. 필자가 과문한 탓인지는 모르나 이렇게 높고 단단히 쌓은 석축 위에 놓인 초가를 본 적이 없다. 초가는 'ㄱ'자형의 안채와 'ㅡ'자형의 사랑채와 광채가 안뜰을 둘러싼 튼 'ㅁ' 자형이다. 안채가 바로 들여다 보이지 않도록 문 바로 안쪽에 짧은 내외담이 있다. 사랑채도 안채도 돋운 석축 위에 지었으니, 초가집으로는 상당한 공력이 들었을 것이다. 건물마다 자연석 기단 위에 덤벙주초를 놓고 각주를 세웠는데, 단정하며 자연스럽다.

1칸 대청, 2칸 온돌방, 1칸 부엌의 사랑채는 2고주, 5량 구조로 툇마루를 달았다. 안뜰로 향한 사랑채 툇나루에 앉아 7월의 땡볕을 피한다. 초가 그늘 아래 들어서니 에어컨을 튼 것처럼 시원하다. 단열, 겨울은 물론이고 여름에도 단열은 초가의 최대 장점이겠다. 초가는 짚으로 얹은 지붕이 열을 효과적으로 차단하니 여름에는 시원하고 겨울에는 따스하다. 시공 비용이 적게 들고 단열과 보온에 효과적이다. 초가의 장점이니 민초들의 집에는 안성맞춤이었다. 그러나 오늘날 짚도 구하기 어렵고 겨울에 온돌방에 둘러앉아 짚으로 새끼 꼬는 풍경도 사라졌다. 더욱이 과거에는 누구나 짚으로 초가지붕을 얹었지만, 요즘은 초가 지붕을 얹는 기능보유자가 귀하다. 짓기도 건사하기도 어려우니 요즘은 잘 지은 기와집도 귀하지만 초가도 찾아보기 어렵다. 장군의 사랑채는 외양간, 창고로 구성된 행랑채와 연결된다. 초가집에서는 반가의 특징이라 할 누마루도 머름도 4분합 들창문도 보이지 않는다. 권위를 내세우지 않아 마음부터 편안하다.

광채 오른편에 붙은 문간

안채 부엌에 가로놓인 중방(中枋)과 건넌방문을 받치는 중방
비뚜름한 중방은 한국 고건축에서만 볼 수 있는 자연미의 극치를 보여준다.
부엌 중방 위로 삐죽삐죽 내민 고미가래가, 호기심 가득한 어린아이처럼 귀엽다.

안채 대청
약간 기울어진 큰기둥에 대비되어 위쪽의 벽감이 더욱 정갈하게 보인다.
기울어진 국운을 인정하지 않고 꼿꼿이 살다간 장수와 선비들의 마음만 같다.

광채 오른편에 붙은 문간
안채가 들여다보이지 않도록 시선을 차단하는 짧은 내외담이 보인다.

아무리 웅장해도 초가는 역시 초가라, 보도 기둥도 서까래도 기와집들에 비해 훨씬 가늘다. 볏짚으로 이은 초가지붕의 하중은 기와지붕에는 비할 바 없이 가볍기 때문이다. 사실 기와집도 기와집 나름이라, 1벌, 2벌, 3벌로 재력에 따라 기와 덮는 방식이 천차만별로 달랐다. 궁궐이나 사원, 우리가 기억하는 고택은 3벌 기와가 보통으로, 기와를 3겹으로 얹고 거기에 수키와까지 덮었으니 지붕 자체의 하중이 어마어마했다. 보, 도리, 기둥, 서까래 모두 그 하중을 떠받칠 만큼 든든해야 했고, 다양한 부재와 공포를 써서 하중을 분산해야 했다. 그래서 한옥 건축의 화려함은 기와 지붕에 근본 원인이 있다 해도 과언이 아니다. 물론 1벌 기와를 얹어 무늬만의 권위를 내세우는 것은 별개의 문제였다.

조선 말의 국제 정세와 약소국 장수의 운명

道上(도상)애 僵尸(강시)룰 보샤 寢食(침식)을 그쳐시니
旻天之心(민천지심)애 긔 아니 쁜디시리
民瘼(민막)올 모르시면 하놀히 브리시ᄂ니
이 쁘들 닛디 마르쇼셔

(태조 이성계는) 길 가의 시체를 보시고 침식을 그치시니,
백성을 사랑하고 보호하는 어진 마음에 아니 근심하시리?
백성의 병폐를 모르시면 하늘이 버리시나니,
이 뜻을 잊지 마소서.

- 용비어천가 116장

용비어천가는 단순히 조선 건국의 영웅에게 바치는 찬가가 아니었다. 왕실의 후손들을 경계하는 교훈도 담고 있었다. 그러나 조선의 역대 왕 가운데 교훈을 기억한 왕은 몇 없었다. 후대 왕들은 건국 선조보다 못나도 한참 못난 인간들이었고, 선조의 경계와 교훈을 깡그리 잊어버렸다. 왕실은 16세기 말에서 17세기로 넘어가는 역사적 전환점에서 임진왜란, 병자호란을 초래하고 당하면서 무능과 변덕을 철저히 입증했다. 그리고 300년 뒤 19세기에서 20세기로 넘어가는 중요한 역사적 전환점에서 다시 한번 무능을 만천하에 드러냈다.

미군 함정이 강화도로 침공해온 신미양요(1871) 당시 조선군은 용기(정확하게는 만용)뿐, 무기와 전술에서 미군의 상대가 아니었다. 먼저 병력, 미군은 함정 5척에 병력 1,230명, 그 절반이 상륙했는데 조선군은 보병 300명, 2대 1 이상의 격차였다. 다음 대포. 조선 대포는 단순한 철환(鐵丸), 즉 쇠구슬을 쏘는 수준인데, 미군 함포는 목표물을 맞히면 화약이 폭발하는 포탄(砲彈)이니 사거리, 파괴력, 살상력에서 상대가 되지 않았다. 조선군이 의지한 진지는 미군 함포에 여지없이 무너져내렸다. 이쯤에서 이미 승패는 결정돼 있었던 셈이다.

개인 화기인 소총의 차이도 컸다. 조선군의 화승총은 임진왜란 때와 별 차이 없는 전장식(前裝式)으로, 총신의 앞쪽으로 장전하는 방식이었다. 총을 세워 탄환을 총구에 흘려넣어야 한다. 장총을 세우고 상반신을 드러내야 장전할 수 있었으니 장전할 때마다 적군의 사격에 몸을 노출할 수밖에 없었다. 첫발 사격 후에 두 번째 사격은 엄두도 내지 못했다. 그에 반해 미군 소총은 후장식(後裝式) 레밍턴으로 총신 뒤에서 탄환을 장전하는 방식이었다. 엎드려 몸을 숨긴 채 격실에 장전할 수도 있었고, 사실상 연속 사격이 가능했다. 서양에서도 후장식 드라이제 소총으로 무장한 프러시아 군이 전장식 머스켓 소총의 오스트리아 군에 압승한 1866년 보오 전쟁의 선례가 있다.

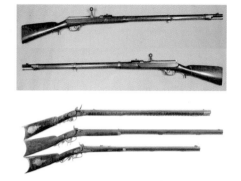

후장식 드라이제 니들건과 전장식 머스켓 소총
후장식은 방아쇠 위에 노리쇠가 있고 전장식은 없는 차이를
알 수 있다. 후장식은 노리쇠가 전진 후퇴하면서 탄환의 장전
과 발사가 이뤄진다.

유일한 희망은 근접 백병전이
었는데, 미군의 신체 조건이 월등
한데다 조선군의 환도보다 착검한
미군의 소총이 훨씬 길고 위력적
이었다. 미 해군의 미군 해병대의
140cm 짜리 장총에 30cm짜리 대
검을 착검하면 170cm 장창이 된
다. 미군 소총은 무게가 3kg도 안
돼 기동성에서도 훨씬 앞섰다. '조
선군은 진지를 사수하기 위해 용
맹스럽게 싸우다가 모두 전사했다. 아마도 가족과 국가를 위하여 그토록 강력히
싸우다가 죽는 국민을 다시는 볼 수 없을 것'이라고 당시 상륙 미군 슐레이(W. S.
Schley) 소령은 기록했다.

참담한 패배와 대장기의 운명
미국인의 손으로 되찾은 깃발

참담한 패배였다. 사망자 243 대 3, 조선군은 용맹했으나 어재연 대장 형제가 전
사하고 대장기 '帥'자 기마저 빼앗겼다. 가로 415cm, 세로 435cm의 삼베 '帥'자기
오른쪽에 일부를 잘라낸 흔적이 있다. 죽인 소의 귀를 잘라 전리품 삼는 스페인 투
우사의 전통을 흉내냈는지, 미 해군 누군가가 대장기 귀퉁이를 잘라내 가진 모양이
다. 이 통한의 '帥'자 기는 오랜 운동 끝에 2007년 미 해군사관학교로부터 임대받아

강화도 광성보
신미양요 당시 어재연 장군이 이끄는 조선 방어군 300명이
미군을 맞서 싸우다 장렬하게 전사했다.

한국으로 돌아왔다. 그마저도 미국인 토마스 듀버네이 한동대 교수(현 영남대학교 교수)
가 카터, 클린턴, 부시 등 전·현직 미국 대통령에게 끊임없이 편지를 보내 반환을 성
사시켰다 한다. 후손된 이로 한심하고, 부끄럽기 한량없다.

　연장된 임대 기간이 겨우 2020년까지인 '帥'자 기와 함께 러시아 군함 바랴크기
가 떠오른다. 1904년 조선 영해에서 조선의 지배권을 놓고 러시아와 일본이 벌인
전쟁 당시 바랴크함의 러시아군은 배를 넘겨주기보다는 자폭을 택했다. 그 깃발을
일본군이 승전 기념으로 인천에 보관하다 놓고 갔다. 국권을 잃은 쓰라린 과거를 잊
지 않기 위해서라도 우리가 잘 보관해야 하는 것 아닐까?

　　대개 병인양요, 신미양요와 한일합병은 흥선대원군 이하응의 잘못된 국제정세관과 쇄국정책이 빚은 참사로 기억한다. 또는 후진국 조선으로서는 국제사회의 변화에 대응할 역량이 없었다는 구조적 숙명론으로 일제의 병탄을 합리화한다. 문제의 본질은 그게 아니다. 17세기 초 명·청 교체기, 대륙의 변화를 읽지 못하고 명을 떠받들고 청을 멀리하자고 주장한 척화파, 노론의 잘못된 정세관이 조선 멸망의 근본 원인이다. 그들은 명나라 신종(神宗) 황제를 숭상하는 만동묘를 만들고, 힘도 없으면서 택도 없이 '북벌론'을 주장했다. 당시 중국을 차지한 여진족이 건국한 청나라는 중국사 나아가 세계사를 통틀어 대표적인 강대국의 하나로 손꼽히는 강국이었다. 그 청나라를 정벌한다는 북벌론… 사마귀가 수레에 대항한다는 당랑거철(螳螂拒轍)도 이만저만이 아니다. 지식인들이 집단 사고의 오류에 빠진 것이 문제였다.

　　당시 집권세력이었던 노론에서 세도 정치-친일파로 이어지는 집단은 정치경제 권력과 학문과 문화 권력까지 독점하고 국력을 철저하게 훼손했다. 척화파의 대표는, 대전 이사동을 근거로 한 은진 송씨(恩津宋氏)요, 당대 권력자들이 살던 서울 장동, 지금의 서촌으로 세거지를 옮긴 안동 김씨[장동 김씨]였다. 영·호남과 경기의 사림들은 남인으로 산림에 묻혀 책을 읽고 후진을 길렀다. 언제가 될지 모르는 먼 훗날을 기약하면서. 향리에 남은 안동 김씨도 남인, 정약용, 이익 등 실학자들도 대부분 남인이다. 세계유산으로 지정된 '한국의 서원'에 대해 젊은이들이 부정적으로 보는 것도 이해는 된다. 그러나 부정적 시각 자체가 바로 노론-세도정치-개화기 친일파-현대 수구 반동으로 이어지는 '권문세가 출신'의 의도라는 것을 왜 모를까?

영친왕릉(영원)과 망국의 왕녀 정혜공주.
순종의 장남 영친왕과 왕비의 능인데,
훤히 트여 있어야 할 능과 정자각 사이에 잡목이 우거져 있다.
일각에서 '영원'이라 부르는데,
황제(황후)와 왕(왕비)의 무덤은 '능'이라 부르는 게 옳다.

한 류
3.0을
위 하 여

- 조선은 혼군의 나라
- 문민(文民)의 나라 조선
- 한류 3.0을 위하여

- 에필로그

조선은 혼군의 나라

추석 연휴가 시작된 2020년 9월 30일 KBS 2TV는 특집 프로그램 '2020 한가위 대기획 대한민국 어게인 나훈아'를 방영했다. 나훈아는 히트곡들인 '홍시' '무시로' '잡초' '영영' '사내' 등 30곡을 열창하며 코로나19로 지친 국민을 위로했다. 특유의 카리스마와 가창력에 시청자들은 매료됐고, 나훈아 특집은 시청률 29%로 그날 1위를 기록했다. 나훈아는 코로나 방역에 헌신하는 의료진을 향한 감사도 잊지 않았다. 그날 화제가 된 것은 그것만이 아니었다. 나훈아의 역사 의식과 사회적 안목을 보여주는 발언이 화제를 모았다.

> "우리는 많이 힘듭니다. 우리는 많이 지쳐 있습니다. 옛날 역사책을 보면 제가 살아오는 동안 왕이나 대통령이 국민 때문에 목숨을 걸었다는 사람은 한 사람도 본 적이 없습니다. 이 나라를 누가 지켰냐 하면 바로 오늘 여러분들이 이 나라를 지켰습니다. 여러분 생각해보십시오. 유관순 누나, 진주의 논개, 윤봉길 의사, 안중근 열사 이런 분들 모두가 다 보통 우리 국민이었습니다. IMF때도 세계가 깜짝 놀라지 않았습니까. 집에 있는 금붙이 다 꺼내 팔고, 나라를 위해서. 국민이 힘이 있으면 (나쁜) 위정자들이 생길 수가 없습니다. 대한민국 국민 여러분이 세계에서 제일 위대한 1등 국민입니다."

한반도에도 위대한 지도자는 있었다.

고구려의 광개토왕은 후연을 공격하고 부여를 통합해 만주 대부분을 차지하고, 백제와 왜의 연합군의 공격을 격퇴한, 한민족의 영토를 최대로 이끈 영웅이다. 백제의 근초고왕은 고구려가 백제를 침략하자 반격해 고구려 고국원왕을 공격해 죽이고, 지금의 황해도까지 백제 영토를 넓혔다. 고구려의 배후인 랴오시(遼西) 지방을 공격하고, 중국의 동진, 왜와 교류하면서 동북아의 강국으로 백제의 위상을 높였다. 신라 진흥왕은 한반도 동쪽에 치우친 후발 약소국 신라를 이끌어 가야를 병합하고, 한강 유역을 차지해 삼국 통일의 초석을 닦았다. 이후 신라 문무왕은 삼국을 통일하고, 고구려 유민의 도움을 받아 호로하(瓠瀘河), 기벌포(伎伐浦), 매소성(買肖城) 전투 등에서 세계 최강의 당나라 20만 대군을 잇달아 격파했다.

헌법교과서를 보면 국가의 조건은 영토, 국민, 정부이다. 독립 문화국가는 화폐와 언어, 문자가 있어야 한다. 세종대왕은 사군 육진(四郡六鎭)을 개척해 영토를 확정하고, 조선통보를 주조하고 한글을 창제했으니, 오늘날 대한민국의 6대 기본 조건 중 두 가지가 세종 몫이다. 세계사적으로도 위대한 지도자 반열에 들 것이다. 좋은 자리 누워 좋은 물 맑은 공기 마시며 사후를 편하게 보낼 자격이 있다. 그래서인가? 경기도 여주 세종릉은 특히 조선 왕릉 가운데에도 명당으로 꼽힌다. 주작이 춤추듯 날아오르니 '주작상무(朱雀翔舞)'며, 주위 산이 봉황처럼 품어주니 '비봉포란형(飛鳳抱卵形)'이다. 좌우 산이 겹치니 '양봉상락형(兩鳳相樂形)'이다. 가까운 산은 굽히니 '군신조회격(群臣朝會格)'이며, 먼 산은 창검처럼 높고 날카로우니 '기치창검형(旗幟槍劍形)'이라.

성군(聖君) 세종의 실수?!

만대 성군 세종도 천려일실이 있었다. 세종쯤 되는 분은 천문과 지리를 읽었을 것이며, 미래를 조금은 내다 보셨을 것이다. 문종이 병약해 언제 죽을지 모르니 당신 생전에 어린 단종을 세손으로 책봉했다. 그리고 김종서, 황보인 같은 원훈 대신에게 세손을 부탁하고, 그걸로 안심 안 돼 집현전 학사들에게 후사를 부탁했다. 모두 임시처방일 뿐이었다. 세종은 어떤 사태가 벌어질지 알면서, 문제의 심각성을 알면서도 방치한 책임이 있다. 수양대군을 일찍 제거해 문제의 원인을 없앴어야 했다.

근실하고 영민한 장남 문종이 일찍 죽고 차남 수양대군이 반란을 일으켜 안평, 금성 두 동생과 장조카 단종을 죽였다. 이씨 집안사람끼리 죽고 죽이는 것이야 그렇다 치자. 김종서, 황보인 같은 원훈 대신에 집현전 학사 등 세종이 기른 수많은 인재를 척살해 국력을 훼손했다. 또 한명회 같은 시정 잡배를 정난공신(靖難功臣)으로 만들어 대대손손 세금도 내지 않고 부귀영화를 누리게 만들었다. 세종께서는 이렇게 될 줄 알았을 것이다.

후대로 내려갈수록 문제는 더욱 심각해진다. 만일 수양대군이 반란을 일으켜 왕위를 찬탈하지 않았다면, 예종-성종-연산군으로 이어지지 않았을 것이다. 무오(戊午), 갑자(甲子) 두 차례 사화(士禍)를 비롯한 연산군의 폭정은 없었을 것이다. 폭군 연산부터 무능한 중종, 병약한 인종, 역시 무능한 명종, 변덕 심한 선조, 국제 정세에 감각있는 광해를 건너 무능하고 잔인한 인조. 조선 중기 역대 왕은 광해군 외에는 대부분 방탕하거나 병약했고, 아니면 의심증후군에 우유부단했고 잔인했다. 왕위 계승의 흐름을 살펴보노라면 수양대군에 대한 분노가 치솟고, 세종께 대한 원망이 없을 수 없다. 세종께서는 용비어천가를 지어 선대 왕의 공덕을 기리고, 후대 왕을 경계하려 했다. 그러나 그 경계는 쇠귀에 경읽기로 끝나고 말았다. 용비어천가 125장이다.

千世(천세) 우희 미리 定(정)ᄒᆞ샨 漢水北(한수북)에
累仁開國(누인개국)ᄒᆞ샤 卜年(복년)이 ᄀᆞ업스시니
聖神(성신)이 니ᅀᅳ샤도 敬天勤民(경천근민)ᄒᆞ샤ᅀᅡ
더욱 구드시리이다
님금하 아ᄅᆞ쇼셔 洛水(낙수)예 山行(산행) 가이셔
하나빌 미드니잇가

천대 옛날에 미리 정하신 한강 북에,
어진 일을 쌓고 나라를 여시어,
(나라 전할) 해가 한이 없으시니
성신이 이으셔도 하늘을 공경하고 백성을 위하여 힘쓰셔야
나라가 더욱 굳으실 것입니다.
임금님이시여 아소서.
(하 나라 태강처럼) 낙수에 사냥가서
조상의 공덕만을 믿습니까? (믿을 것이겠습니까?)

혼군에서 혼군으로
선조, 임진왜란을 불러들이다

역사는 왜곡될 수 있다. 그 가운데 가장 많이 왜곡되고 아주 잘못 가르치는 대목은 선조와 인조다. 사서(史書)는 선조가 임진왜란을 극복해 국권을 보전한 왕이라 말한다. 묘호(廟號)도 종(宗)보다 하나 위, 조(祖)로 쓴다. 아니다. 틀렸다. 선조는 임진왜란을 극복한 왕이 아니다. 임진왜란을 불러들인 왕이다. 기축옥사(己丑獄事), 정여립의 난이라는 조작된 역모 사건으로 영호남 선비 1,500명을 참살해 국력을 크게 훼손한 왕이다. 죽은 관료와 선비가 1,500명이면, 출사가 봉쇄돼 초야에 묻힐 수밖에 없었던 인재는 그 10배가 넘을 것이다. 그러니 국력은 훼손되고, 인재는 조정을 등질 수밖에. 이런 허점을 토요토미 히데요시가 놓칠 리 없다. 그래서 임진왜란은 선조가 불러들인 전쟁이다

선조는 스스로 당파 싸움을 즐기고, 당파싸움을 빌미로 선비들을 대량학살하고는 임진왜란이 발발하자 당쟁 때문에 난리가 났다고 책임을 신하들에게 떠넘겼다. 무책임하다. 난을 피해 압록강 건너 중국으로 가려 했다. 류성룡 대감이 극구 말려 간신히 의주에 눌러 앉지만 툭하면 만주를 바라본다. 겁쟁이다. 임진왜란 초기, 전쟁 내각의 총 책임자인 영의정을 하루 사이 세 번이나 바꾼다. 이산해-류성룡-정철 그래 놓고는 다시 류성룡을 '도체찰사'로 임명해 전시내각의 총괄 책임을 맡긴다. 변덕쟁이다.

평화시에도 선조는 문제가 많았다. 아는 게 없는 무식쟁이면서도 공부하기를 싫어했고, 경연장에서 엉뚱하고 난처한 질문을 던져 경연관이 낭패하는 상황을 즐겼다. 경연관이 정색하고 훈계하면, 어디서 들었는지 갑자기 군신 간의 예의가

있느니 없느니 군왕을 가벼이 본다느니 말머리를 돌리는 골치꺼리 학생이었다. 어렵고 곤란한 일은 아들 임해군, 광해군에게 모두 떠넘겼는데, 다행히 두 왕자들은 제법 일을 제대로 수행했다. 왕위를 이은 광해군이 비교적 국정을 영리하게 수행해 나갔지만 오래 버티지 못하고, 다시 무능하고 잔인한 인조가 즉위한다.

인조, 삼전도의 치욕을 부르다

역사를 한두 사건이나 한두 인물의 이야기로 단순화하면 안 되겠지만, 그래도 한 시대를 상징하는 사건이나 인물은 있는 법이다. 병자호란 당시 세계사적 관점에서 보면, 중국 대륙은 농경민족인 한족의 명(明)에서 유목민족인 여진의 청(淸)으로 주인이 바뀌고, 일본은 140년 전국시대가 끝나고 도쿠가와 막부 정치가 시작한 직후였다. 조선은 건국 200년을 지나면서 사화와 당쟁, 잦은 반란과 역모 조작 사건, 임진왜란으로 국력이 소진된 상태였다. 중국, 일본은 청년 국가인데, 조선만 말기 국가였다.

특히 지도자의 차이가 컸다. 청나라는 태조 누르하치, 태종 홍타이지, 섭정 도르곤 3대에 걸쳐 영웅이 집권하지만, 조선은 무능할수록 왕위에 더 가까웠다. 홍타이지는 자신의 역량으로 치열한 경쟁을 뚫고 황위를 계승한 명민한 황제였지만, 인조 이종(李倧)은 서인의 반란에 얹혀 왕위에 오른 발언권 없는 우둔한 왕이었다. 국가와 지도자 모두 뒤지니 전쟁 전에 이미 승부가 나 있었다. 인조는 외교에 실패하고 국정을 난맥상으로 이끌어 정묘호란을 겪고도 준비를 소홀히 해 병자호란을 초래했고, 결국 후금군에 치욕스레 항복했다.

『고려사』와 『세종실록』「지리지」, 『택리지』의 "백제 온조왕 때 남한산성이라 부른 것이 처음"이라는 기록처럼, 남한산성은 일찍부터 마련된 요새다. 주봉 청량산을 중심으로 연주봉, 망월봉과 벌봉을 연결해 쌓은 길이 8km 너른 성이다. 봉암, 한봉, 신남의 세 외성과 옹성 다섯이 연결돼 하나 뚫려도 다음이 기다리는 천험의 요새가, 무능한 인조가 지휘하니 두 달 못 돼 함락당했다.

그러므로 인조는 조선 500년을 대표하는 혼군(昏君)이다. 뭔가 해보려는 장남 소현세자 부부와 어린 세 자녀까지 죽인 잔인한 왕이다. 인조는 소현세자가 영민해 왕위를 위협할 가능성을 경계했고, 후궁 조 숙원(趙淑媛)은 이를 부추겨 소현세자 부부와 아들 삼형제를 모두 죽인다. 인조는 미색에 현혹돼 요녀 조 숙원에게 국정을 맡기고, 죽으면서 그녀를 살려주라고 유언해 큰 화근을 남겼다. 선조와 광해군, 인조와 소현세자, 기량의 차이가 너무나 큰 것을 보면, 어쩌면 친부자간이 아닐 수도 있다는 발칙한 상상을 해보게 된다. 유럽의 왕실에서는 황제가 병약하거나 무능하면 황후에게 다른 남자의 씨를 받아 계승시키도록 강요한 예가 없지는 않다. 러시아의 예카테리나 여제가 바로 그 방식을 실천한 사람이다.

숙종의 변덕과 영조의 여성 취향

조선의 당쟁은 구조적 모순이기도 하다. 중종, 인조의 왕위 찬탈은 구조적 모순을 반영하는 것이다. 그러나 왕들의 변덕이 당쟁을 부추긴 측면이 훨씬 더 크다. 숙종조에는 세 차례나 정권이 바뀐다. 물론 이유가 있어서겠지만 근본적인 이유는 숙종의 변덕이다. 경신환국 또는 대출척(大黜陟)은 숙종이 남인을 친 것이고, 기사환국은 숙종이 서인을 쳤고, 갑술환국 때 숙종은 다시 서인 편을 들었다. 숙종 한 임금이 세 번이나 정권을 바꾼 것인데, 변덕의 이면에는 후궁 장희빈(張禧嬪)에 대한 총애가 있었다. 숙종은 정비(正妃)만 세 명이었는데, 총희(寵姬)가 따로 있으니 베갯머리 송사가 얼마나 오락가락했겠는가? 더구나 총희 장희빈은 누대 역관(譯官)의 딸이라, 친정의 청나라 인맥이 제법 되는데다가, 이재(理財)에 밝고 권모(權謀)에 능하니 얼마나 국정에 깊이 개입했겠는가? 숙종조의 잦은 정권 교체를 달리 설명하기란 쉽지 않다.

병약한 경종 시절, 동생 연잉군이 잠시 왕세제로 있다가 영조로 즉위했다. 영조는 천출(賤出)인 숙빈 최씨 소생으로, 여성 취향이 아주 독특했다. 우선 영조의 첫 세자, 효장세자는 출생 날짜를 역산하면, 영조의 생모 숙빈 상 중에 잉태되었다. 그 효장세자는 10살에 죽고 세자빈 현빈 조씨는 후사도 없이 영조의 배려로 창덕궁에서 23년 살다가 죽었다. 영조는 며느리 상중에 며느리의 시비(侍婢)를 건드려 후궁으로 삼으니 숙의 문씨다. 어머니 상중, 며느리 상중에 천한 나인을 건드린 것이다. 더구나 영조는 둘째 아들 사도세자는 매사 불편해 하면서도 딸에게는 총애를 쏟아부었다. 심지어 화평옹주 등 시집간 딸들에게 궁중에 머물며 살도록 하고, 국정에도 참견하도록 허용했다.

조선은 개혁 군주 정조 시절 잠깐 반짝하지만 그것으로 사실상 끝이었다. 정조를 이은 순조 이후의 조선은 사실상 안동 김씨가 주인이었고, 여흥 민씨가 주인이었다. 가황 나훈아의 말마따나 나라와 백성을 위해 목숨을 건 왕도 없었다. 여차하면 만주로 도망가거나 백성이야 죽건 말건 강화섬으로 피난가 호화 생활을 즐겼다. 오랑캐에게 무릎을 꿇고 절하는 치욕을 겪고도 죽을 줄도 모르는 후안무치였다. 허약한 혼군의 나라 조선을 500년 동안 지탱한 것은 왕실, 전주 이씨가 아니라 공신, 외척이 아니라, 조선의 선비요 관료였다. 건국 최대 공신 정도전은 이상을 실현하지 못하고 일찍 죽었지만, 조선은 정도전이 꿈꾼 관료의 사회, 선비가 주도하는 사회가 되어 있었던 것이다.

문민(文民)의 나라 조선

　　2020년 2월 10일, 한국 대중문화의 신기원으로 기록될 것이다. 20세기 이후 서구 강대국 중심의 세계 대중문화사에 새로운 역사가 쓰였다. 봉준호 감독의 영화 '기생충'이 아카데미 4개 부문을 석권했다. 아카데미는 작품상이 대상이고, 거기에 남녀 주연상, 감독상까지를 4대 본상으로 보는데 '기생충'은 남녀 주연상을 제외하고 감독상과 작품상을 포함해 4대 부문상을 받았다. 미국 외 영화로서는 극히 드문 예며, 아시아 영화로서는 전무후무한 새 역사다. 영화 '기생충' 태풍(또는 허리케인)은 아쉽게도 비슷한 시기 발생한 '코로나 바이러스' 태풍에 묻혀 버렸고, 흥행은 기대에 못 미쳤지만 그 의미만큼은 어마어마하다. '세계중심국가 대한민국', 지난 2000년 전후 대한민국의 주제어는 '주변국가에서 세계 중심국가로'였다. BTS가 가요에서 세계 정상에 선 데 이어 '기생충'이 영화에서 세계 정상에 우뚝 선 것이다.

그동안 '한류'라고 하면 모두들 젊고 예쁜 소년소녀 아이돌 그룹의 신나는 댄스 음악과 드라마를 연상해 왔다. 드라마로는 배용준의 '겨울연가'와 이영애의 '대장금', 가요로는 '소녀시대'를 거쳐 '싸이'로 발전해 왔다. 의식이 조금 더 깬 사람들은 한류의 소재로 한국 음식을 꼽는다. 그게 아시아를 석권하는 한국 문화, 한류 1.0의 시대였다. 이제 빅뱅을 거쳐 방탄소년단, 기생충으로 대표되는 한류는 글로벌 대중문화의 본거지인 미국 무대를 노린다. 빌보드 차트의 첫머리를 오르내리고, 아카데미상, 그래미상, 에미상을 석권하기에 이르렀다. 단지 미국이나 유럽 흉내만 내는 것이 아니다. 우리 것을 노골적으로 드러낸다. '얼쑤' 장단으로 한국의 '흥'과 '한'과 '언어'를 강조한다. 한류 2.0의 시대다. 나이든 사람들은 한류 1.0, 한류 2.0이 부박하다 한 수 접어보는데, 한류의 다음 단계, 한류 3.0 시대의 소재는 무엇일까?

　　안동 하회와 경주 양동, 경북의 두 양반 마을에 이어 2019년 '한국의 서원' 9곳이 유네스코 세계문화유산으로 지정된 것이 단서가 될 것이다. 사실 '한국의 서원'은 중국 서원의 복사판이자 규모도 훨씬 작고 옹졸하다. 그러나 유네스코는 '한국의 서원'을 세계문화유산으로 지정하면서, 자연과 인간 문화의 조화, 사회 개혁 운동의 진원지로서의 가치를 높이 평가한다고 밝혔다. 양동과 하회, 두 마을을 지정하면서는 외형적인 문화 유산도 소중하지만, 거기 간직된 '마을', '공동체', '생활', '한국적 특성'과 '인류 보편적 가치' 자체를 높이 평가했다고 한다. 그렇다. 유형적 문화재에 담긴 무형 문화재, 즉 한국의 정신 문화가 세계를 휩쓸, 다음 단계의 한류가 될 수 있다. 나는 이를 「한류 3.0」이라고 감히 말한다.

양반문화와 선비문화

　동서양을 막론하고 절대 다수의 나라가 칼과 창으로 집권한 세력이 무력으로 나라를 다스렸다. 세계사를 통틀어 근대적 의미의 민주주의가 본격적으로 뿌리 박기 전에 독서 계급이 지배계급이 된 나라는 매우 드물었다. 특히 근대 이전에 문민 우위의 전통이 수립된 나라는 전무라 해도 과언이 아니다. '文은 武보다 강하다(The pen is mightier than the sword.)'는 영어 속담은, '권력의 세계는 武가 지배한다'는 사실을 역설적으로 웅변할 뿐이다. 그만큼 문민 우위의 나라는 드물다. 서양의 왕경 귀족(王卿貴族) 가운데는 자기 이름도 변변히 쓰지 못하는 일자 무식이 태반이라, 반지를 인장(印章) 대용으로 쓰는 것이 오랜 관행이었다. 왕실 또는 가문의 문장이 새겨진 반지를 대대손손 물려가며 서명 대신으로 사용했다. 찰튼 헤스턴이 주연한 옛날 영화 「벤허(Ben Hur)」에서도 그런 장면이 보인다. 노예선에서 노를 젓던 벤허가, 로마 장군 아리우스의 목숨을 구해준 인연으로 아리우스 장군의 양자가 되고 가문을 승계하면서 가문의 문장이 들어간 반지를 받는다. 그만큼 가문의 문장과 반지가 중요했다.

　중국 왕조는 계급 서열은 무인(武人)이 최고, 다음 상인(商人) 그리고 서생(書生)이었다. 최고 권력을 독점하는 무인은 예외로 하고, 일반인에게는 '상인과 서생'이란 이분법(二分法, dichotomy)적 사고가 적용되었다. 출세하려면 장사하거나 책을 읽어라. 그러나 칼은 함부로 들지 마라. 진(秦), 수(隋), 당(唐), 금(金), 원(元), 청(淸) 같은 유목민족의 나라들은 더 말할 것 없이 황족과 귀족 대부분이 무인 출신이었다. 문인은 극히 탁월한 극소수 인원만이 예외적으로 최고의 지위에 오를 수 있을 뿐이었다. 한족의 나라인 주(周), 한(漢), 송(宋), 명(明)조차 무덕(武德)보다 문덕(文德)을 앞

세운 나라는 송 정도밖에 없었으니 더 말해 뭐할까? 그 송 태조 조광윤(趙匡胤)조차도 절도사 즉 무인 출신이었을 정도로 중국 역대 왕조는 무(武)를 숭상했다.

이웃 일본은 훨씬 더 심해서 17세기 도쿠가와 막부(德川幕府)가 들어선 이후에는 중앙과 지방 모두 무인계급이 지배하고 중인 계급인 집사가 수발을 들었다. 중앙은 도쿠가와 가문의 후손인 '쇼쿤(將軍)', 지방정부는 도쿠가와 가문이 일본을 장악하는 과정에서 전공을 세운 무사 출신인 세습영주가 지배하는 차이가 있을 뿐이었다. 중앙인 도쿠가와 막부와 지방 영주의 행정 관리를 지원하는 막료들 역시 도쿠가와 가문의 일본 정복에 기여한 무사들의 후손이었다. 따라서 일본에는 우리의 선비에 해당하는 계급은 없었다. 우리네 선비나 양반에 비견되는 '독서' 계급은 전혀 없었고, 우리로 치면 중인(中人) 즉 호방 계급에 해당하는 '집사'가 지배계급의 수발을 들었을 뿐이다.

세계 유일의 문민 국가 조선

봉건시대 한국은 달랐다. 35년 일제 탄압과 32년의 군사독재 때문에 아쉬움이 크고 또 간과하기 쉽지만, 우리에게는 오랜 문민 우위의 전통이 있다. 고려 이후의 한반도는 양의 동서를 막론하고 인류 역사를 통틀어 유일한 문민 우위의 사회였다. 고려는 무인 홀대에 불만을 품은 무신들이 난을 일으킬 정도로 문신이 절대적으로 지배하는 나라였다. 칼 휘두르는 자들이 권력과 부를 독점해왔고, 18세기 들어 상인들이 부를 축적하기 시작한 서양 사람들에게 문인이 병권과 명예와 부까지 한꺼번에 거머쥐었다는 사실은 신기하다 못해 믿기 어려운 일이다. 현대사에서 민주정치와 시장경제의 시작은 늦었을지라도 적어도 '문민 우위'의 정치 원리의 실천만큼은 한국이 세계 최선진국이다. 그 문민 우위의 근거는 무엇일까?

그만큼 문관들이 국가 수호에 선봉으로 기여했기 때문이다. 문관이라고 말만 앞세우면서 뒷전에 빠져 있지 않았다. 고려 때 외침을 극복하는 과정에서 공을 세운 서희, 강감찬, 윤관 모두 문관 출신이다. 서희는 거란의 1차 침입 당시 적진으로 들어가 적장 소손녕과 담판을 해서, 국경을 지키고 오히려 강동 6주를 얻어 국토를 크게 넓혔다. 강감찬은 문과에 급제한 뒤 국자감 좨주와 한림학사를 거친 문관으로, 전략과 전술을 세우고 전투를 진두지휘해, 귀주 대첩이라는 우리 역사에 흔치 않은 대승을 직접 거두었다. 윤관도 문과에 급제한 문관으로 17만 군을 이끌고 여진족을 정벌하고 동북 9성을 쌓았다. 고려 말의 명장 최영 역시 문인 집안 출신이다.

변방의 무신 이성계 부자가 세운 조선에 와서도 문관 우선의 원칙은 바뀌지 않았다. 고대 로마의 마르쿠스 아우렐리우스 황제는 『명상록』 한 권으로 천년 제국 로마 5현제의 으뜸으로 꼽히고 서양 철학사에 이름을 남겼다. 방현령과 위징, 장손 무기 등의 보필을 받아 정관의 치(貞觀之治)를 이룬 중국의 성군 당 태종도 출신을 따지면 원래 뛰어난 무장이었다. 마르코 폴로의 『동방견문록』에 등장하는 원나라 세조 쿠빌라이도 학문이 높다는 이야기는 별로 없다. 중국 역사를 통틀어 학문 수준이 높은 군주를 굳이 꼽자면, 청나라 때 강건치세(姜乾治世)를 구가한 옹정제(雍正帝) 정도다.

그에 비하면 조선은 세계사에 유례없는 문민 우위의 국가였고, 몇몇 임금은 학문의 수준이 상당했다. 조선의 세종이나 정조는 정말 대단한 성군이며 학자였다. 세종은 생전에 『대학(大學)』을 100번 이상 읽었고, 정조 역시 『대학』을 숙독하며 그 내용에 주석을 단 『대학유의(大學類義)』를 직접 편찬했을 정도다. 건국 공신 정도전, 나라의 기틀을 다진 황희, 맹사성, 하륜 모두 문관이다. 심지어 세종 때 6진을 개척한 '함경도 호랑이' 김종서(金宗瑞)도 문과 급제하고 『고려사』를 편찬한 문인 출신이었다.

조선의 문민 우위의 원칙은 제도적으로 뒷받침되었다. 평시에는 아예 오늘날의 도지사격인 관찰사가 관할 지역의 군단장인 절도사를 겸했다. 관찰사는 지방의 입법, 행정, 사법의 최고 책임자다 보니 대부분 문관 출신이었다. 전시에 임시로 임명하는 수륙 통합 사령관인 도원수(都元帥)조차 대부분 문관 출신이 임명되었다. 대표적인 사례로 임진왜란 때 육군 도원수인 권율 장군 역시 식년문과에 급제해 승문원정자(承文院正字, 외교문서 담당), 예조(외교, 교육 담당)·호조(재무, 국토건설, 산업담당) 정랑(正郞)을 거친 문관이었다.

해군 총사령관 격인 삼도수군통제사를 지낸 민족의 영웅 이순신 장군은 조금 다르다. 무과에 급제해 권관(權管, 전방 소초장), 훈련원 봉사(奉事, 육사 행정관), 만호(萬戶, 지역 연대장?) 전라좌도 수군절도사(정3품, 해군함대사령관급)를 거쳐 신설된 삼도수군통제사(三道水軍統制使)가 되니 전형적인 무관이다. 그러나 당시 이순신 장군은 전투만 치르는 것이 아니라, 지역 군현의 행정과 사법, 재정 심지어 농수축산업까지 관장했다. 삼도수군통제사는 종이품(從二品), 차관급인 참판(參判)과 동격으로, 문관 출신인 전시 내각 총리격인 도체찰사(류성룡),병조판서(백사 이항복)와 병조참판(한효순), 도원수(권율, 이항복의 장인) 등 문과 급제한 문관의 지휘를 받았다. 그리고 이순신 장군의 가문 덕수 이씨는 원래 문반 집안이었다.

한류 3.0을 위하여

1995년 겨울 영국 브리스틀 프라이어리 로드에 있던 브리스틀 대학 초청 교수(Visiting Fellow) 사택, 젊은 한국 언론인 부부와 한국인 중견 여교수 사이에 열띤 대화가 오갔다. 중견 여교수는 겨울 방학을 맞아 논문을 준비하기 위해 브리스틀을 방문한 사회학 교수였다. 그 자리에서 30대의 젊은 한국 출신 언론인은 열을 올렸다. 때마침 젊은 언론인의 부인은 교수와 같은 학과에서 공부해, 대화는 더욱 진지하고 뜨거웠다.

18세기 영국은 정치적으로는 대의제 민주주의, 경제적으로는 1차 산업혁명으로 인류에 기여하고, 19세기 말까지 200년 동안 세계를 지도 또는 지배하는 국가가 되었다. 그것으로 제3세계에 대한 식민지 지배의 원죄를 일부나마 씻어낸 듯하다. 20세기 초 미국은 대량생산, 중후장대(重厚長大)의 문화로 인류 전체에게 기본적인 삶을 제공하면서 흑인 노예경제의 굴레를 벗어나 지도국가가 되었다. 20세기 말 일본은 경박단소(輕薄短小)의 문화로, 전범 국가의 범죄 행위를 사죄 없이 슬그머니 넘기려 한다. 그래서 세계, 특히 제3세계는, 영국과 미국은 인정해도 일본을 세계의 지도국가로 인정하지 않는다. 그에 반해 한국은 제국주의의 시대도, 전쟁 도발의 역사도, 침략의 범죄도 저지르지 않은, 순수하고 깨끗한 전과 없는 거의 유일한 국가다. 그 한국이 이제 뭔가 세계 인류에 '문화'로 기여해야 한다고. 그 문화는 한국민 고유의 것이어야 한다고.

교수는 지금은 작고한 "신용하 선생께서도 자주 '이제는 문화의 시대'라고 말씀하셨다"면서 그 30대 젊은 언론인을 격려해주셨다. 그 30대 젊은 언론인이 벌써 60을 넘겼다. 공자는 60 이순(耳順)이라 했다. 무슨 말을 듣든 귀에 순하게 와서 박힌다. 사회가 복잡해지고 학문과 기술이 다기하기 짝이 없는 오늘날, 남의 말을 듣고 이순하다고 하기는 쉽지 않을 것이다.

이후 교수를 다시는 만나 뵐 기회가 없었다. 그러나 그 대화는 남아서 35년 지난 이 시점까지 필자의 가슴을 뛰게 하고, 필자의 손과 발을 움직이는 원동력이 된다. 스스로의 말이 좋은 의미의 족쇄가 되고 약속이 되어, 나이 들어서도 어려운 가운데서도 해야 할 숙제로 남아, 나를 깨어 있게 하고 움직이게 하고 무언가 긁적이게 한다. 이제야 조금은 이순에 가까워져 가는 듯하다.

경주 양동을 다녀오면서

10년 만에 경주 양동을 방문했다. 다른 인연이 있기도 했고, 유네스코 세계문화유산으로 지정됐다 해서 기대가 컸다. 잘 보존된 고택도 잘 정비된 산책로도 좋았다. 경상도 반촌(班村)-양반마을의 분위기가 좋았다. 그러나 아쉬움도 컸다. 우선 안내가 턱없이 부족했다. 인물 소개는 벼슬 나열이 고작이고, 마을과 고택 소개는 공학적 설명으로 끝난다. 회재(晦齋) 이언적(李彦迪) 선생이 왜 거유(巨儒)로 불리는지, 성리학의 기초라도 소개할 필요가 있지 않을까? 주리론(主理論), 주기론(主氣論), 이기일원론(理氣一元論)이니 이원론(二元論)이니 말만 들었지 제대로 아는 한국인도 많지 않은데, 설명다운 설명을 찾아 볼 수 없다. 마을과 고택에 얽힌 풍수사상에 대해서도 영어 안내판은 '토폴로지에 따르면(Topology has it that...)'으로 시작한다. '풍수지리(風水地理)'의 영어 번역이 '토폴로지'긴 하지만, 영어권 사람들은 이를 '위상수학(位相數學)'으로 읽는다.

양동을 대표하는 인물, 회재 선생의 이름, 호, 시호도 소개할 가치가 있는데 제대로 설명하지 않는다. 아호 '회재(晦齋)'는 '어두운 집', 시호 '문원공(文元公)'은 '글, 즉 정신문화의 원천'이라는 뜻이다. 이름 '언적(彦迪)'을 풀면 선비 언, 큰 인물 언, 나아갈 적, 이끌 적이 되니, '언적'은 '이끌어가는 큰 스승'이란 뜻이다. 원래 이름은 외자 '적(迪)'이었지만, 임금의 명으로 '언적'이 되었다는 이야기까지… 얼마나 재미난가? 누구나 매일같이 스토리텔링을 떠들지만 이런 것도 놓치면서 뭐가 스토리텔링인가?

'숭례문(崇禮門)'이 무슨 뜻이며 '덕수궁(德壽宮)'이 무슨 뜻인지 아는 사람이 내국인이든 외국인이든 몇이나 될까? 뭘 좀 아는 사람은 숭례문의 '례(禮)'에서 남문이라는 사실을 알고, 흥인지문의 '인(仁)'에서 동문이라는 사실을 알아차린다. 왜 임금의 정전은 근정전(勤政殿) 또는 숭정전(崇政殿)이며 왕비, 태후의 거처는 교태전(交

泰殿), 자경전(慈慶殿)인가? 요즘 아무나 입에 달고 다니는 스토리텔링이 별건가? 이런 게 스토리텔링인데. 이런 해석이 없다면 '양동'에서 우리 미래 세대가 무엇을 자랑할 것이며, 외국인들이 한국에서 무엇을 깨달을 것인가?

근대 이전, 대부분의 나라에서는, 칼 휘두르던 자들이 권력 잡고 국정을 주물렀다. 그 후손이 명문 귀족이 되고, 귀족의 아들은 사관학교를 다녔다. 돈많은 상인들이 무인 귀족에 대항해 궐기한 것이 이른바 시민혁명(市民革命)이다. 우리나라처럼 중세 이전부터 독서계급이 국정을 담당하고 권문세가를 이룬 나라는 극히 드물다. 우리에게는 정신문화, 소프트파워가 군사문화, 하드파워를 통제한 유구한 전통이 있는 것이다.

양동과 하회를 비롯한 전통 마을에서는 정신 문화를 우위에 놓은 자랑스런 우리 역사를 확인할 수 있다. 그러나 애석하게도 세계문화유산 양동에는, '양동의 추억'을 되새길 글씨 한 자락, 책자 한 권 팔지 않는다. 심지어 양동 약도나 항공사진, 또는 관가정(觀稼亭 보물 442호)이나 향단(香壇, 보물 412호), 서백당(書百堂), 무첨당(無忝堂, 보물 411호), 수졸당(守拙堂) 같은 고택의 그림도 사진도 한 장 팔지 않는다. 한반도 살면서 앞으로 찾을 일 많은 우리야 그렇다 치자. 일생에 단 한 차례 동방예의지국, 조용한 아침의 나라를 방문한 외국인 관광객이 세계문화유산 '양동'을 기념할 게 아무 것도 없다.

이집트에 가면 작은 은판에 이집트 상형문자로 이름을 새겨 목걸이 명찰로 사게 만든다. 고대 이집트 역사의 한 장면을 모티브로 한 파피루스와 면 티셔츠를 판매한다. 관광객들은 파피루스를 여러 장 사서 돌아와 친구들에게 나눠주고, 집에도 표구해 걸어둔다. 조금만 생각하면 양동도 기념품 소재는 쌔고도 넘친다. 무첨당이나 향단, 수졸당, 관가정 같은 고택의 모형이나 사계절 사진, 선비의 갓이나 문방 사우, 기념비의 탁본이나 문헌의 사본, 고지도 형식으로 제작한 양동

마을 조감도…

　간식조차 여느 서구 관광지마냥 커피와 아이스크림 일색이다. 입구 매점에서는 컵라면과 샌드위치까지 판다. 외국인을 위해 샌드위치는 그렇다 치고, 인류문화유산의 품위가 있지 싸구려 냄새 풀풀 나는 컵라면이라니… 한입에 들어갈 작은 크기의 양반가 떡과 다양한 전통차를 설명 곁들여 내놓으면 얼마나 좋을까? 마을 초입의 초등학교도 전학후묘(前學後廟, 앞에 강학, 뒤에 묘사 공간)에 좌우양재(左右兩齋, 기숙사)라는 전통 서원의 건물 배치를 참고해 세웠으면 훨씬 의미깊지 않았을까? 그러면 관광객의 발길을 회재 선생을 모신, 역시 세계문화유산으로 지정된 옥산서원(玉山書院)으로 쉽게 이끌 수 있을 텐데… 마지막, 마을 입구의 벽화, 꼭 콘크리트로 급조해야 했을까? 어차피 시간 여행인데 조금 시간 걸리더라도 제대로 벽화를 그리든가 석조 부조를 보각했으면 어땠을까? 아쉬움을 많이 남긴 양동 기행이었다.

– 매일신문, 2018년 10월 17일 「김구철의 새론새평」

다시 한류 3.0을 위하여

　한류 하면 누구든 드라마 '대장금', '겨울연가'를 떠올린다. 빅뱅은 중국, 일본에서 폭발적 인기를 누린다. 그러나 언제적 대장금이요, 언제적 겨울연가인가? 언제까지 아이돌 스타에 매달릴 것인가? 한때 세계를 풍미하던 프랑스와 이탈리아 대중문화의 몰락은 남의 일이 아니다. 프랑스, 이탈리아 영화와 샹송, 칸초네를 마지막 들은 것이 벌써 몇 년 전인가? 한류도 시한부 생명을 선고받았다고 하면 과장일까? 대중문화계의 대안은 제작 시스템을 팔자, TV 프로그램 기획을 팔자는 수준이다. 현실성 있는 이야기일까?

일본은 대중문화의 역사가 우리보다 훨씬 더 오래된 나라다. 영화, 드라마, 대중음악, 만화든 예외 없이 한국보다 훨씬 뿌리가 깊다. 제작 시스템, 양성 시스템도 마찬가지다. 중국도 만만치 않다. 중국 제작사가 연기자와 프로듀서만 한국에서 데려가 제작하는 일이 성행한다. 거기에 일본과 중국의 대중문화 산업은 한국보다 훨씬 막대한 자본력을 자랑한다. 한류 2.0, 즉 시스템의 판매도 이미 한계에 부닥쳤다는 이야기다. 달라져야 한다. 여유 부릴 때가 아니다. 한류 3.0을 고민해야 한다. 역사는 준비하는 자에게는 기회를, 성공에 안주하는 자에게는 처절한 패배를 안겨 주었다.

'한류 3.0'은 한류의 근본적 재정의를 전제로 한다. 대중문화뿐 아니라 고급문화도 한류로 수출해야 한다. 한옥과 온돌을 비롯한 생활양식도 한류로 수출해야 한다. 교육제도와 대중교통 시스템을 비롯한 모든 사회 시스템을 한류로 수출해야 한다. 원조 '받는' 국가에서 '주는' 나라로 발전한 경험 역시 한류로 수출해야 한다. 새마을운동 역시 한류의 중요한 한 흐름이다. 공무원과 대기업의 공채 제도도 역시 후발국에 매우 소중한 시스템일 수 있다.

'한류 3.0'을 수출하기 위해서는 인적 교류가 필수적이다. 개발도상국 젊은 엘리트를 불러들여 '한국'을 눈으로 보여주고 몸으로 느끼게 하자. 뛰어난 한국 사람, 우수한 생활양식을 보여주고, '한국', '한국인', '한국 문화'에 감동하게 만들자. 자연스럽게 '한국'을 수입하도록 만들자. 우리 젊은이도 더 많이 해외로 나가야 한다. 그들을 통해 한국의 의식주 전반과 제도가 해외로 자연스럽게 전파돼야 한다. 우리 젊은이들이 저개발국 작은 마을의 지도자로서 제3세계 발전의 '핵'이 되게 하자. 1960년대 미국 젊은이들이 저개발국에 가서 봉사하던 '평화봉사단' (Peace Corps)의 한국판을 만들어 보자. 젊은이들은 한국 문화 전도사, 한국 상품 마케터가 될 것이다.

우리는 알아야 한다. 21세기 벽두 세계를 강타한 탭댄스의 열풍이 어느 순간 가라앉아버렸음을. 아일랜드 경제의 부흥과 함께 미국 동부 실리콘밸리에서 떠올라 전 세계를 풍미했던 아일랜드의 국민 춤 탭댄스. 그러나 이른바 PIGS(포르투갈, 아일랜드, 그리스, 스페인) 사태로 명명된 경제 위기 당시 아일랜드 경제도 추락하면서 함께 잊혔다. 대중문화는 국가나 민족 경제의 흥망성쇠와 긴밀하게 연계돼 있는 것이다.

제3세계가 한류에 심취하는 것은 한국의 성공을 본받고 함께 누리고 싶어서다. 만일 한국이 산업화에 실패했다면, 민주화에 실패했다면 제3세계의 젊은이들은 한국 대중문화에 관심조차 없었을 것이다. 그러므로 일부 대중문화 전문가들이 한류 확산을 부르짖으면서도, 한국의 성공 경험을 폄훼하는 것은 위험한 불장난이다. 한류의 확산은 한국이 지속적으로 성공해야 가능하다. 한국 경제를 부활시키기 위해서는 한류 3.0으로 제3세계 전체로 한국의 시장을 확대해야만 한다.

고택에 담긴 소프트웨어가 무엇인가? 그것은 고택에 살던 선인의 삶 자체다. 유교 양반의 삶은 봉제사 접빈객으로 요약되지만, 그뿐이었을까? 어떻게 제사를 모시고, 무엇으로 손님을 맞는지 알아보자. 그 이전에 무엇을 배우고 익혔으며, 무엇을 먹고 어떤 생각을 했는지, 자녀들에게 무엇을 어떻게 가르쳤는지 알아보자. 무엇으로 새해를 맞고 무엇으로 하루를 보냈는지 알아보자.

– 매일신문 2016년 1월 1일 원단 칼럼 [기고] 한국의 성공 경험이 '한류 3.0' 원천

역사와 문화는 중요하다

터키 드라마 '위대한 세기Magnificent Century'를 보느라 몇 주를 그냥 보냈다. 오스만 터키의 전성기를 구가한 술레이만 술탄의 일대기를 다룬 초장편 드라마다. 몇몇 일을 늦은 밤까지 두 번 세 번씩 줄거리를 거의 욀 정도로 시즌 1과 2 방송을 시청했는데, 보면 볼수록 그 다음 회가 기다려졌다. 몇 가지 문제가 있었다. 첫째 문제는 국내에는 시즌 1과 2만 수입돼 방영됐다는 것이고, 둘째 문제는 그 결말이 너무 궁금했다는 것이었다. 장편만화를 끝까지 보려고 만화방을 뒤지던 어릴 적처럼, 시즌 3을 보려고 인터넷과 유튜브를 뒤졌고, 시즌 3을 찾아냈다. 그런데 세상에! 변방국가인 터키 드라마가 영어, 중국어, 일본어, 아랍어, 독일어, 프랑스어, 인도네시아어, 러시아어, 스페인어 등등 어지간한 국제어로 모두 더빙 또는 자막이 붙어 유튜브에 떠 있는 것이다. 그러나 아무리 뒤져도 한국어 자막이나 더빙은 아예 없었다. 세 번째 문제였다.

다양한 외국어를 알지 못하는 필자는 '만만한' 영어 자막을 선택했다. 거의 80시간 분량을 영어 자막으로 이어 보기 시작했다. 드라마 시청은 편안한 휴식이 아니라 전문 서적 공부하듯 고도의 집중을 요하는 '일'이 되었다. 세상에 태어나서 지금까지 단 한번도 하지 않던 경험, 팔자에 없이 드라마 폐인이 되었다. 네 번째 문제였다. 다른 누구에게도 권하고 싶지 않은 일이다. 그러나 이 모든 과정을 통해 한 가지 분명히 다시 깨달은 것이 있었다. 콘텐츠의 위력이었다. 이 드라마를 통해 나는 오스만 터키의 위대한 역사, 이슬람 문화의 특성, 그리스에 대한 동경 그리고 중세에서 르네상스로 넘어가는 시기 유럽과 중동의 관계 등을 이해할 수 있었다. 나만이 아니었을 것이다. 터키에 아무 관심 없던 많은 세계인들이 터키를 이해하고 터키의 위대함을 인식하는 계기가 되었을 것이다.

1995년 영국 케임브리지를 방문했을 때가 생각난다. 유난히 작은 나무 의자가 있어 무심히 지나치다가 화들짝 놀라 다시 들여다 보고 만져본 기억이 있다. 걸상이라 표현해야 제격일 그 의자에 작은 글씨로 '아이작 뉴튼 경이 쓰던 의자'라고 쓰여 있었기 때문이다. 별 거 아닌 나무 걸상 하나가 뉴튼이 쓰던 것이기에 생명력을 부여받고, 오늘날까지 세계인에게 내놓는 '귀한 상품'이 된 것이다.

기자로 30년 가까운 세월을 보낸 필자는 새로운 것을 남들보다 먼저 발견하면 흥분하는 경향이 있다. 남들이 익히 아는 것이라도 거기서 남들이 모르는 새로운 의미를 발견하면 역시 흥분한다. 명가와 고택은 후자의 경우다. 명가도 원래 존재해 왔고, 고택도 원래 존재해 왔다. 그러나 고택에서 필자가 새로운 것을 발견했다고 자부한다. 혼군의 나라 조선을 이끈 원동력은 선비 정신이며 양반계급이었다는 것. 고택은 바로 그 선비 정신이 깃든 소중한 문화 유산이다! 이 깨달음을 얻는 것만으로도 고택 기행은 보람차고 즐거웠다. 친일사관에 물든 이들이 우리의 선비 문화, 양반 문화를 낮춰본다. 우리의 선조들이 당쟁으로 해가 뜨고 해가 지느라 외란을 끌어들였다는 것 역시 친일사관의 소산이다. 인접국 일본은 갈등과 분열 양상이 우리보다 훨씬 더했다. 그러면서도 한국의 정신과 문화, 문화재를 낮춰 평가하려 안간힘이다. 한국의 국민성을 폄훼하려 안달이다. 문화 콤플렉스 때문이다. 일본이야 1980년대 경박단소의 문화를 내놓을 때까지 인류에 기여한 게 뭐 있겠나? 남의 것 약탈하고 베끼기밖에 더 했나? 그러고도 사과도 할 줄 모르는 야만인들인데.

역사와 문화의 소중함을 깨우쳐 주신 분들

역사를 단순한 지식이나 교양으로만 대하지 않고 새롭게 인식하고 궁행(躬行)으로 고민하게 된 데는 가까운 몇 분의 역할이 컸다. 우선 외조부 이원윤(李源胤) 선생을 첫 손에 꼽지 않을 수 없다. 외조부께서는 왜정 시대 대구사범을 졸업하고, 10대에 교사로 발령받아 20대에 교장이 되고 40년 교장 생활을 하신 참스승이시다. 평생을 대도시 근무를 피하고 벽지 교장만 자원하셨다. 매일 이른 아침 학교 교정에 나가 등교하는 학생들을 맞는 부지런한 교장 선생님이셨다. 촌지라고 받으신 것도 산나물, 마른 오징어 따위 정말 시골스러웠다. 정년 퇴직 후 정신문화연구원의 의뢰를 받아 초서로 쓰인 한문 서적을 해서(楷書) 정자로 정서하는 작업을 맡아 하셨다. 최근 몇 십 년 동안 한글로 번역돼 나온 한문서적의 많은 부분이 외조부의 '해서화' 작업을 거쳤을 것이다. 또 고전문학과 한문을 전공하는 대학교수들을 사랑방에 모아 한문을 가르치셨다. 노령의 외조부에게는 체력적으로 꽤 부담되는 일이지만 외조부께서는 잘 버텨내셨다. 아호는 백주옹(白洲翁) 본관은 진성이고 고향은 안동 하계니, 퇴계 이황 선생 후손으로 독립운동가며 시인인 이육사 선생과는 멀지 않은 친척이다. 다음으로는 외조부의 제자이기도 한 선친의 유업을 일부나마 이어받아야 한다는 의무감이다. 추천사를 써주신 김병일 장관께서 이를 언급하시니 송구스럽기 그지없다. 외조부를 기리고 선친을 기억하는 책에 대해 80노모께서 무척 좋아하실 것이다.

오랫동안 생각만 하고 행동으로 옮기지 못한 필자를 결정적으로 자극하신 분들이 있다. 윤동한 한국콜마 회장님은 성공한 경영인이면서도 역사와 문화에 깊은 관심과 지식을 갖고 깊이 있는 일련의 역사서 저술을 계속함으로써 필자에게 끊임없는 채찍질을 하신 셈이다. KBS 후배인 장한식 국장이 한국 최대 언론사의 뉴스편집을 총괄하는 어려운 현업에 있으면서도, 꾸준히 동아시아사와 한국 역사에 대한 깊이 있는 연구와 저술을 낸 것도 좋은 의미의 자극이었다. 그는 중국 특파원으로 재직하면서 다양한 중국 자료를 수집하고, 중국 원서를 두루 인용할 정도로 한문과 중국어를 익힌 당대 재사다. 한국 근대사를 깊이 연구한 한도현 한국학중앙연구원 연구처장, 동양철학을 전공한 양일모 서울대 교수의 존재도 잊을 수 없다. 이런 분들이 주변에 있다는 것은 아무에게나 허락되는 행운은 절대 아니다.

김병일 장관은 이 시대, 흔치 않은 진정한 참공직자요 참선비다. 그런 분이 귀한 추천사를 써 주시고 원고를 일독하고 정오표까지 만들어 보내주셨다. 참으로 감사한 일이다. 필자가 언론 생활을 시작하던 1987년 이후 계속 관심갖고 챙겨주시고 보살펴주신 김인규 경기대학교 총장(전 KBS 사장)께 또한 감사드려야겠다. 또 20여년 전 30대에 책을 처음 내는 필자의 만용을 격려해주신 대선배 최동호

전 KBS 부사장과 소비자운동의 대명사 송보경 교수, 봉화 축서사의 선지식 무여 큰스님께서 모두 오래 사시면서 시공을 초월한 지혜를 꾸준히 일러주시기를 기원한다. 취재원으로 만나 20, 30년 꾸준히 필자를 응원해준 한이헌 전 경제수석, 박병원 전 경제수석에게도 이 공간을 빌어 감사를 표한다.

소중한 벗들과 가족

만일 이 여정이 필자 혼자만의 외로운 길이었다면 아무리 보람되고, 하고픈 일이고, 해야 할 일이었다 해도 끝내기 쉽지 않았을 것이다. 함께 해주고, 격려해준 벗들이 있어 힘들지 않았고 도와준 분들이 있어 힘들지 않았다. 지역언론발전기금의 지원을 받도록 주선해준 경기일보 최종식 이사, 취재 보도 과정에서 뒷바라지 해준 경기일보 정자연 기자에게 먼저 감사한다. 칼럼을 연재하도록 기회를 준 매일신문 이동관 편집국장, 조두진 부국장께 감사한다. 네 후배가 아니었다면 40회 이상의 지역 순례는 중간에 포기했을 것이다. 구례, 장흥 땅끝 근처 그먼 길을 동행해주고 사진도 촬영해준, 대우 형과 문홍진 감사, 유기종 회장, 유현숙 시인, 김려운 작가 등 도반들에게 감사한다. 그들의 소중한 느낌이 아니었던들 이 글은 또하나의 죽은 글이 되었을 것이다. 긴 여정에서 지운, 민지, 현수 그리고 새로 가족이 된 관형의 절대적 지지를 빼놓을 수 없다. 어려운 고비를 넘기고 훌륭하게 자라준 민지와 현수에게 감사한다.

필자가 한국 사회를 진단하고 한국 사회의 좌표를 제시하는 석학이 되기를, 이 책이 한국 정신사에 길이 남을 명저가 되기를 주문한 전장하 오색필통 대표의 격려에 감사한다. 전장하 대표에게는 원망도 많다. 그런 과분한 기대와 격렬한 격려와 치열한 주문이 아니었다면 책의 출간이 적어도 몇 달은 앞당겨졌을 것이기 때문이다. 물론 그랬다면 책의 내용은 현재와 비교할 수 없이 부실해졌겠지. 결국 감사해야 하는 건가? 은근히 일정을 재촉한 차도경 실장, 편집과 디자인을 맡은 정소연 과장의 노고도 잊을 수 없다. 매우 행복한 여정이었다. 그럼에도 불구하고 이 책에서 발견되는 어떤 오류도 전적으로 필자의 책임이다. 많은 독자들이 필자의 즐거웠던 경험만을 나눌 수 있기를 기대한다.

왕산로 민생경제정책연구소에서
김구철

선비문화를 찾아서 [명가와 고택]

펴낸날 2021년 3월 1일
지은이 김구철
이메일 gucheol@naver.com

편집·인쇄 도서출판 오색필통
주소 서울특별시 중구 필동로 42-1 상원빌딩 2층
대표번호 02-2264-3334
이메일 areumy1@naver.com

ISBN 979-11-973843-0-1 03110
값 24,000원

※ 잘못된 책은 교환해 드립니다.